道路交通事故处理800问及典型疑难案例解析

杨润凯 主 编

中国人民公安大学出版社
·北 京·

图书在版编目（CIP）数据

道路交通事故处理 800 问及典型疑难案例解析 / 杨润凯主编 .—北京：中国人民公安大学出版社，2022. 11

ISBN 978-7-5653-4424-4

Ⅰ.①道…　Ⅱ.①杨…　Ⅲ.①公路运输—交通运输事故—事故处理—案例　Ⅳ.①U491. 31

中国版本图书馆 CIP 数据核字（2021）第 243575 号

道路交通事故处理 800 问及典型疑难案例解析

杨润凯　主编

出版发行：中国人民公安大学出版社
地　　址：北京市西城区木樨地南里
邮政编码：100038
经　　销：新华书店
印　　刷：北京市泰锐印刷有限责任公司

版　　次：2022 年 11 月第 1 版
印　　次：2025 年 11 月第 3 次
印　　张：22. 5
开　　本：787 毫米×1092 毫米　1/16
字　　数：346 千字

书　　号：ISBN 978-7-5653-4424-4
定　　价：78. 00 元

网　　址：www.cppsup.com.cn　www.porclub.com.cn
电子邮箱：zbs@ cppsup.com　zbs@ cppsu.edu.cn

营销中心电话：010-83903991
读者服务部电话（门市）：010-83903257
警官读者俱乐部电话（网购、邮购）：010-83901775
综合分社电话：010-83901870

编写人员

主　　　编　杨润凯

副　主　编　唐军山　王立波　高万云

主要撰稿人　（排名不分先后）

杨润凯　唐军山　王立波

邹　彪　马立明　丁久辉

张彦鹏　牛　旭　高万云

前言

2017年7月22日修订的《道路交通事故处理程序规定》（以下简称《程序规定》），由公安部部长签署第146号公安部令发布，自2018年5月1日起实施；同时公安部制定印发了新的《道路交通事故处理工作规范》（以下简称《工作规范》），对《程序规定》进行了补充、细化；《程序规定》《工作规范》与《道路交通安全法》及其实施条例构成完整的法律体系，使我国的交通事故处理工作真正达到有法可依，为实现程序正义和实体正义奠定了法律基础；在《程序规定》实施过程中，其适用以及对交通事故相关实体法律的执行，公安机关交通管理部门在理解与实践中存在一些困惑与歧义，有待进一步解决和完善。

自2004年5月1日《程序规定》与《道路交通安全法》配套实施以来，已于2008年和2017年进行过两次修订，目前《程序规定》与交通事故处理工作基本相适应，与国家全面依法治国的总目标相一致。为因应党中央《关于深化公安执法规范化建设的意见》高要求，构建“五个体系”、实现“四化”①，《程序规定》坚持问题导向，突出服务群众，努力推动公平公正；强化顶层设计，将公安交管部门处理事故的职能、权限、程序和责任全部法定化，着力解决事故处理实践中遇到的难题和群众关心的热点问题，保障执法质量效率和执法公信力不断提高；对关键性制度措施作较大修改及调整完善，集中体现便民利民、公平效率、严格规范、公开透明的要求，力求在充分保障事故当事人的合法权益、促进依法公正办案上出实招、办实事、求实效。《程序规定》与《工作规范》在以下几个方面进行了制度突破与创新：

一是健全完善依法保护当事人合法权益原则和制度。明确将尊重和保障人权，保护公民的人格尊严纳入总则；强调交通警察在处理道路交通事故时应当按照规定使用规范用语，同时这也是规范执法办案的重要要求。明确禁止对扣留的事故车辆违规收取费用、违规拖车、违规指定停车场，因扣留车辆发生的费用由作出决定的公安机关交通管理部门承担，但公安交管部门通知当事人领取，当事人逾期未领取产生的停车费用由当事人自行承担；禁止公安交管部门指定停车场。实现事故复核范围全覆盖，将适用简易程序处理的事故和对出具交通事故证明的事故纳入复核案件范围，同时强化复核结论的事后监督。增加了当事人解决事故损害赔偿争议的渠道，允许当事人申请人民调解委员会对交通事故损害赔偿争议进行调解。

① 2016年5月20日，中央全面深化改革领导小组第二十四次会议通过了《关于深化公安执法规范化建设的意见》，要求深化公安执法规范化建设，要着眼于完善公安执法权力运行机制，构建完备的执法制度体系、规范的执法办案体系、系统的执法管理体系、实战的执法培训体系、有力的执法保障体系，实现执法队伍专业化、执法行为标准化、执法管理系统化、执法流程信息化，保障执法质量和执法公信力不断提高。要增强执法主体依法履职能力，树立执法为民理念，严格执法监督，解决执法突出问题，努力让人民群众在每一项执法活动、每一起案件办理中都能感受到社会公平正义。

二是健全完善提高执法办案效率，减轻群众负担制度建设。推动未造成人员伤亡的轻微事故快速处理，简化伤人事故处理程序，对于事实及成因清楚、当事人无异议的伤人事故，在不涉嫌犯罪的情况下，经批准可以快速处理，以减少处理环节、提高处理效率；完善事故处理简易程序，不具备当场制作条件的，交通警察应当在三日内制作道路交通事故认定书；明确公安交管部门承担鉴定费用。

三是健全完善强化执法监督、推进事故处理规范化和信息化建设制度。进一步提高办案信息化水平，要求处理事故必须使用全国统一的交通管理信息系统，强调健全部门间信息共享机制；严密细化调查程序，增加了对肇事嫌疑人或者车辆的辨认程序；明确只有在办理涉嫌交通肇事罪、危险驾驶罪等刑事案件时可以依据《刑事诉讼法》扣押与案件有关的物品、证件。

四是健全完善统一、公开、透明和便民利民的制度。取消了地方制定统一事故责任确定标准的规定；试行在互联网公布事故认定书；增加了伤人事故在认定前公开证据，对复杂、疑难的伤人事故也要公开证据，确保事故处理公开公正。

五是健全完善办案队伍建设和管理的制度。细化事故处理资格等级管理制度，明确处理伤人事故，应当由具有初级以上资格的交通警察主办。处理死亡事故，应当由具有中级以上资格的交通警察主办。加强专业建设，规范警辅人员职责。

六是进一步健全完善其他相关制度。健全完善依法严厉打击交通肇事逃逸行为的制度措施，扩大了交通肇事逃逸的定义范围，增加了潜逃藏匿的情形；明确危险物品车辆驾驶人、押运人现场处置责任；规范了采取管制措施的程序，规定了对较大事故等进行深度调查；完善了事故损害赔偿行政调解和救助基金追偿机制。

为了进一步提升交通警察的交通事故处理水平，帮助交通事故当事人在交通事故处理中保护自己的合法权益，积极配合交通事故处理工作，编者在2018年编写了《道路交通事故处理程序规定释义与案卷制作规范》（2018年3月），主要对《程序规定》适用进行了阐释；本书则是根据《道路交通安全法》及其实施条例、《程序规定》与《工作规范》结合公安实践，对于交通事故处理的实践问题和理论问题进行系统梳理，力求解决事故处理中的主要问题，解决事故处理领域的基本难点；以道路交通事故处理程序为主线，系统回答了交通事故处理中的基本概念、基本理论和实践问题；突出理论与实践相结合、程序与实体相结合、公安实战与具体操作相结合；本书以问答的形式呈现，力争言简意赅，突出重点，注重实践。

在编写过程中，参考了交通事故处理工作中许多同人的实践成果经验和相关理论，参考文献中均已经列出，在此一并表示感谢！

由于编者理论研究不足、实践经验有限，存在的错误或者疏漏恳请广大专家、交通民警和读者批评指正。

编者

2021年10月28日

目 录

第一章　交通事故处理基础

第一节　交通管理基本概念（1—17）

1. 什么是路权？

答：路权包含广义和狭义两个概念。

广义的路权是指依法对属于自己的道路享有的所有权，即对道路的占有、使用、收益和处分权。

狭义的路权是指交通参与者根据道路交通法律法规所享有的在一定空间、一定时间内使用道路及其相关设施的权利。道路交通安全管理中的路权是指狭义的路权，主要包括通行权、先行权、占用权等，分别体现了动态交通活动和静态交通活动参与者的交通权利。人们在行使路权的同时，也应依法履行相应的交通义务。

路权本质上是交通参与者依据道路交通安全管理法律法规确立的通行规则所享受的在一定时间、空间内进行通行的资格或者权益，是道路通行规则在交通参与人通行中的另一表述；遵守交通规则和享有路权是同一行为的一体两面，是对同一行为的不同描述。

2. 什么是通行权？

答：通行权是指交通参与者根据道路交通安全管理法律法规，在道路上的一定领域范围内进行交通活动的权利。通行权又称“空间路权”。例如，机动车在机动车道行驶，即在机动车道这一范围内享有通行的权利，非机动车在非机动车道内行驶，行人在人行道上行走，均享有各自的权利，其他交通参与者不得侵犯，否则就是侵权行为。

3. 什么是先行权？

答：先行权又称优先通行权。交通参与者在具有通行权的前提下，依法享有在一定时间、一定空间内优先通行的权利。先行权又称“时间路权”，是法律授予某些道路使用人享有的优先通过的权利，而限制其他人同时使用道路或者要求其他人承担避让的义务。道路交通安全法及其实施条例对先行权进行了规定。例如，

《道路交通安全法》第44条规定，通过没有交通信号灯、交通标志、交通标线或者交通警察指挥的交叉路口时，应当减速慢行，并让行人和优先通行的车辆先行。

《道路交通安全法》第47条规定，机动车行经人行横道时，应当减速行驶；遇行人正在通过人行横道，应当停车让行。机动车行经没有交通信号的道路时，遇行人横过道路，应当避让。

《道路交通安全法实施条例》第48条规定，在没有中心隔离设施或者没有中心线的道路上，机动车遇相对方向来车时应当遵守下列规定：在有障碍的路段，无障碍的一方先行；但有障碍的一方已驶入障碍路段而无障碍的一方未驶入时，有障碍的一方先行；在狭窄的坡路，上坡的一方先行；但下坡的一方已行至中途而上坡的一方未上坡时，下坡的一方先行；在狭窄的山路，不靠山体的一方先行。

4. 什么是占用权？

答：占用权是指使用者在一定时间、一定空间内，依法使用道路进行静态交通活动的权利。主要表现为道路使用者利用道路作为施工、堆物、作业等场所的权利。《道路交通安全法》第32条规定，因工程建设需要占用、挖掘道路，或者跨越、穿越道路架设、增设管线设施，应当事先征得道路主管部门的同意；影响交通安全的，还应当征得公安机关交通管理部门的同意。施工作业单位应当在经批准的路段和时间内施工作业，并在距离施工作业地点来车方向安全距离处设置明显的安全警示标志，采取防护

措施；施工作业完毕，应当迅速清除道路上的障碍物，消除安全隐患，经道路主管部门和公安机关交通管理部门验收合格，符合通行要求后，方可恢复通行。对未中断交通的施工作业道路，公安机关交通管理部门应当加强交通安全监督检查，维护道路交通秩序。

5. 什么是动态交通和静态交通？

答：动态交通是交通参与主体在道路上进行位置移动的交通活动；静态交通是相对于动态交通而言的，是整个交通体系中的一个重要的组成部分。静态交通是由公共交通车辆为乘客上下车的停车、货运车辆为装卸货物的停车、小客车和自行车等在交通出行中的暂时停车等行为构成的相对静止的一系列行为总和。虽然停车目的各异、时间长短不同，但是都属于交通活动，静态交通是动态交通的继续；交通体系离不开动态交通和静态交通，二者缺一不可。道路建设主要解决动态交通问题，静态交通问题主要靠停车场来解决。

6. 什么是交通参与者？

答：交通参与者是指在道路上进行与交通活动有关的人员或者与交通运输活动相关的人员，包括自然人、法人或其他组织。直接交通参与者根据交通方式可以分为驾驶人（包括机动车驾驶人和非机动车驾驶人）、乘车人、行人。

7. 什么是道路交通安全法中规定的“道路”？

答：道路是指公路、城市道路和虽在单位管辖范围但允许社会机动车通行的地方，包括广场、公共停车场等用于公众通行的场所。

公路包括公路桥梁、公路隧道和公路道口。公路按照在公路路网中的地位可分为：国道、省道、县道和乡道。按照技术等级可分为：高速公路、一级公路、二级公路、三级公路和四级公路。

城市道路是指城市供车辆、行人通行的，具备一定技术条件的道路、桥梁及其附属设施。

广场是指城市规划在道路用地范围内，专供公众集会游行、步行或交通集散的场地。

停车场是指供各种机动车和非机动车停放的露天或室内场所。

虽在单位管辖范围但允许社会机动车辆通行的地方，是指虽在工厂、小区等单位管辖范围内但不必经过该单位的允许，社会机动车辆就能自由出入的地方。包括三类情况：一是非公路部门验收的铺装路面且用于公众通行的场所，如村、乡自建自管的，未列入公路建设编制规划的乡村道路；二是乡镇的街道、胡同等；三是通行社会车辆的单位自建路，如油田、矿区、城市生活小区等单位自建的道路，只要这些路通行社会车辆，都应该视为道路。

8. 什么是主干道？

答：主干道是指在城市道路网中起骨架作用，连接城市各主要分区的交通性干路。主干路应以交通功能为主，主干路两侧不宜设置吸引大量车流、人流的公共建筑物的出入口。

9. 什么是次干道？

答：次干道是指在城市道路网中起集散交通功能，与主干路结合组成干路网的区域性干路。次干路两侧可设置公共建筑物的出入口，并可设置机动车与非机动车的停车场、公共交通站点和出租车服务站。

10. 什么是道路交通信号？

答：道路交通信号是指在道路上用来传送具有法定意义指挥交通流通行或停止的声、光、图形、手势。道路交通信号可分为交通信号灯、交通标志、交通标线和交通警察指挥。

11. 什么是道路中的交叉路口？

答：交叉路口是指两条或两条以上道路相交的部位。按竖向位置可分为平面交叉口和立体交叉口。道路与道路在同一平面内相交形成的交叉口是平面交叉口，可以分为T型路口、Y型路口、十字路口等；道路与道路在不是同一平面相交形成交叉口是立体交叉口，一般可分为简易式立体交叉口和互通式交叉口。

12. 什么是道路交通管理中的车辆?

答：车辆是指机动车和非机动车。作为交通事故要件的车辆，并不考虑其是否合法存在，即是否合法生产、销售，合法登记，检验合格等；只要其是以动力装置驱动或者牵引，或者以人力、畜力驱动的交通运输工具，即符合交通事故的车辆要件。

13. 什么是道路交通安全法的机动车?

答：机动车是指以动力装置驱动或牵引，上道路行驶的供人员乘用或者用于运送物品以及进行工程专项作业的轮式车辆。不包括残疾人机动轮椅车、电动自行车、汽油机助力自行车。机动车一般包括大型客车、小型客车、大型货车、小型货车、二轮摩托车、轻便摩托车、拖拉机、挂车、全挂汽车列车、轮式专用机械车、电车等。

14. 什么是道路交通安全法的非机动车?

答：非机动车是指以人力或者畜力驱动，上道路行驶的交通工具，以及虽有动力装置驱动但设计最高时速、空车质量、外形尺寸符合有关国家标准的残疾人机动轮骑车、电动自行车等交通工具。非机动车一般可分为两类：一类是以人力驱动的传统上的独轮车、手推车（二轮）、地排车（排子车）、自行车、三轮车或者畜力驱动的二轮、四轮车；另一类是以机械驱动的残疾人机动轮椅车、电动自行车和汽油机助力自行车。

《机动轮椅车（GB12995-2006）》中规定，机动轮椅车是指由内燃机提供动力的轮椅车，在本标准中内燃机均为汽油机。此车是为下肢残障者设计，一般为正三轮，全部由上肢操作，并贴有残疾人专用车标志，是道路行驶的交通工具，又称残疾人三轮摩托车。机动轮椅车分为轻便机动轮椅车和普通机动轮椅车。汽油机名义排量小于等于 50ml 的机动轮椅车称为轻便机动轮椅车；汽油机名义排量大于 50ml 小于等于 150ml 的机动轮椅车称为普通机动轮椅车。轻便机动轮椅车的外廓尺寸不应大于 2000mm×1000mm×1200mm（长×宽×高）；普通机动轮椅车的外廓尺寸不应大于

2500mm×1200mm×1400mm（长×宽×高）。安有可拆卸装置除外，如风雨棚等。机动轮椅车的最高设计车速不应大于50km/h。该标准没有对机动轮椅车的空车质量加以规定。

《汽油机助力自行车（GB17284-1998）》中规定，汽油机助力自行车是装有汽油机、具有两个车轮，能实现脚踏、机动两种功能的特种自行车。助力车的汽缸工作容积应不大于30ml。助力车的整车净重应不大于40kg。助力车在机动离合器脱开状态下应能由人力脚踏驱动，30min的脚踏行驶距离应不小于7km。助力车的最高车速应不大于20km/h。

《电动自行车安全技术规范（GB17761-2018）》中规定，电动自行车是以车载蓄电池作为辅助能源，具有两个车轮，能实现人力骑行、电动或电助动功能的特种自行车。电动自行车的整车质量（含电池）不大于55kg，电动自行车必须具有良好的脚踏骑行功能，30min的脚踏行驶距离应不小于7km，电动自行车最高车速应不大于25km/h，蓄电池标称电压小于或等于48V，电动机额定连续输出功率小于或等于400W。电动车整车高度小于或等于1100mm，车体宽度（除车把、脚蹬部分外）小于或等于450mm，前、后轮中心距小于或等于1250mm，鞍座高度大于或等于635mm，鞍座长度小于或等于350mm，后轮上方的衣架平坦部分最大宽度小于或等于175mm。

15. 什么是非道路车辆（非道路移动机械）？

答：非道路车辆是指超出道路交通法规限制、一般不允许在道路上行驶的“汽车”。一般分为两类：一类是总质量、单轴轴载质量及外廓尺寸超出公路交通法规限制，只能在矿山、工地、机场和工厂内的专用道路或无路地区行驶的汽车；另一类是能够在自然地形上行驶的汽车，这类汽车上公路行驶须经公路管理部门批准，并对特殊公路设施采取必要的安全保护措施。

16. 什么是道路交通安全违法行为？

答：道路交通安全违法行为是指交通参与者违反道路交通安全法律法规，扰乱道路交通安全秩序，妨碍道路交通安全和畅通，侵犯公民合法交通权益的行为。道路交通安全违法行为是导致交通事故发生的主要原因。

17. 什么是道路交通安全管理部门?

答:《道路交通安全法》第 5 条规定，国务院公安部门负责全国道路交通安全管理工作。县级以上地方各级人民政府公安机关交通管理部门负责本行政区域内的道路交通安全管理工作。道路交通安全管理部门主要包括公安部交通管理局，省、直辖市、自治区公安厅交通警察总队，设区市公安局交通警察支队和县市公安局、公安分局交通警察大队等。

第二节　交通事故处理的基本概念（18—45）

18. 什么是交通事故?

答：交通事故是指车辆在道路上因过错或者意外造成的人身伤亡或者财产损失的事件。因此，判定道路交通事故是否成立应当有五个要件，即车辆、道路、过错或意外、损害后果、过错或意外与后果之间的因果关系。

（1）车辆要件。

作为交通事故要件的车辆，并不考虑其是否合法存在，即是否合法生产、销售，合法登记，检验合格等；只要其是以动力装置驱动或者牵引，或者以人力、畜力驱动的交通运输工具，即符合交通事故的车辆要件。车辆要件要求在交通事故中必须有一方当事人是车辆驾驶人，包括机动车驾驶人或者非机动车驾驶人。

（2）道路要件。

道路是《道路交通安全法》第 119 条规定的道路范畴，它既是空间概念，也是法律概念。然而车辆通行的场所并不限于道路，因此车辆在道路以外的地方通行也会发生人身伤亡或者财产损失的事件。车辆在道路以外的地方因过错或者意外造成的人身伤亡或者财产损失的事件，称之为“道路外交通事故”或“非道路交通事故”。

（3）过错或意外要件。

过错或意外都是道路交通事故发生的原因；过错包括客观过错和主观过错，前者是指造成交通事故的客观具体的过错行为包括交通安全违法行为、违反交通安全驾驶操作规程行为和其他过错行为等。后者是指行为人在交通活动中，由于故意或者过失导致损害后果发生的一种心理状态。

而意外是发生交通事故的客观的条件原因，意外与意外事件相连；意外事件是指非因当事人的故意或者过失而偶然发生的事件。当事人对交通事故的发生既无主观故意又无主观过失，交通事故是因为人的主观意识之外的其他不可预见的原因引发的，当事人虽然尽到了合理之注意仍无法预见和避免其发生。意外事件与不可抗力不是一个概念，不可抗力是指不能预见、不能避免且不能克服的客观情况。意外事件与不可抗力的特征和法律后果存在明确差异：

一是两者的影响范围程度不同。不可抗力是指那些人力不可预见，或即使预见也无法避免的重大自然灾害或社会变故，如自然灾害中地震、海啸、泥石流等，重大社会变故如军事政变、重大的疫情等。不可抗力的影响范围较广。而意外事件则是指当事人难以预料的偶发事件。意外事件具有对象的特定性和后果的不确定性等特点，它与人的业务活动具有密切的联系，意外事件影响范围小。

二是两者的可抗拒性不同。不可抗力的发生与人的不能预见事实上并没有必然的联系，不可抗力事件的发生是人力所不能避免、不可抗拒和克服的。由意外事件所可能引发的后果是能够因为人的预防和努力而得以避免和克服的。

三是两者的法律性质不同。不可抗力是民法上的法定免责事由，而意外事件则不是，过错方须承担过错责任。

（4）后果要件。

后果是指由于一定的行为或事件而造成的人身或财产上的不利状态，包括财产损害、人身伤害。交通事故的结果状态会呈现出人身伤亡、财产损失或者两者兼有的损害后果。

交通事故的后果不一定是由于交通元素直接接触而产生，一些交通事故是由于交通元素无直接接触，但是客观上却产生了损害后果。例如，公共汽车由于避让第三人的道路交通安全违法行为，与第三人并无接触，在紧急制动过程中导致乘客摔伤，产生了损害后果。

（5）因果关系要件。

一般认为因果关系是指现象之间的一种客观联系，即一种现象在一定条件下必然引起另一种现象的发生，前一种现象称为原因，后一种现象称为结果，两种现象之间的联系便称为因果关系。

作为某种损害后果的存在，必须与交通行为人的过错或者意外存在必然的因果关系，道路交通事故才能成立，否则道路交通事故就不能成立。

19. 什么是非道路交通事故?

答：在非公用性质的道路上和其他地点发生的车辆事故，就是非道路交通事故。

下列地点发生的事故属于非道路交通事故：

（1）全封闭式或有门卫、传达室看守的机关、学校、单位大院、货场等不允许社会机动车通行的道路上发生的事故；

（2）用于田间耕作的机耕道及晾晒作物的场院内发生的事故；

（3）有障碍物或有禁止标志设置，禁止驶入的断路施工未移交公安交通管理部门管理的路段上发生的车辆自损、人员伤亡事故；

（4）自然通车形成的路面上发生的事故；

（5）封闭式住宅小区楼群之间的路面发生的事故；

（6）在铁路道口与火车发生的事故。

20. 什么是交通意外事故?

答：交通意外事故是指由于非因当事人的故意或者过失而偶然发生的事件导致的交通事故，即发生道路交通事故时当事人在主观方面既无故意又无过失的情形。

21. 什么是涉外交通事故?

答：涉外交通事故是指在我国道路上发生的，涉及外国人或者外籍车辆的交通事故。涉外交通事故除具有一般道路交通事故的构成要素以外，还应具有涉外因素，即外国人或外籍车辆。

22. 什么是交通事故分类?

答：交通事故分类是指公安机关交通管理部门根据事故损害后果、形态、原因、交通方式等进行类别划分。

根据交通事故形态可以分为碰撞事故、碾压事故、刮擦事故、翻车事故、坠落事故、爆炸事故、失火事故等。

根据交通事故损害后果可以分为财产损失事故、伤人事故和死亡事故。

根据事故的原因可以分为事故当事人的原因导致的交通事故、车辆的原因导致的交通事故、道路与交通设施的原因导致的交通事故、交通管理方面的原因导致的交通事故、意外因素导致的交通事故等。

根据事故肇事主体的交通方式可分为机动车事故、非机动车事故、行人或乘车人事故。

23. 什么是交通事故再现?

答：交通事故再现是根据事故调查证据，运用法医学、物证技术学、运动学和力学等方法以及仿真技术与软件综合分析、判断，直观展现交通事故发生前、发生中与发生后的渐进演变过程。交通事故再现可以作为交通事故预防、交通事故原因分析和责任认定的参考依据。

24. 什么是死亡事故?

答：根据《交通事故统计暂行规定》规定，死亡事故是指因交通事故而当场死亡和受伤后 7 天内抢救无效死亡的事故。但不包括交通事故受伤人员在抢救过程中，因发生医疗事故而死亡，以及载运易燃、易爆、剧毒、放射性等危险化学品的车辆发生交通事故后，因燃烧、爆炸以及危险物品泄漏导致人员死亡的情形。

在交通事故处理中，追究当事人的刑事责任、行政责任和民事赔偿责任时，死亡不以事故发生后 7 日内为限。

25. 什么是伤人事故?

答：根据《交通事故统计暂行规定》规定，伤人事故是指直接造成人员重伤或者轻伤的道路交通事故。重伤、轻伤的确定按最高人民法院、最高人民检察院、司法部、公安部和国家安全部发布的《人体损伤程度鉴定标准》执行。

这类事故包括造成人员受伤以及虽然造成了人员死亡，但死亡人员系道路交通事故受伤并在事故发生 7 日后死亡的两种情形。但不包括载运易燃、易爆、剧毒、放射性等危险化学物品的车辆发生道路交通事故后，因燃烧、爆炸以及危险化学物品泄漏导致人员受伤的情形。

26. 什么是财产损失事故?

答：财产损失事故是指没有造成人员伤亡仅造成财产损失的道路交通事故。

27. 根据交通事故造成的损害后果严重程度如何进行分类?

答：根据《国务院生产安全事故报告和调查处理条例》（国务院令第 493 号）规定，依据交通事故造成的损害后果严重程度可以分为一般、较大、重大、特大事故四类。

特别重大事故	造成**30 人以上死亡**，或者 100 人以上重伤，或者 1 亿元以上直接经济损失的事故
重大事故	造成**10 人以上 30 人以下死亡**，或者 50 人以上 100 人以下重伤，或者 5000 万元以上 1 亿元以下直接经济损失的事故
较大事故	造成**3 人以上 10 人以下死亡**，或者 10 人以上 50 人以下重伤，或者 1000 万元以上 5000 万元以下直接经济损失的事故
一般事故	造成**3 人以下死亡**，或者 10 人以下重伤，或者 1000 万元以下直接经济损失的事故

28. 什么是交通事故中的人身损伤？

答：交通事故中的人身损伤是指道路交通事故过程中，因当事人的过错或意外造成的车辆驾驶人、乘车人、行人及其他交通参与人的身体受到伤害。人身损伤鉴定俗称“伤情鉴定”；人员伤情包括三个等级，即重伤、轻伤、轻微伤。

29. 什么是交通事故中的财产损失？

答：财产损失是指交通事故造成的车辆、财产直接损失，不含现场抢救（险）、人身伤亡善后处理的费用，也不含停工、停产、停业等所造成的间接财产损失。

30. 什么是交通事故当事人？

答：交通事故当事人包括直接当事人和间接当事人。直接当事人是指交通参与主体（主要包括行人、机动车驾驶人或非机动驾驶人、乘车人）直接参与交通事故的发生过程，与交通事故的发生有直接联系的人员。

间接当事人是指由于当事人的过错行为导致交通要素之一的道路、车辆、交通设施等处于危险状态，具有发生交通事故的现实危险；与某一具体交通事故发生存在因果关系，可以认为当事人为交通事故当事人，从而认定其交通事故责任。但是，当事人造成的危险要素与交通要素（人、车辆、道路、环境）无关，认为因果关系中断，即使其造成的危险因素是交通事故发生的原因之一，也不能成为交通事故当事人。

例如，道路施工或者养护以及其他占道施工单位或者人员，在施工过程中，造成道路存在严重交通安全隐患，具有现实的危险性，引起交通事故。相关单位或者人员可以作为交通事故当事人。

间接当事人因果关系模型

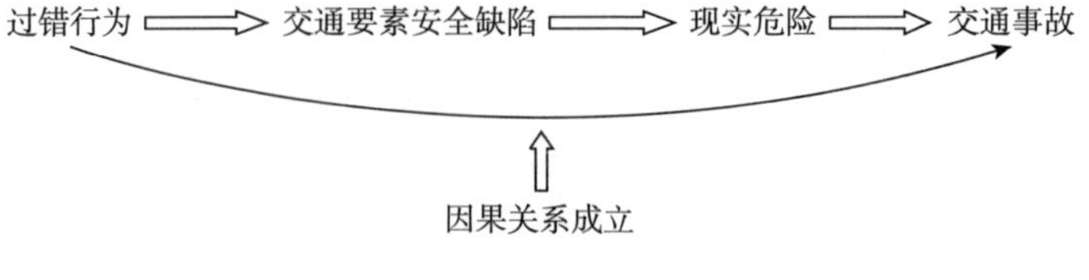

而道路的设计和建设单位或人员，设计或者建设存在过错，造成道路安全隐患的，一般认为属于抽象的危险，发生交通事故，设计与建设单位和人员不能作为交通事故的当事人认定交通事故责任。经深度调查查明原因后，应当承担相应的民事赔偿责任，可以作为法律责任的主体。

法律责任主体因果关系模型

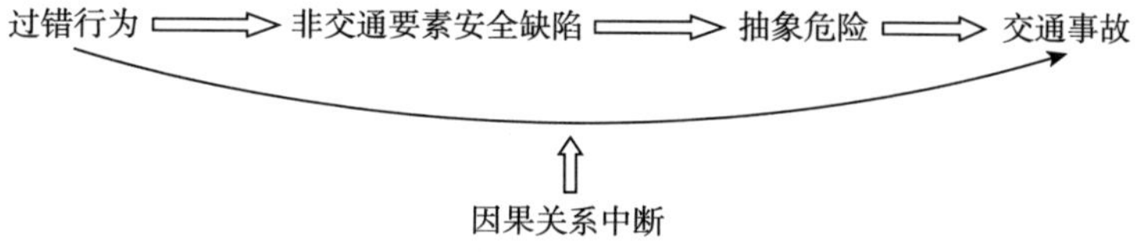

31. 什么是交通事故现场?

答：交通事故现场是指交通事故发生并留下后果的具体场地，它包括与该起交通事故相关的车辆、人、牲畜、道路、交通设施以及各种痕迹和散落物所占有的一切空间。每一起道路交通事故都有事故现场存在，它的客观存在为道路交通事故调查提供了可靠的基本条件。因此，发现和确认道路交通事故现场，对开展道路交通事故调查至关重要。

32. 什么是原始现场?

答：原始现场是指道路交通事故发生后至现场勘查前，没有遭受改变或破坏的现场。这种现场最大限度地保留了各种痕迹、物证的原始状态，能够较为清楚地真实地反映出事故演变过程。

33. 什么是伪造现场?

答：伪造现场是指肇事人为逃避法律责任，故意毁灭证据，改变痕迹、物证的位置和形态等，或者故意通过改变或布置事故要素形成的现场。

34. 什么是变动现场?

答：变动现场是指道路交通事故发生后至现场勘查前，由于某种人为或自然的原因造成现场的原始状态发生了改变的交通事故现场。自然原因一般包括下雨、下雪、洪水、山体滑坡等自然情况；人为原因包括抢救伤者、当事人逃逸、当事人故意破坏现场等原因。这种现场使许多物证、痕迹的位置关系发生了改变，甚至导致物证、痕迹的丢失，给公安机关交通管理部门准确判断事故演变过程造成困难。

35. 什么是交通事故现场勘查？

答：交通事故现场勘查是指事故勘查人员依法运用科学的方法和技术手段对道路交通事故有关时间、地点、人员、车辆、物品、环境等进行勘查、检查，并客观、完整、准确地固定、记录、采集的活动。

36. 什么是交通事故现场勘查笔录？

答：交通事故现场勘查笔录是指交通警察勘查道路交通事故现场时，对勘查过程、勘查方法、勘查结果所做的文字记录。

37. 什么是交通事故当事人责任？

答：交通事故当事人责任简称交通事故责任，是指公安机关交通管理部门在查明交通事故原因后，对当事人的行为在交通事故中所起的作用以及过错严重程度进行的定性、定量的描述。所谓定性是对当事人的行为、过错是否与交通事故的发生以及损害后果有关系而进行的判断；定量则是对当事人的行为、过错与交通事故的发生以及损害后果有多大程度的关系的判断。

交通事故责任通常分为五级：全部责任、主要责任、同等责任、次要责任和无责任。交通事故责任的划分是彼此对应的，即全部责任对应无责任、主要责任对应次要责任、同等责任对应同等责任。

38. 什么是交通事故法律责任？

答：交通事故法律责任是指交通事故责任人因过错或者法律规定应当承担的不利后果，包括民事赔偿、行政处罚和刑事处罚三种责任类型。

39. 什么是交通事故认定？

答：交通事故认定是指公安机关交通管理部门根据交通事故现场勘查、检查、调查情况和有关检验、鉴定意见等证据的综合分析结果，对交通事故基本事实、发生原因和当事人的责任等所进行的一种专业性的判断活动。

40. 什么是交通事故认定复核？

答：交通事故认定复核是指当交通事故当事人对公安机关交通管理部门作出的道路交通事故认定有异议时，请求上一级公安机关交通管理部门对交通事故认定进行复查核实，并由上一级公安机关交通管理部门作出责令原办案单位重新调查、认定或者作出维持原道路交通事故认定等复核结论的一项专门活动，是公安机关对案件的内部纠错机制。

41. 什么是交通事故快速处理？

答：交通事故快速处理包括当事人自行协商处理和公安机关交通管理部门快速处理两种情形。

当事人自行协商快速处理是为保障道路交通有序、安全、畅通，缓解因交通事故造成的拥堵，提高道路通行效率，机动车之间发生的造成车物损失或者人员轻微伤，且车辆能移动的交通事故，由当事人自行协商解决。为规范和指导当事人快速处理，部分省市制定了《机动车交通事故快速处理办法》。

公安机关交通管理部门快速处理是依据《道路交通事故处理程序规定》第 69 条，对于伤人事故，如果当事人不涉嫌交通肇事、危险驾驶犯罪并且道路交通事故基本事实及成因清楚，当事人无异议的，各方当事人可以一致书面申请快速处理，经县级以上公安机关交通管理部门负责人批准，可以根据已经取得的证据，自当事人申请之日起 5 日内制作道路交通事故认定书。

42. 什么是事故发生地?

答：事故发生地是指交通事故发生时的地点，包括事故起始地、事故发生过程地、事故结果地。

道路交通事故发生在两个以上管辖区域的，由事故起始点所在地公安机关交通管理部门管辖。事故起始点是指发生事故的瞬间，事故各方第一次接触部位在路面上的垂直投影点、投影线或投影面。

43. 什么是交通肇事逃逸?

答：根据《道路交通事故处理程序规定》第112条第（一）项规定，交通肇事逃逸是指发生道路交通事故后，当事人为逃避法律责任，驾驶或者遗弃车辆逃离道路交通事故现场以及潜逃藏匿的行为。

《道路交通事故处理程序规定》中的“交通肇事逃逸”是公安机关交通管理部门从道路交通安全管理的角度出发进行界定，限定交通事故当事人“逃离道路交通事故现场或者潜逃藏匿”的。交通肇事逃逸的空间要件不限于从现场逃跑，“潜逃藏匿的行为”也是交通肇事逃逸行为。因此，交通肇事逃逸包括两种形态：一是当事人逃离交通事故现场的交通肇事逃逸行为；二是在交通事故发生后至交通事故认定书制作前潜逃藏匿的交通肇事逃逸行为。

最高人民法院《关于审理交通肇事刑事案件具体应用法律若干问题的解释》（法释〔2000〕33号）中第2条第二款第（六）项中“为逃避法律追究逃离事故现场的”行为与《道路交通事故处理程序规定》的交通肇事逃逸的第一种形态一致，是作为入罪情节的。对第3条规定“交通运输肇事后逃逸”是指当事人的行为［除了第2条第二款第（六）项］已经涉嫌交通肇事犯罪情形下，当事人为逃避法律追究而逃跑，作为加重处罚情节。

44. 什么是特别重大交通事故?

答：根据生产安全事故造成的人员伤亡或者直接经济损失，特别重大事故是指造成30人以上死亡，或者100人以上重伤，或者1亿元以上直接经济损失的事故。交通事故作为生产安全事故中一种，特别重大交通事故应当依据《生产安全事故报告和调查处理条例》进行处理。

45. 什么是交通事故深度调查?

答：交通事故深度调查是指以有效预防道路交通事故为目的，对道路交通事故发生的深层次原因以及道路交通安全相关因素开展延伸调查，分析查找安全隐患、管理漏洞及薄弱环节，提出针对性的意见和建议，推动相关部门、行业、企业问题整改和责任追究。

第三节　交通事故处理中的术语（46—61）

46. 什么是交通事故形态?

答：交通事故形态是指交通参与者之间发生冲突或自身失控发生事故时所表现出来的具体形态，包括碰撞、刮擦、碾压、翻车、坠车、失火和其他。

47. 什么是交通事故痕迹?

答：交通事故痕迹是指在交通事故中形成的能够证明道路交通事故事实的印痕和印迹，主要包括地面痕迹、车体痕迹、人体痕迹和其他痕迹。

48. 什么是车体痕迹?

答：车体痕迹是指在道路交通事故中车辆与其他车辆或人体接触，在车体上形成的痕迹，主要包括车体的变形、破损、表面物质增减或部件整体分离等。

49. 什么是地面痕迹?

答：广义的路面痕迹是指在交通事故过程中，以路面作为承痕客体形成的各种痕迹。狭义的路面痕迹是指在交通事故过程中，路面上的损伤痕迹、挫压痕迹和路面附着痕迹。

（1）路面损伤痕迹。

路面损伤痕迹是指在交通事故过程中，车体及零部件或其他坚硬物体，相对于路面作撞击、滑移运动时所形成的痕迹。痕迹特征主要与造痕体的外部结构特征、作用方式及作用力的大小有关；路面材质受到实质性损坏。主要包括撞击痕迹、刮擦痕迹。

撞击痕迹是车辆碰撞过程中，车体、沉重或尖锐的零部件脱落撞击路面形成的坑槽或沟槽。

刮擦痕迹是指车辆部件或所载货物掉落在路面上，并在路面上进行滑动，造成路面损伤所形成的痕迹。碰撞后翻车事故，车体与路面摩擦，会在路面形成片状的刮擦痕迹；被撞倒的摩托车和自行车的车把、脚蹬、轴头、车座等在路面上滑移，也会留下反映其运动轨迹的线条状的刮擦痕迹。

（2）路面挫压痕迹。

挫压痕迹是受到一定压力的摩擦痕迹，一般按形成机理可以分为轮胎挫压痕迹、鞋底挫压痕迹和人体挫压痕迹等。

汽车轮胎的挫压痕迹较正常的轮胎制动痕迹宽，且痕迹方向往往与车辆原来的行驶方向形成一定角度，痕迹一般比较集中，为片状形态，有时可以反映出轮胎花纹的结构类型。

摩托车、自行车等两轮车轮胎挫压痕迹的特征一般都是横向的呈水波纹形状。这是因为两轮车在受到外力撞击后，两轮车在受撞击的方向与其自身行驶的方向的合力方向运动，由于两轮车在运动中横向稳定性差，轮胎在地面上左右摆动，便在路面上形成水波纹形状的挫压痕迹。

车辆撞击行人，鞋底有时会在路面上形成鞋底挫压痕迹。鞋底挫压痕迹的特征是从重到轻，重端是车辆的驶来方向，可定为事故的接触点。

（3）路面附着痕迹。

路面附着痕迹指车辆发生碰撞后，附着在路面上的散落物、血迹、油渍和水渍等。

路面附着痕迹包括路面散落物痕迹和路面污染痕迹，这类痕迹对路面没有实质性的破坏，只是对路面形成附着或污染。这些附着或污染于路面上的物质，除了以其客观存在作为实体物证，它们也在路面上构成一定的形状，从而起到痕迹物证的作用。

50. 什么是人体痕迹？

答：人体痕迹是指在道路交通事故中，人体与其他物体或人体接触，在衣着、人体体表等处形成的印痕和伤痕。不同身份的交通参与者可以形成不同的损伤特征。

（1）汽车驾驶人的损伤痕迹特征。

驾驶室内各种部件均可与驾驶人员的身体发生碰撞，成为造成驾驶人损伤的致伤物，从而成为驾驶人损伤的特征组合：

胸腹部的方向盘损伤、双上肢的方向盘支撑损伤、足及小腿的踏板损伤、驾驶员的身体左侧的车门损伤、安全带损伤、膝部及下肢的仪表板损伤、面部的风挡玻璃损伤。

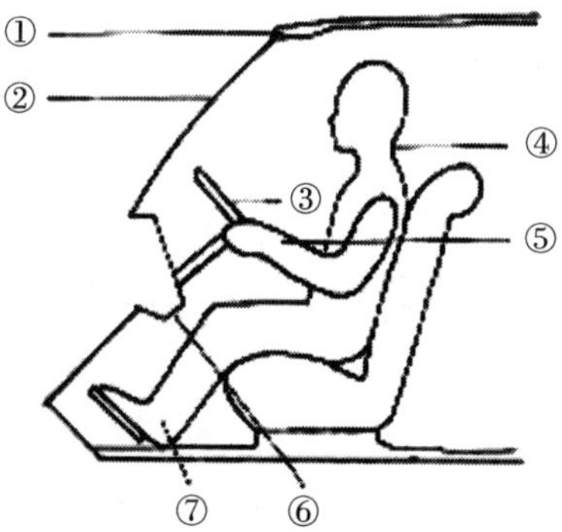

①风挡玻璃框损伤
②颜面部风挡玻璃刺划伤
③方向盘挤压伤
④颈部挥鞭样损伤
⑤上肢损伤（腕、前臂）
⑥膝部仪表盘架损伤
⑦踝部脚踏伤

（2）摩托车驾驶人。

摩托车驾驶人主要形成以下特征性损伤：会阴部及腹部的油箱损伤、手及前臂的握把损伤、胸部的车把损伤、面部或颈部的仪表盘损伤、小腿的保险杠损伤、双下肢内侧的部件硌垫损伤和烫伤、踏板式摩托车的双膝部损伤。

（3）非机动车驾驶人。

骑车人的特征性损伤是在骑行状态时由于机动车撞击，人体与自行车部件刮擦、碰撞、硌垫作用所形成的损伤。

会阴部的鞍座损伤、双下肢内侧的车管硌垫损伤、足及小腿内侧的链轮损伤、下肢的低位保险杠骨折、撞击伤的高度符合骑行所致。

（4）行人。

人体痕迹与伤亡者损伤相符合；损伤的高度和形状是否与机车某部件相吻合。其他鉴别点包括撞击伤距足底的高度与事故车正面痕迹高度是否吻合，尤其是保险杠损伤与保险杠高度是否一致。伤亡者身上是否附着事故车的油漆、玻璃碎片和油污等。事故车上是否有伤亡者的血迹、毛发、人体组织和衣服纤维。

51. 什么是交通事故中的其他痕迹？

答：其他痕迹是指交通事故发生时在树木、道路交通设施、建筑物、牲畜以及其他物品等表面所形成的痕迹。

52. 交通事故痕迹鉴定主要包括哪些？

答：根据司法部印发的《物证类司法鉴定执业分类规定》（司规〔2020〕5号）规定，交通事故痕迹鉴定包括通过对涉案车辆唯一性检查，对涉案车辆、交通设施、人员及穿戴物等为承痕体、造痕体的痕迹和整体分离痕迹进行检验分析，必要时结合交通事故微量物证鉴定、法医学鉴定等结果，判断痕迹的形成过程和原因（如是否发生过接触碰撞、接触碰撞部位和形态等）。

交通事故痕迹物证鉴定包括的具体项目内容如下：

（1）车辆安全技术状况鉴定。包括判断涉案车辆的类型（如机动车、非机动车）；对车辆安全技术状况进行检验；判断车辆相关技术状况或性能的符合性（如制动系、转向系、行驶系、灯光、信号装置等）。

（2）交通设施安全技术状况鉴定。包括对交通事故现场或事故发生地点等相关区域进行勘查、测量；对路基、路面、桥涵、隧道、交通工程及沿线交通附属设施的安全技术状况进行检验（如道路线形、护栏、标志、标线等）；判断事故相关区域交通设施的技术状况或性能的符合性（如材料、设置位置、几何尺寸、力学性能等）。

（3）交通事故痕迹鉴定。包括通过对涉案车辆唯一性检查，对涉案车辆、交通设施、人员及穿戴物等为承痕体、造痕体的痕迹和整体分离痕迹进行检验分析，必要时结合交通事故微量物证鉴定、法医学鉴定等结果，判断痕迹的形成过程和原因（如是否发生过接触碰撞、接触碰撞部位和形态等）。

（4）车辆速度鉴定。运用动力学、运动学、经验公式、模拟实验等方法，根据道路交通事故现场痕迹和资料、视频图像、车辆行驶记录信息等，判断事故瞬间速度（如碰撞、倾覆或坠落等瞬间的速度），采取避险措施时的速度（如采取制动、转向等避险措施时的速度），在某段距离、时间或过程的平均行驶速度及速度变化状态等。

（5）交通事故痕迹物证综合鉴定。基于以上交通事故痕迹物证鉴定项目的检验鉴定结果，必要时结合交通事故微量物证鉴定、声像资料鉴定、法医学鉴定等结果，综合判断涉案人员、车辆、设施等交通要素在事故过程中的状态、痕迹物证形成过程及原因等，包括交通行为方式、交通信号灯指示状态、事故车辆起火原因、轮胎破损原因等。

53. 交通事故微量物证鉴定主要包括哪些项目？

答：根据司法部印发的《物证类司法鉴定执业分类规定》（司规〔2020〕5号）规定，交通事故微量物证鉴定包括交通事故涉及的油漆、橡胶、塑料、玻璃、纤维、金属、易燃物质等的物理性质、化学性质和成分组成的检验检测，以及上述材料的比较检验和种类判别。

54. 什么是滚印、压印、拖印、侧滑印及挫划印？

答：滚印是指车辆轮胎相对于地面做纯滚动运动时，留在地面上的印迹，制动开始阶段也会留下制动滚印。

压印是指车辆轮胎受制动力作用，沿行进方向相对于地面做滚动、滑移复合运动时，留在地面上的印迹。

拖印是指车辆轮胎受制动力作用，沿行进方向相对于地面做滑移运动时，留在地面上的印迹。

侧滑印是指车辆轮胎受制动力或碰撞冲击力或转向离心力的作用，偏离原行进方向相对于地面做横向滑移运动时，留在地面上的印迹。

挫划印是指硬物或其凸出部分在路面上移动时，对路面造成的滚轧、刮擦印迹或沟槽。

55. 什么是交通事故现场图?

答：交通事故现场图是反映道路交通事故现场环境、事故形态和有关车辆、人员、物体、痕迹等位置及相互关系的图。主要包括现场记录图、实景记录图、现场比例图、现场断面图、现场立面图、现场分析图。

56. 什么是交通参与方式?

答：交通参与方式是指事故当事人采用的交通出行方式，如驾驶机动车、驾驶非机动车、乘车、步行等。

57. 什么是挥鞭样损伤?

答：挥鞭样损伤是指车辆突然变速时，车内人员因颈部的过伸、过曲形成的颈部骨骼、软组织及脊髓损伤。

58. 什么是交替通行?

答：交替通行是指两个或两个以上不同方向的车辆依次轮流通行。根据《道路交通安全法》第45条第二款规定："在车道减少的路段、路口，或者在没有交通信号灯、交通标志、交通标线或者交通警察指挥的交叉路口遇到停车排队等候或者缓慢行驶时，机动车应当依次交替通行。"

59. 什么是借道通行?

答：借道通行是在分道通行原则的基础上，行人在没有划人行横道的道路上或者遇到人行道障碍无法通行时，临时借用其他道路横过道路或者绕过障碍路段；车辆在转弯、掉头、会车、超车、临时停车或遇到有障碍物时驶入其他车道，包括机动车驶入非机动车道或者人行道，非机动车驶入机动车车道或人行道。借道通行应该保证安全，并不得影响本车道通行的行人或者车辆。

60. 什么是碰撞点?

答：碰撞点是指交通事故发生的瞬间，事故各方接触部位在路面上的垂直投影点、投影线或者投影面。

61. 什么是接触部位?

答：接触部位是指在交通事故中车辆与其他客体发生碰撞时最早接触部位。

第四节　交通事故处理中的理论问题（62—75）

62. 什么是安全原则?

答：安全原则是指在交通活动中以确保安全作为最高行为准则。安全原则要求在分析交通参与人行为的过错时以是否“确保安全”为基本判断标准。根据安全原则，车辆、行人在道路交通活动中，遇到交通安全法律法规没有明确规定的情况时，应当以“确保安全”为最高行为准则，调整各自的交通行为；道路交通管理部门及交通警察的一切交通管理活动，包括但不限于道路交通管理措施的制定与实施以及交通警察的具体执法行为等都应服从“确保安全”的原则。

63. 什么是路权原则?

答：交通事故责任认定的路权原则是指在交通事故责任认定时以保障交通参与人的路权为基本准则，一方当事人侵犯对方路权的行为一般认为在交通事故发生中作用较大，过错较严重，应承担主要以上责任。

在交通活动中，交通参与人的路权是通行中的基本权利，当事人的路权是以道路通行规则为内核，保障当事人的路权既是保障当事人的基本权利，也是尊重道路通行规则的重要体现，同时也是维护基本道路交通秩序的需要。因此，破坏路权的交通行为被认为是对交通安全危害严重的行为。

64. 什么是信赖原则?

答：信赖原则是指当行为人实行某种行为时，如果可以相信相对方能采取适当并符合法律规范的行动，则即使由于行为人的行为发生了危害结果，行为人对之也不负责任的原则。1935 年德国在处理交通事故的判例中最先适用，这一原则的提出和应用与高速运载工具汽车的普遍化有着不可分的联系。信赖原则可以在分析交通事故当事人行为的原因或者作用时作为理论参考。

信赖原则在合理分配过失责任的分担，在限制过失犯的成立范围，合理配置交通事故当事人责任方面具有指导意义。但在信赖原则的适用上应当注意以下几点：

第一，信赖存在必须以法律道德规范为基础，有具体的对象，达到一定的程度。信赖成立必须以法律道德或者其他规范要求为基础，对于相对人的行为具有明确的法律指引，并且有社会道德或良好习惯的要求。信赖的存在是行为人对相对人实施的行为合理性和合法性的一种内心确信；在交通管理领域，有着明确的法律道德规范，机动车驾驶人对行人或非机动车骑车人遵守交通法规、交通习惯以及道德存在着基本信赖。在这种场景下，机动车驾驶人的信赖的对象就是行人和非机动车驾驶人，信赖其按照法律道德的要求规范自己的交通行为。这是一种横向的在人格和地位上都平等的信赖关系。

第二，信赖必须达到一定的程度并符合生活相当性要求。一方面，行为人对于他人能否实施合法行为应当具有一定程度的信赖。如果行为人知道相对人不能做出其所期待的行为，而不采取措施避免结果发生，则不能确立信赖原则，不能用信赖原则来排除过失责任。如果行为人利用相对人的不适当行为或行为人在发现相对人有明显违反注意义务的可能性时，仍然盲目相信对方会履行注意义务，就是一种故意或放任，应当排除信赖原则的适用，追究行为人的责任。另一方面，信赖必须符合社会生活中的相当性的要求，行为人必须自己尽到注意义务，不能期待将超出法律规定的注意义务分配给他人，信赖必须是相当的，不能将行为人自己应当承担的风险转移给他人。在交通管理领域，行为人滥用信赖，放任自己的行为导致发生危害后果不能作为免责的理由。

第三，信赖原则的适用必须限定他人正常实施合法性或合理性的行为的情形。在他人实施行为的合理性或合法性可能丧失或者已明确丧失情况下不适用信赖原则。常见的有以下情形：一是在容易预见或者已经察觉受害人有违反规则嫌疑的，即受害人违反交通法规，即将造成危害结果，行为人有足够时间采取适当措施避免危害结果发生的；二是因受害人是儿童、老人、残疾人、醉酒状态或精神病人，不能期待其采取遵守交通法规行为的；三是幼儿园、小学校门前，道路结冰、雾雪天气等事故发生危险性高的以及从周围的状况看不能期待采取适当行动的。具有上述客观情况的，排除信赖原则适用。

65. 什么是交通事故中的因果关系？

答：原因一般是指造成某种结果或引发另一件事情发生的条件，原因作为哲学的范畴是指引起另一现象的现象。交通事故中的因果关系是交通事故中当事人过错或意外与事故发生之间存在引起与被引起关系。在一起交通事故中，可能存在多种原因，但是只有过错行为或者意外因素才可能是法律认定的交通事故发生的原因。对于交通事故因果关系的判定，可以参考采取民法中的因果关系说进行判定：在交通事故责任认定范围内，当某因素既是交通事故发生的充分条件又是其必要条件时，该因素就是交通事故发生的原因，即交通事故原因是交通事故发生的充分且必要的条件，其判断有两个步骤：

<table>
<tr><td rowspan="2">步骤一：事实条件关系的判断（必要性判断）</td><td>1. 在作为的案件中
（1）如果没有行为人的行为，交通事故不会发生，则行为人的行为是造成交通事故的必要条件；
（2）如果没有行为人的行为，交通事故仍会发生，则行为人的行为不是造成交通事故的必要条件</td></tr>
<tr><td>2. 在不作为的案件中：
（1）如果积极履行了作为义务，交通事故就不会发生，则行为人的行为是造成交通事故的必要条件；
（2）如果积极履行了作为义务，交通事故仍会发生，则行为人的行为不是造成交通事故的必要条件</td></tr>
</table>

续表

步骤二：法律相当性的判断（充分性判断）	确定当事人的过错行为是否能引起交通事故，要依行为时的一般社会经验和知识水平作为判断标准，如果认为该行为有引起交通事故发生的可能性，而在实际上该行为又确实引起了交通事故发生，则行为是交通事故发生的充分条件

交通事故的因果关系中必须包括重叠的因果关系和竞合的因果关系。前者是指有两个以上的独立的原因行为单独不能导致交通事故发生，但是重叠在一起就会引起交通事故发生；后者是指两个或者两个以上的原因行为分别能够导致交通事故发生，在行为人没有意思联络的情况下，竞合在一起造成交通事故发生。

66. 交通事故认定的法律属性是什么?

答：交通事故的认定是公安机关交通管理部门依据交通事故调查及检验、鉴定意见，进行事实确定、成因分析和当事人责任划分的综合性证据调查工作。交通事故认定是公安机关交通管理部门综合性证据调查，具有以下特点：

一是交通事故认定综合运用多学科，具有很强的专业性。涉及法学、人机工程学、交通心理学、汽车工程学、道路工程学、交通工程学、物理学、医学、气象学等学科的专门知识。

二是交通事故认定同时也是证据运用的过程，交通事故认定书是建立在证据之上的证据，具有综合证据的特征。

交通事故认定书是公安机关交通管理部门对交通事故处理所有证据材料的总结和归纳。运用证据是证据调查工作中的最后一步，即对所有的证据材料进行总结和归纳，形成意见。

三是交通事故认定中具有法律适用因素。交通事故认定的过程是适用法律、法规和规章的过程。主要体现在审查证据和运用证据的过程中，在认定交通安全违法行为的过程中，在认定当事人的交通事故责任时。

四是交通事故认定事实认定、原因分析和责任确认中具有较强的主观性。认定事故事实的过程是一个证明过程；分析事故原因的过程是一个判断过程；认定事故责任的过程是一个评估当事人过错程度高低，交通安全违法行为在交通事故发生中起的作用大小的对比过程。

67. 交通事故责任的法律属性是什么?

答：公安机关交通管理部门在查明交通事故原因以后，依法对当事人在发生交通事故中所起的作用以及过错的严重程度作出的定性、定量的描述。交通事故责任就是一种过错责任，是一种对当事人的过错在交通事故发生中所起作用大小的评价。与交通事故中当事人的法律责任具有本质区别，交通事故法律责任是指行为人由于行为过错或者根据法律规定而应承受的某种不利后果，其中责任主要含义为“不利后果”，而交通事故当事人责任，一般简称为交通事故责任，其责任主要含义为“过错”。二者在具体应用中存在以下明显差异：

一是责任分类不同，交通事故事故责任采用五级分类，即全部责任、主要责任、同等责任、次要责任和无责任；法律责任分为三种类型，即刑事责任、民事责任和行政责任。

二是责任主体要求不同，承担法律责任必须达到法定责任年龄，具有责任能力，而交通事故责任无责任年龄、责任能力的要求和限定。

三是责任承担要求不同，法律责任承担必须有国家强制力做保障才能实现，交通事故责任不需要国家强制力做保障。

四是责任承担后果不同，公民承担法律责任直接导致其权利义务产生、变更或消失，而承担交通事故责任只会间接影响当事人权利义务的产生、变更或消失。

68. 交通事故认定中“路权理论”责任认定模型是什么?

答：路权是一个学术意义上的概念，并非法律概念。路权的基本概念和路权在认定交通参与人的通行规则以及路权效力的评价等构成交通事故认定中的“路权理论”。路权是交通参与者的基本权利，“路权原则”是交通管理活动的基本原则。在交通事故责任认定中，“路权理论”的责任认定模型如下：

（1）基本判断。

一般情况下，如果一方交通参与人侵犯了其他交通参与人的通行权或先行权造成交通事故的，侵权的违法行为对事故发生所起作用较大，侵犯路权行为是造成事故的主要原因或全部原因，当事人应负主要以上责任。

一般情况下，如果一方交通参与人不履行安全义务，导致交通事故未能避免，对交通事故发生所起作用较小甚至无作用，则未履行安全义务行为是造成交通事故的次要原因或者非原因，则当事人负事故次要责任或者无责任。

（2）一般结论。

一般情况下，不履行安全义务的违法行为相对于侵犯路权的违法行为对交通事故发生所起作用较小；侵犯路权的违法行为对交通事故发生所起作用较大。

（3）判定公式。

侵犯路权行为原因力>不履行安全义务行为原因力

↓

侵犯路权行为人责任>不履行安全义务行为人责任

69. “险情避让理论”① 中的交通事故发生机理是什么？

答：当事人在交通事故中的行为表现种类繁多、形态各异，但就其属性而言可以分为两类：一类是造成险情的行为，简称致险行为；一类是避让险情的行为，简称避险行为。致险行为因造成交通险情出现是交通过错行为；避险行为本身一般是符合法律法规要求的合理行为，但避险方如果自身存在能力缺陷或措施失误，就可能造成本来可以避免的事故而未能避免，所以避险能力缺失行为也属于过错行为。

致险行为指在道路交通活动中违反道路通行规则引起交通元素交叉、交织、交合，或者造成车辆通行障碍，从而引发交通冲突的行为。致险行为的显著特征是造成了眼前刻不容缓的危险，面临险情的当事人若不及时采取有效的制动或改变行驶方向等措施将不可避免地引起交通碰撞。因此，致险行为在交通事故中起着至关重要的作用。避险行为是指面临险情

① 徐斯逵．道路交通事故险情避让理论［J］．公安研究，2010（3）：54—62.

的当事人采取措施化解可能形成交通冲突的行为。在交通活动中，只要出现交通险情，即使是正常通行的车辆和行人都有积极避让险情和防止事故发生的义务，为了履行上述义务而采取的化解险情的行为就属于避险行为。

避险行为只存在于面临险情的当事人，造成险情的一方躲避即将到来的车辆（如行人在机动车临近时横穿道路后又向后退）不能称之为避险行为，因为即将到来的车辆并没有造成险情，其躲避行为的实质是降低自己造成的险情。

当事人行为的作用是通过造成险情和避让险情而显现出来，当事人行为即使没有违法或违法轻微，只要该行为造成了险情或在避让险情中存在失误，就应该认为对造成交通事故产生了作用；同样，当事人行为即使违法性质十分严重，只要该行为未造成险情或在避让险情中没有失误，就应该认为对造成交通事故没有产生作用。

因此认为，致险行为和避险行为的相互运动并最终因避险失败而造成交通事故，这是交通事故形成的一般机理。

70. “险情避让理论”① 中的交通事故模型是什么？

答：交通事故形成过程的实质就是致险行为和避险行为互相运动、相互作用的动态变化过程。在这一过程中，双方处于引起与被引起、主动与被动的互动之中。当致险行为造成的险情可以避让，避险方在“预见、反应、措施”环节上也无不当，交通事故将得以避免；当致险行为造成的险情避险方难以避让，或者虽可避让但避险方因自身错误或不当导致避险失败，交通事故发生就成为事实。

除了尾撞事故和单方事故，绝大多数交通事故的形成首先是由于当事人的交通过错行为引发了交通险情的出现，没有险情也就不会有交通事故。但出现险情并不必然导致交通事故的发生，最终是否发生交通事故取决于面临险情的避险方能否成功避让险情：险情避让成功则交通事故可以避免；险情避让失败交通事故就会发生。根据以上分析，大多数交通事故

① 徐斯逵．道路交通事故险情避让理论［J］．公安研究，2010（3）：54—62.

可以抽象为“险情+避让”模型：

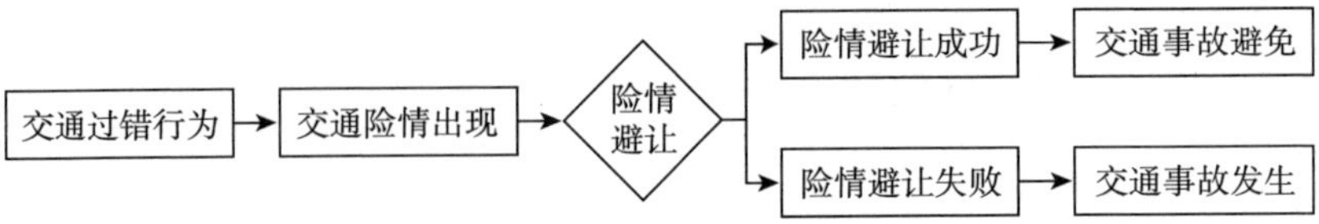

71. “险情避让理论”① 中当事人的过错行为如何进行分类？

答：根据致险行为和避险行为在交通事故形成中所处地位和所起作用不同，可以将当事人交通过错行为分为主动型、被动型和避险能力缺失型三类。

（1）主动型行为。

主动型行为是指致险行为造成的交通险情使避险方难以避让，在交通事故形成过程中处于主动地位、起主要以上作用的行为。例如，不遵守交通信号；机动车不依法会车、超车、让车、跟车、掉头、并线；行人、非机动车在机动车临近时横穿道路等均属于这类行为。

（2）被动型行为。

被动型行为是指致险行为造成的险情避险方能够采取措施避让，在交通事故形成过程中处于被动地位、起次要作用或不起作用的行为。例如，机动车未领取牌证上道路行驶；机动车不按规定的线路正常行驶；在视线良好的路段违法停车；行人在机动车道边缘行走或站立；白天在路边临时摆摊、堆物等均属于这类行为。

（3）避险能力缺失型行为。

避险能力缺失型行为指不具有安全驾驶能力或存在其他安全隐患，在交通事故形成过程中使避险成功可能性降低或者导致事故后果扩大化的行为。

避险行为的产生本身是被动的，当险情难以避让时，其被动性的地位无法改变；当险情可以避让时，决定事故是否发生的主动权就转移到了避险方。避险方如果不存在能力缺失问题，交通事故就可以避免；如果存在

① 徐斯逵．道路交通事故险情避让理论［J］．公安研究，2010（3）：54—62.

能力缺失问题，交通事故就会发生。

72. “险情避让理论”[①] 中当事人的过错行为的作用力大小如何评价?

答：致险行为对交通事故所起作用大小取决于造成险情的危险性，致险行为造成的险情难以避让或者避让成功的可能性相对较小，其作用就大，反之其作用就小。避险行为的作用大小取决于对险情避让成功的可能性，对于能够避让的险情由于其自身错误或不当而造成险情避险失败，其作用就大，对于难以避让的险情其作用就小。对“危险性”和“可能性”的评判应以一般人的认识能力和行为能力作为依据。一般人即为大多数人，用大多数人的认识能力和行为能力作为评判的依据，反映的是用一般人认识能力和行为能力，既不高也不低，因而这种评判具有社会相当性，其结论具有相对合理性。因此，对于出现的险情一般人能够避让的，就应当认为该险情危险性小，避让的可能性大；对于出现的险情一般人难以避让的，就应当认为该险情危险性大，避让的可能性小。

不同类型交通过错行为的形态特征不同。主动型行为具有隐蔽性、紧逼性、突然性特征；被动型行为具有明示性、顺序性、稳定性特征。避险能力缺失型行为具有主动与被动的两重性特征；可以通过对交通险情的避让时间、避让空间、避让能力三要素予以判定。评判过错行为造成交通事故的作用大小，其客观标准是过错行为的危险性和对方避让的可能性。过错行为的危险性大，对方避让的可能性就小；反之，过错行为的危险性小，对方避让的可能性就大。

不同形态的交通险情对交通事故的作用也不尽相同。交通过错行为对交通事故所起的作用是通过险情的危险程度表现出来的，而险情的危险程度又是通过其形态表现出来的。由此可知，交通过错行为的形态决定了其对交通事故所起的作用，这就是“形态决定作用”模型。

评价模型：当事人行为的形态特征决定了其行为作用的大小。

---

① 徐斯逵．道路交通事故险情避让理论［J］．公安研究，2010（3）：54—62.

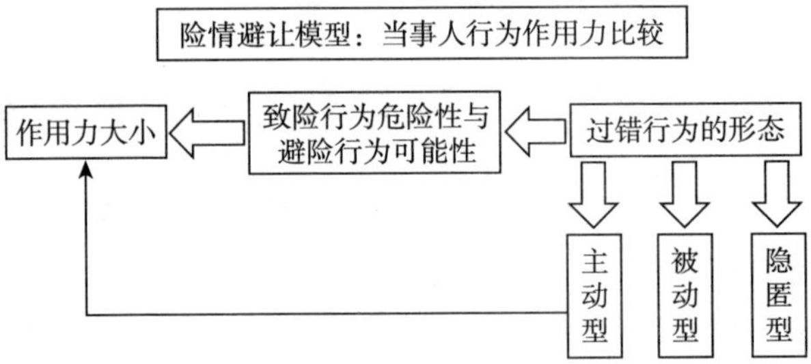

行为形态反映作用力大小

73. 道路交通事故认定书作为证据，属于哪一种证据种类？

答：道路交通事故认定书作为证据属于一种独立的证据种类。交通事故认定书确定作为证据使用。由于我国目前的证据种类采用静态固定的封闭模式，在“证据种类之外的材料不是证据”的基本法律原则下，交通事故认定书的证据形式或种类，应该认定为《道路交通安全法》规定的新的独立证据形式，与“鉴定意见”类似，只是制作主体不同，其证据种类名称即为“交通事故认定书”。

74. 道路交通事故认定书与书证有什么相同和不同？

答：交通事故认定书是以行政公文为载体，与公文书证具有相似性，但是交通事故认定书不属于书证。书证是指能够根据其表达的思想和记录的内容查明案件真实情况的一切物品。这些物品大致可包括：用文字记载的内容来证明案情的书证，以符号表达的意思来证明案情的书证，以及用数字、图画、印章或者其他方式表露的内容或者意图证明案情的书证。交通事故认定书主要内容记录了交通事故办案人员对交通事故事实、交通事故成因、交通事故当事人责任的分析认定意见，是以其反映的思想或意思发挥证明作用。由于交通事故认定书在证据表现形式、发挥证明作用的方法与书证完全相同，导致将交通事故认定书归入书证的这一证据种类的错误认识。交通事故认定书与书证有以下几个不同点：

一是交通事故认定书不符合书证形成的时间要求。书证是在案发前或案发中形成的，能够证明与案件相关的事实，书证在形成过程中发挥记录相关事实，产生、变更或终止相关的法律关系、表达思想或意思表示等发挥不同的证明作用；交通事故认定书是在案件事实已经确定后，对案件事实的探究，是在案件发生后形成的。

二是交通事故认定书不符合书证的证据学属性。书证是在案件发生过程中形成的，是案件事实的衍生物和信息载体，属于“一次生成”证据，直接反映案件事实，发挥“证据之镜”的作用，具有较强的客观性；交通事故认定书是公安机关交通事故处理部门在证据调查基础上对交通事故事实、成因及当事人责任进行专业分析与法律评价后形成的结论性意见，属于“二次生成”证据，具有间接性，发挥展示性、载体性作用，具有一定的主观性。书证制作往往是为了陈述事实、确认、变更或消灭某种法律关系等，而不是为了处理案件需要；交通事故认定书由公安机关交通管理部门制作，以便对案件作出处理。

三是交通事故认定书与书证的证据类型不同。书证属于实物证据；而交通事故认定书属于言词证据。

四是两者适用的法律后果不同。对虚假或者错误的书证，即使是在案件发生过程中故意伪造的，经查证后排除使用即可；而对于故意或者重大过失出具错误的交通事故认定书的，应当依据相关规定追究相关人员的法律责任。

75. 道路交通事故认定书作为证据，属于哪一种证据类型？

答：交通事故认定书作为独立的证据种类，其主要内容包括交通事故的基本事实、成因和当事人的责任，从证据的表现形式上进行分类应该属于言词证据。所谓言词证据是指以人的陈述为其表现形式的证据。在法律规定的证据种类中，表现为人的陈述的证据，如证人证言、当事人陈述、被害人陈述、被告人供述与辩解、鉴定意见等，均属于言词证据。言词证据以口头形式为基本形式，书面形式为例外，但是鉴定意见必须采用书面形式。交通事认定书中关于交通事故基本事实的认定是交通事故办案人员运用证据进行证明的结果，交通事故的成因分析是办案人员运用专业知识的逻辑判断的结果，当事人责任是办案人员运用法律知识进行法律推理的结果。交通事故认定书作为证据显然不是实物证据，与鉴定意见类似，均属于言词证据，法律规定必须采用书面形式。

第二章　交通事故处理程序

第一节　管辖（76—86）

76. 道路交通事故处理是由哪个部门负责？

答：交通事故由公安机关交通管理部门负责处理。根据《道路交通安全法》第5条第一款规定，国务院公安部门负责全国道路交通安全管理工作。县级以上地方各级人民政府公安机关交通管理部门负责本行政区域内的道路交通安全管理工作。《道路交通安全法》中第70条规定，在道路上发生交通事故，应迅速报告执勤的交通警察或者公安机关交通管理部门。

77. 公安机关除交通管理部门之外其他组成部门，如治安管理部门、刑事侦查部门、派出所等有没有权力处理交通事故？

答：公安机关除交通管理部门之外其他组成部门，如治安管理部门、刑事侦查部门、派出所等没有权力处理交通事故。交通事故处理工作属于道路交通安全管理工作的一部分，根据公安机关内部机构职责分工，公安机关交通管理部门负责维护交通安全和交通秩序，处理交通事故。部分省市地区进行警务改革，试行“所队合一”，在派出所设立交警中队，派出所所长兼任中队长，可以对辖区的交通事故进行处理。

78. 交通事故的管辖是如何规定的？

答：交通事故处理中的管辖是指各级公安机关交通管理部门处理交通

事故的范围和权限。交通事故管辖可分为地域管辖、级别管辖、移送管辖、指定管辖和管辖权转移。

（1）地域管辖是指由道路交通事故发生地的县级公安机关交通管理部门管辖。如果道路交通事故发生在两个以上管辖区域的，则由事故起始点所在地公安机关交通管理部门管辖。

（2）级别管辖是指若未设立县级公安机关交通管理部门的，则交通事故由设区市公安机关交通管理部门管辖。

（3）指定管辖是指对交通事故的管辖权发生争议时，由共同的上一级公安机关交通管理部门以决定方式指定其下级公安机关交通管理部门对某一道路交通事故案件行使管辖权。指定管辖前，最先发现或者最先接到报警的公安机关交通管理部门应当先行处理。

（4）移送管辖是指公安机关交通管理部门在受理道路交通事故案件后，发现自己对该案件并无管辖权，依法将该案件移送有管辖权的公安机关交通管理部门的制度。

（5）管辖权的转移是指当遇到道路交通事故案件重大、复杂等特殊情况，上级公安机关交通管理部门可以处理下级公安机关交通管理部门管辖的道路交通事故，或者指定下级公安机关交通管理部门限时将案件移送其他下级公安机关交通管理部门处理。案件管辖权发生转移的，处理时限从案件接收之日起计算。

79. 交通事故发生在两个以上管辖区域的，由哪个公安机关交通管理部门管辖？

答：道路交通事故发生在两个以上管辖区域的，由事故起始点所在地公安机关交通管理部门管辖。对管辖权有争议的，由共同的上一级公安机关交通管理部门指定管辖。指定管辖前，最先发现或者最先接到报警的公安机关交通管理部门应当先行处理。

80. 上级公安机关交通管理部门是否可以处理下级公安机关交通管理部门管辖的交通事故？

答：上级公安机关交通管理部门可以处理下级公安机关交通管理部门

管辖的交通事故。在道路交通事故处理实践中，当遇到道路交通事故案件重大、敏感、复杂等特殊情况，上级公安机关交通管理部门可以直接办理下级公安机关交通管理部门管辖的道路交通事故，也可以指令下级公安机关交通管理部门限时将案件移送其他下级公安机关交通管理部门处理。

81. 两个以上公安机关交通管理部门对交通事故的管辖权有争议时如何处理？

答：在地域交界处发生道路交通事故的现场可能会跨两个以上县级公安机关交通管理部门管辖的范围，情况复杂，管辖权不明，形成管辖权争议。此时，应报请共同的上一级公安机关交通管理部门指定管辖，上一级公安机关交通管理部门应当作出决定，并通知争议各方。

82. 交通事故管辖权发生转移的，如何计算处理时限？

答：交通事故处理管辖权转移是指依据上级公安机关交通管理部门的决定或同意，将交通事故的管辖权从原来有管辖权的公安机关交通管理部门转移至无管辖权的公安机关交通管理部门，使无管辖权的公安机关交通管理部门因此而取得管辖权的制度。案件管辖权发生转移时，处理时限从移送案件之日起计算。

83. 对于非道路上发生的车辆造成人员伤亡或者财产损失的案件，公安机关交通管理部门如何处理？

答：对于道路以外发生的事故，通常也被称为非道路交通事故。车辆在道路以外通行时发生的事故，公安机关交通管理部门接到报案的，参照《道路交通安全法》《道路交通事故处理程序规定》等有关法律法规办理。涉嫌犯罪的，由公安机关交通管理部门及时移送有关部门。

84. 涉及军队、武警部队人员或车辆的交通事故，公安机关交通管理部门应如何处理？

答：涉及军队、武警部队人员或车辆发生道路交通事故的，依据《道路交通安全法》关于“交通事故”的规定，属于交通事故的范畴，因此，由公安机关交通管理部门按照有关规定处理，处理时与其他人员的交通事故没有区别。

85. 涉及军队、武警部队人员和车辆的交通事故，需要追究军人的行政责任及刑事责任时应该如何处理?

答：根据公安部、总后勤部联合下发的《关于对军车驾驶员交通违章、交通事故实施抄告制度的通知》的规定，需要对涉及军队、武警部队人员进行行政处罚的，通过抄告制度办理，填写军车交通违章、道路交通事故抄告登记表，抄送公安机关交通管理部门所在地警备司令部。注销、吊销军队核发驾驶证及对军人处于行政拘留应当按照相关规定移送军队、武警部队有关部门处理。追究现役军人刑事责任，按照最高人民法院、最高人民检察院、公安部、国家安全部、司法部、中国人民解放军总政治部联合印发的《办理军队和地方互涉刑事案件规定》，由公安机关交通管理部门移送中国人民解放军、中国人民武装警察部队保卫部门。

86. 上道路行驶的拖拉机发生交通事故的，公安机关交通管理部门应如何处理?

答：上道路行驶的拖拉机发生道路交通事故的，按照《道路交通事故处理程序规定》处理。公安机关交通管理部门对拖拉机驾驶人依法暂扣、吊销、注销驾驶证或者记分处理的，应当将决定书和记分情况通报有关的农业（农业机械）主管部门。吊销、注销驾驶证的，还应当将驾驶证送交有关的农业（农业机械）主管部门。

第二节　自行协商（87—96）

87. 根据《道路交通事故处理程序规定》，哪些交通事故当事人可以自行协商处理?

答：当事人可以自行协商处理的道路交通事故包括机动车与机动车、机动车与非机动车、非机动车与非机动车或者行人发生的财产损失事故。

但具有以下情形的除外，当事人应当采取适当的现场处置措施后立即报警：

（1）驾驶人无有效机动车驾驶证或者驾驶的机动车与驾驶证载明的准驾车型不符的；

（2）驾驶人有饮酒、服用国家管制的精神药品或者麻醉药品嫌疑的；

（3）驾驶人有从事校车业务或者旅客运输，严重超过额定乘员载客，或者严重超过规定时速行驶嫌疑的；

（4）机动车无号牌或者使用伪造、变造的号牌的；

（5）当事人不能自行移动车辆的；

（6）一方当事人离开现场的；

（7）有证据证明事故是由一方故意造成的；

（8）机动车无检验合格标志或者无保险标志的；

（9）碰撞建筑物、公共设施或者其他设施的；

（10）载运爆炸性、易燃性、毒害性、放射性、腐蚀性、传染病病原体等危险物品车辆发生事故的。

88. 对于允许自行协商的交通事故，当事人在现场应该如何做？

答：当发生机动车与机动车、机动车与非机动车可以自行协商的财产损失事故时，当事人应当在确保安全的原则下，采取现场拍照或者标划事故车辆现场位置等方式固定证据后，立即撤离现场，将车辆移至不妨碍交通的地点，再协商处理损害赔偿事宜。当发生非机动车与非机动车或者行人可以自行协商的财产损失事故时，当事人应当先撤离现场，再协商处理损害赔偿事宜。

89. 对于应当自行撤离现场而未撤离的，交警到现场后应该如何处理？

答：机动车发生财产损失交通事故，对应当自行撤离现场而未撤离的，交通警察到达现场后，应当责令当事人撤离现场，造成交通堵塞的，对驾驶人处以200元罚款，驾驶人有其他道路交通安全违法行为的，依法一并处罚。

90. 当事人自行协商处理的交通事故，对损害赔偿事宜是否必须当面协商解决？

答：当发生自行协商处理的交通事故时，当事人就损害赔偿事宜可以当面协商解决，还可以通过互联网在线自行协商处理。当事人可以对事故现场拍照后快速撤离现场，通过手机上安装的“交管 12123”APP 或者电子公众平台上传事故信息，在线自行协商处理。

91. 对于公安机关交通管理部门接到当事人报警的案件，当事人是否就不能自行协商处理了？

答：公安机关交通管理部门接到当事人报警的道路交通事故，符合自行协商条件的，交警部门可以通过电话、微信、短信等方式，引导当事人按照规定采取开启危险报警闪光灯、设置警告标志等安全措施，组织车上人员疏散到路外安全地点，在确保安全的原则下，采取拍摄现场照片或者标划事故车辆现场位置等方式固定证据后，将车辆就近移至不妨碍交通的地点，再协商处理损害赔偿事宜，并可以指导当事人通过互联网在线快速处理等方式自行协商处理道路交通事故。

92. 当事人自行协商处理应注意哪些事项？

答：当事人自行协商处理道路交通事故应注意以下事项：

（1）自行协商处理的道路交通事故仅限于机动车与机动车、机动车与非机动车、非机动车与非机动车或者行人发生的财产损失事故。

（2）机动车与机动车、机动车与非机动车发生的财产损失事故，需要注意，具有《道路交通事故处理程序规定》第 13 条、第 14 条和第 15 条规定的情形的，不能自行协商处理，应当立即报警。

（3）对于自行协商处理的道路交通事故，当事人要遵守“先撤离现场再协商”的现场处置要求。对于机动车与机动车、机动车与非机动车发生的财产损失事故，当事人应当在确保安全的原则下，采取现场拍照或者标划事故车辆现场位置等方式固定证据后，立即撤离现场，将车辆移至不妨碍交通的地点，再协商处理损害赔偿事宜。对于非机动车与非机动车或者行人发生财产损失事故，当事人应当先撤离现场，再协商处理损害赔偿事宜，当事人可以不采取现场拍照或者标划事故车辆现场位置等方式固定证据。

93. 对于自行协商达不成协议的，当事人应该怎么办?

答：当事人对于自行协商达不成协议的交通事故，可以采取以下几种方式处理：

（1）当事人对交通事故的事实或成因有争议的，可以通过手机“交管12123”APP或者电子公众平台共同申请公安机关交通管理部门在线确定事故责任。

（2）当事人对于损害赔偿有争议的，报警后，交警或警务辅助人员远程指导自行协商解决。

（3）报警要求公安机关交通管理部门派警到现场进行处理。

具备条件的，可以通过保险公司的互联网理赔平台在线定损、在线理赔。

94. 当事人自行协商达成协议，制作的协议书应该包括哪些内容?

答：当事人自行协商达成协议的，应当制作道路交通事故自行协商协议书，并共同签名。道路交通事故自行协商协议书应当载明事故发生的时间、地点、天气、当事人姓名、驾驶证号或者身份证号、联系方式、机动车种类和号牌号码、保险公司、保险凭证号、事故形态、碰撞部位、当事人的责任等内容。

95. 当事人自行协商达成协议的，可以按照哪些方式履行交通事故损害赔偿?

答：依据《道路交通事故处理程序规定》第22条规定，当事人自行协商达成协议的，可以按照下列方式履行道路交通事故损害赔偿：

（1）当事人自行赔偿；

（2）到投保的保险公司或者道路交通事故保险理赔服务场所办理损害赔偿事宜。

96. 当事人自行协商达成协议未履行的，是否可以申请法院强制执行?

答：不可以。当事人自行协商达成协议后未履行的，只能申请人民调解委员会调解或者向人民法院提起民事诉讼。

第三节　简易程序（97—106）

97. 哪些情形的交通事故可以适用简易程序处理?

答：依据《道路交通事故处理程序规定》第23条规定，公安机关交通管理部门可以适用简易程序处理以下道路交通事故，但有交通肇事、危险驾驶犯罪嫌疑的除外：

（1）财产损失事故；

（2）受伤当事人伤势轻微，各方当事人一致同意适用简易程序处理的伤人事故。

98. 适用简易程序处理交通事故的主要工作步骤是什么?

答：交通警察适用简易程序处理道路交通事故时，主要工作步骤如下：

（1）在现场采取照相、录像、绘图以及文字记录等方式固定交通事故现场证据后，责令当事人撤离现场，恢复交通。

（2）当事人拒不撤离现场的，交通警察予以强制撤离，清理交通事故现场，尽快恢复交通。

（3）当事人无法及时移动车辆影响通行和交通安全的，交通警察应当将车辆移至不妨碍交通的地点。

（4）对于出现“驾驶人无有效机动车驾驶证或者驾驶的机动车与驾驶证载明的准驾车型不符”和“驾驶人有饮酒、服用国家管制的精神药品或者麻醉药品嫌疑”情形的，由于驾驶人不具有驾驶资格或者不能再驾驶车辆，又无其他机动车驾驶人即时替代驾驶的，交通警察依据《道路交通安全法实施条例》第104条规定依法给予处罚外，可以将其驾驶的机动车移至不妨碍交通的地点或者有关部门指定的地点停放。

（5）撤离现场后，交通警察应当根据现场固定的证据和当事人、证人陈述等，认定并记录道路交通事故发生的时间、地点、天气、当事人姓名、驾驶证号或者身份证号、联系方式、机动车种类和号牌号码、保险公司、保险凭证号、道路交通事故形态、碰撞部位等，并确定当事人的责任，当场制作道路交通事故认定书。不具备当场制作条件的，应当在3日内制作。

（6）道路交通事故认定书应当由当事人签名，并现场送达当事人。

（7）当事人共同请求调解的，交通警察应当当场进行调解，并在道路交通事故认定书上记录调解结果，由当事人签名，送达当事人。

99. 适用简易程序处理交通事故时交警是否必须当场出具交通事故认定书？

答：适用简易程序处理交通事故时，交通警察可以当场出具交通事故认定书，不具备当场制作条件的，交通警察应当在3日内制作道路交通事故认定书。不具备当场制作道路交通事故认定书的情形主要包括：

（1）因下雨、刮风等恶劣天气原因；

（2）因事故现场引起围观，人员聚集较多等环境原因；

（3）因当事人情绪激动，语言对抗升级，可能引发严重后果；

（4）因驾驶人、车辆等信息需要进一步核查，或者需要调取、查看相关交通技术监控设备、行车记录仪视频以进一步查明事故事实，以及当事人需要到医院检查是否受伤或者确认伤势轻微；

（5）其他原因现场无法继续处置的。

100. 适用简易程序处理交通事故当事人共同请求调解的，是否应该书面申请？

答：依据《道路交通事故处理程序规定》第25条规定，当事人共同请求调解的，交通警察应当当场进行调解，并在道路交通事故认定书上记录调解结果，由当事人签名，送达当事人。当事人共同请求调解，只要当事人口头提出调解申请即可，不需要提出书面调解申请。

101. 发生事故后在现场未立即报案的交通事故是否也能适用简易程序处理？

答：道路交通事故适用简易程序处理的情形包括两类：一类是财产损失事故；另一类是受伤当事人伤势轻微，各方当事人一致同意适用简易程序处理的伤人事故。两类事故的前提条件是不具有交通肇事、危险驾驶犯罪嫌疑的情形。因此，如果发生交通事故后，当事人在现场未立即报案，交警部门事后接到报案发现是属于以上两类交通事故的，可以按照简易程序处理。

102. 交通警察适用简易程序处理交通事故时，应当如何固定现场证据？

答：依据《道路交通事故处理程序规定》第 24 条规定，交通警察适用简易程序处理道路交通事故时，应当在固定现场证据后，责令当事人撤离现场，恢复交通。交通警察和事故当事人在现场可以采取照相、录像、绘图以及文字记录等方式固定事故证据。交通警察还可以通过现场口头询问事故发生经过，调取车辆行车记录仪资料，事发地点电子监控资料等方式固定证据。

103. 交通警察适用简易程序处理交通事故过程中是否可以扣留肇事车辆？

答：适用简易程序处理道路交通事故一般不扣留车辆，但因收集证据的需要或者该车具有下列应当扣留车辆的道路交通违法行为之一的，可以依法扣留车辆：

（1）上道路行驶的机动车未悬挂机动车号牌，未放置检验合格标志、保险标志，或者未随车携带机动车行驶证、驾驶证的；

（2）有伪造、变造或者使用伪造、变造的机动车登记证书、号牌、行驶证、检验合格标志、保险标志、驾驶证或者使用其他车辆的机动车登记证书、号牌、行驶证、检验合格标志、保险标志嫌疑的；

（3）未按照国家规定投保机动车交通事故责任强制保险的；

（4）公路客运车辆或者货运机动车超载的；

（5）机动车有被盗抢嫌疑的；

（6）机动车有拼装或者达到报废标准嫌疑的；

（7）未申领《剧毒化学品公路运输通行证》通过公路运输剧毒化学品的；

（8）非机动车驾驶人拒绝接受罚款处罚的。

104. 当事人为未成年人、精神病人等无民事行为能力人或者限制民事行为能力人，交通警察是否可以适用简易程序处理交通事故?

答：交通警察适用简易程序处理道路交通事故，当事人为未成年人、精神病人等无民事行为能力人或者限制民事行为能力人的，应当通知其监护人或者近亲属到场，并在《道路交通事故认定书（简易程序）》上记录其身份信息。当事人能够正确理解和表达且有签字能力的，由当事人及其监护人或者近亲属共同签字；当事人不能正确理解和表达或者无签字能力的，由其监护人或者近亲属签字。

105. 适用简易程序处理交通事故时，当事人“伤势轻微”应该如何认定?

答：“伤势轻微”可以理解为当事人自述损伤程度轻微，无须就医或就医检查治疗后认为身体无恙，且伤情外观表象为表皮轻微损伤，如表皮轻微擦伤、挫伤以及轻微红肿、瘀青、肌肉拉伤等。伤势轻微表示的损伤程度可以参照《人体损伤程度鉴定标准》中的“轻微伤”进行理解，但两者有明显区别。“轻微伤”需要经具备相关资质的鉴定机构鉴定才能得出结论，而伤势轻微是对伤情的主观认识，无须鉴定。

106. 交通警察适用简易程序处理交通事故过程中是否可以扣留机动车驾驶证?

答：适用简易程序处理道路交通事故一般不扣留机动车驾驶证，但因具有下列道路交通违法行为之一的，可以依法扣留机动车驾驶证：

（1）饮酒后驾驶机动车的；

（2）将机动车交由未取得机动车驾驶证或者机动车驾驶证被吊销、暂扣的人驾驶的；

（3）机动车行驶超过规定时速50%的；

（4）驾驶有拼装或者达到报废标准嫌疑的机动车上道路行驶的；

（5）在一个记分周期内累积记分达到12分的。

第四节　一般程序（107—112）

107. 哪些交通事故应当适用一般程序处理？

答：法律法规未明文规定适用当事人自行协商和简易程序处理的道路交通事故，都适用一般程序，主要有以下情形：

（1）适用简易程序处理过程中，案情发生变化，如出现当事人伤情加重、死亡、经鉴定财产损失数额较大，后续调查发现当事人涉嫌交通肇事、危险驾驶犯罪嫌疑等情形的道路交通事故；

（2）造成人员伤势轻微，但是有一方当事人不同意适用简易程序处理的道路交通事故；

（3）造成人员死亡、重伤、轻伤的道路交通事故；

（4）有交通肇事犯罪嫌疑的财产损失交通事故；

（5）有危险驾驶犯罪嫌疑的交通事故。

108. 发生交通事故，当事人有交通肇事犯罪、危险驾驶犯罪嫌疑的，公安机关交通管理部门应该如何办理？

答：发生交通事故，当事人有交通肇事犯罪嫌疑的，公安机关交通管理部门适用一般程序调查交通事故案件并作出事故责任认定后，确定符合交通肇事刑事案件立案标准且有管辖权时，应当立即转为刑事案件予以立案侦查，此时，从交通事故处理一般处理程序转变为办理刑事案件程序。发生交通事故，当事人有危险驾驶犯罪嫌疑的，公安机关交通管理部门适用一般程序调查交通事故案件，并作出交通事故认定。对交通事故中存在有危险驾驶犯罪嫌疑的，按照刑事案件程序办理。

109. 公安机关交通管理部门适用一般程序处理交通事故的工作步骤主要包括哪些？

答：公安机关交通管理部门适用一般程序处理交通事故的工作步骤主

要包括以下内容：

（1）立即赶赴事故现场，按规范做好事故现场安全防护，组织抢救受伤人员。

（2）对事故现场开展调查工作，拍摄现场照片，绘制现场图，及时提取、采集与案件有关的痕迹、物证等，制作现场勘查笔录。现场勘查完成后迅速组织清理现场，尽快恢复交通。

（3）需要进行检验、鉴定的，自事故现场调查结束之日起3日内委托具备资质的鉴定机构进行检验、鉴定。尸体检验在死亡之日起3日内委托。检验、鉴定30日内完成，超过30日的，应当报经上一级公安机关交通管理部门批准，但最长不得超过60日。

（4）公安机关交通管理部门收到检验报告、鉴定意见之日起5日内，将检验报告、鉴定意见复印件送达当事人。当事人对检验报告、鉴定意见有异议的，自收到之日起3日内可提出书面申请重新检验、鉴定。

（5）公安机关交通管理部门应当自现场调查之日起10日内制作道路交通事故认定书。交通肇事逃逸案件在查获交通肇事车辆和驾驶人后10日内制作道路交通事故认定书。对需要进行检验、鉴定的，应当在检验报告、鉴定意见确定之日起5日内制作道路交通事故认定书。

（6）当事人对道路交通事故认定有异议的，在收到之日起3日内提出书面复核申请。上一级公安机关交通管理部门自受理复核申请之日起30日内进行审查，并作出复核结论。

（7）当事人向公安机关交通管理部门申请调解的，应当在收到道路交通事故认定书之日起10日内提出书面申请。公安机关交通管理部门应当自调解开始之日起10日内制作道路交通事故损害赔偿调解书或者道路交通事故损害赔偿调解终结书。

110. 当事人伤势轻微，交通警察适用简易程序作出交通事故认定后，受伤当事人伤情突然加重死亡，公安机关交通管理部门应该如何处理？

答：交通警察适用简易程序作出交通事故认定后，受伤当事人伤情突然加重死亡，此时，公安机关交通管理部门应当立即转为一般程序处理该事故，并尽快补办相关手续，开展调查取证工作。

111. 醉驾导致交通事故，未涉嫌交通肇事犯罪的，公安机关交通管理部门应该如何办理?

答：在道路上驾驶机动车，血液酒精含量达到80毫克/100毫升以上的，属于醉酒驾驶机动车。醉驾导致交通事故，未涉嫌交通肇事犯罪的，交通事故适用一般程序处理，公安交通管理部门经过事故调查，收集固定相关证据，查明交通事故的基本事实和发生经过，根据当事人的行为对发生道路交通事故所起的作用以及过错的严重程度，确定当事人的责任，并依据当事人的申请对事故损害赔偿进行调解。另外，对驾驶人醉酒驾车的违法行为，依照《刑法》第133条之一第一款的规定，以危险驾驶罪定罪处罚。醉酒驾驶机动车，造成交通事故且负事故全部或者主要责任，或者造成交通事故后逃逸，尚未构成其他犯罪的，依照《刑法》第133条之一第一款的规定，从重处罚。

112. 交通事故案卷保管时限如何确定?

答：根据《道路交通事故案件文书》（GA40-2018）交通事故案卷保管期限可以分为长期保管和定期保管。交通事故案件的保管期限应在立卷时划定，保管期限从结案后第二年开始计算，电子证据保管期限应与案卷保管期限一致。

长期保管：交通肇事人员被终身禁止申请机动车驾驶证的，及其他死亡3人以上的交通事故案卷。

定期保管：适用简易程序处理的交通事故保管期限不少于3年。适用一般程序处理的交通事故（需长期保管的案卷除外）保管期限不少于20年。

对保管期满的，案卷须复查一次，有保存必要的可延长保管期限或转为长期保管。

第三章 调 查

第一节 报警与受案（113—138）

113. 什么是交通事故报警？

答：交通事故报警就是报告交通事故警情，是指报警人向公安机关或者公安机关交通管理部门指挥中心、值班室或者巡逻执勤的民警报告发生交通事故有关情况的过程。

114. 哪些情形的交通事故，当事人应当保护现场并立即报警？

答：发生死亡事故、伤人事故的，或者发生财产损失事故且有下列情形之一的，当事人应当保护现场并立即报警：

（1）驾驶人无有效机动车驾驶证或者驾驶的机动车与驾驶证载明的准驾车型不符的；

（2）驾驶人有饮酒、服用国家管制的精神药品或者麻醉药品嫌疑的；

（3）驾驶人有从事校车业务或者旅客运输，严重超过额定乘员载客，或者严重超过规定时速行驶嫌疑的；

（4）机动车无号牌或者使用伪造、变造的号牌的；

（5）当事人不能自行移动车辆的；

（6）一方当事人离开现场的；

（7）有证据证明事故是由一方故意造成的。

驾驶人必须在确保安全的原则下，立即组织车上人员疏散到路外安全地点，避免发生次生事故。驾驶人已因道路交通事故死亡或者受伤无法行动的，车上其他人员应当自行组织疏散。以上情形，不要求驾驶人将车辆移至其他地点，当事人也不能自行协商处理交通事故。

115. 哪些情形的交通事故，当事人应当将车上人员疏散到安全地点并固定证据，将车辆移至不妨碍交通的地点后报警？

答：发生财产损失事故且有下列情形之一，车辆可以移动的，当事人应当组织车上人员疏散到路外安全地点，在确保安全的原则下，采取现场拍照或者标划事故车辆现场位置等方式固定证据，将车辆移至不妨碍交通的地点后报警：

（1）机动车无检验合格标志或者无保险标志的；当事人可以提供电子标志的除外。

（2）碰撞建筑物、公共设施或者其他设施的。

以上情形，要求当事人首先将车上人员疏散到安全地点后，固定证据，将车辆移至不妨碍交通的地点后报警；不允许当事人自行协商处理。

116. 哪些情形的交通事故，当事人应当立即报警，采取相应的应急处置措施？

答：载运爆炸性、易燃性、毒害性、放射性、腐蚀性、传染病病原体等危险物品车辆发生事故的，当事人应当立即报警，危险物品车辆驾驶人、押运人应当按照危险物品安全管理法律、法规、规章以及有关操作规程的规定，采取相应的应急处置措施。这种情形下危险物品的车辆驾驶人和押运人根据现场情况采取有效的应急处置措施进行自救，等待专业的救援处置力量到达现场，尽可能地减少控制危险发生的风险或者造成的后果。

117. 发生交通事故后，车辆驾驶人在事故现场应当履行哪些义务？

答：发生交通事故后，当事人在现场应当履行以下五项义务：

（1）应当立即停车。立即停车是驾驶人在发生交通事故后首要履行的义务，无论明知发生事故还是怀疑发生事故，都要按规定立即停车。

（2）应当保护现场。避免发生次生事故，保护现场证据不被破坏。

（3）造成人员伤亡的，应当立即抢救受伤人员。

（4）根据相关规定应当报警的，及时报警。

（5）应当立即组织车上人员疏散到路外安全地点。

118. 发生交通事故后，当事人应当如何保护现场？

答：发生交通事故后，机动车驾驶人要立即停车，开启危险报警闪光灯；组织车上人员撤离到安全的地方；确定现场范围，用白灰、沙石、树枝、绳索等将现场包围封闭，按规定在车后设立危险警示标志；如需移动伤者和事故车辆，要将伤者、车辆的位置做好标记；恶劣天气环境下，尽量对可用席子、塑料布等将现场上的尸体、血迹、车痕、制动印痕和其他散落物等重要痕迹、证据进行遮盖；如果现场有扩大事故后果的因素，如汽油外溢、车上装有易燃易爆、剧毒、放射性等危险物品时，应立即设法消除，并向周围的行人讲明现场的危险性。必要时，将危险车辆驶离现场；注意寻找目击证人，记下见证人的身份、地址等。

119. 发生交通事故后造成人员受伤的，应当如何抢救受伤人员？

答：发生交通事故造成人员受伤的，应立即拨打医疗急救电话，在等待医务人员到来前，应及时采取相应的急救措施抢救受伤人员。

如果受伤人员出血，应当找准出血部位，用毛巾等采用捆绑或者压按的方式止血；如果受伤人员失去知觉或者呕吐，应当将受伤人员横卧，保证其呼吸道畅通，避免因姿势不对导致咽喉被堵塞窒息；如果受伤人员头部、颈部或者椎体受伤，抢救时不要晃动，尽量保持其原有姿势等待专业医护人员救助；如果发现受伤人员骨折，应当用木板、木棍等物将骨折部位固定，减少移动；如果受伤人员被压在车轮下，可以移动车辆将受伤人员移出，但应当标记车轮方位和受伤人员倒卧位置。

120. 发生交通事故后，驾驶人为什么应当立即组织车上人员疏散到路外安全地点？

答：道路交通事故发生后，交通流不会因此立即中断，但过往车辆驾驶人的注意力却会因此而分散，极易引发次生事故。尤其是夜间或恶劣天气情况下，为了确保安全、防止发生次生事故，应当立即组织车上人员疏散到路外安全地点。

121. 对仅造成财产损失的交通事故，当事人没有采取现场拍照或者标划事故车辆现场位置等固定证据，而将车辆移至不妨碍交通的地点，交警应该如何处理？

答：对仅造成财产损失的交通事故，当事人没有采取现场拍照或者标划事故车辆现场位置等固定证据，而将车辆移至不妨碍交通的地点，交通警察应对现场进行勘查。能够查明事故基本事实的，可以适用简易程序当场出具道路交通事故认定书；无法查明事故事实的，应按照一般程序进行调查处理。

122. 公安机关交通管理部门对接到的报警，属于本单位管辖的、属于公安机关职责范围但不属于本单位管辖的或者不属于公安机关职责范围的应该如何分别处理？

答：根据《公安机关办理行政案件程序规定》第 61 条规定，公安机关应当对报案、控告、举报、群众扭送或者违法嫌疑人投案分别作出下列处理，并将处理情况在接报案登记中注明：

（1）对属于本单位管辖范围内的案件，应当立即调查处理，制作受案登记表和受案回执，并将受案回执交报案人、控告人、举报人、扭送人；

（2）对属于公安机关职责范围，但不属于本单位管辖的，应当在 24 小时内移送有管辖权的单位处理，并告知报案人、控告人、举报人、扭送人、投案人；

（3）对不属于公安机关职责范围的事项，在接报案时能够当场判断的，应当立即口头告知报案人、控告人、举报人、扭送人、投案人向其他主管机关报案或者投案，报案人、控告人、举报人、扭送人、投案人对口头告知内容有异议或者不能当场判断的，应当书面告知，但因没有联系方式、身份不明等客观原因无法书面告知的除外。

123. 设区的市、县级公安机关交通管理部门事故处理机构应该如何值班备勤？

答：设区的市、县级公安机关交通管理部门事故处理机构实行24小时值班备勤制度，根据辖区道路交通事故情况确定值班备勤人数，值班备勤民警不得少于2人。

124. 指挥中心接到交通事故报警的，应该如何处警？

答：指挥中心接到道路交通事故报警，需要派员到现场处置的，指派就近执勤的交通警察立即赶赴现场进行先期处置，并根据情况进行以下处理：

（1）需要适用一般程序处理的，通知事故处理民警赶赴现场，并调派支援警力赶赴现场维护交通安全和交通秩序；

（2）需要现场救援的，立即通知相关单位救援人员、车辆赶赴现场；

（3）属于上报范围的，立即报告上一级公安机关交通管理部门，并通过本级公安机关报告当地人民政府；

（4）需要堵截、查缉交通肇事逃逸车辆的，通知相关路段执勤民警堵截或查缉过往车辆，通报相邻的公安机关交通管理部门布控、协查；

（5）载运爆炸性、易燃性、毒害性、放射性、腐蚀性、传染病病原体等危险物品车辆发生事故的，立即通过本级公安机关报告当地人民政府，通报有关部门及时赶赴事故现场；

（6）营运车辆、校车发生人员死亡事故的，通知当地人民政府有关行政管理部门；

（7）造成道路、供电、供水、燃气、通讯等设施损毁的，通报有关部门及时处理。

属于应急处置范围的，指挥中心应当立即报告公安机关有关负责人，并启动相应的应急处置预案。

重大敏感的道路交通事故，指挥中心应当及时通报公安机关新闻舆论部门、网络安全保卫部门及其他相关单位，同步做好舆情导控等工作。

125. 交通警察接到处警指令后，有哪些出警要求?

答：(1) 快速出警要求：交通警察接到处警指令后，白天应当在5分钟内出警，夜间应当在10分钟内出警。

(2) 个人防护要求：交通警察赶赴现场处理道路交通事故，应当按照规定穿着现场防护服或者专门的现场勘查服，夜间佩戴发光或反光器具。

(3) 出警装备要求：配备必要的警用装备，携带道路交通事故现场勘查器材和足够的安全防护装备。

(4) 信息报告要求：交通警察到达事故现场后，应当及时向指挥中心报告到达时间和事故发生地点、事故形态、车辆类型、乘载人员、道路通行、初查后果等现场简要情况，需要增加救援人员或者装备的，一并报告。

126. 交通警察接到出警指令后应当多长时间出警?

答：交通警察接到处警指令后，白天应当在5分钟内出警，夜间应当在10分钟内出警。交通警察到达事故现场后，应当及时向指挥中心报告到达时间和事故简要案情。

127. 发生哪些类型的交通事故，公安机关交通管理部门应当立即通过本级公安机关报告当地人民政府，并逐级上报省级公安机关交通管理部门?

答：发生道路交通事故有以下情形的，公安机关交通管理部门应当立即通过本级公安机关报告当地人民政府，并逐级上报省级公安机关交通管理部门：

(1) 一次死亡3人以上的；

(2) 接送学生、幼儿车辆发生事故造成学生、幼儿受伤的；

(3) 高速公路上发生单起或者连续发生多起事故涉及5辆以上机动车的；

(4) 伤人事故涉及现役军人、公安民警或者军车、警车的；

(5) 造成外国人、港澳台人员受伤的；

（6）省级公安机关交通管理部门要求上报的其他情形。

128. 发生哪些类型的交通事故，公安机关交通管理部门应当立即通过本级公安机关报告当地人民政府，并逐级上报公安部交通管理局？

答：发生道路交通事故有以下情形的，公安机关交通管理部门应当立即通过本级公安机关报告当地人民政府，并逐级上报公安部交通管理局：

（1）一次死亡5人以上的；

（2）载运危险物品的车辆发生泄漏、爆炸、燃烧的；

（3）发生大中型客车翻车、坠车、燃烧的；

（4）接送学生、幼儿车辆发生事故造成学生、幼儿死亡或者5人以上受伤的；

（5）高速公路上发生单起或者连续发生多起事故涉及10辆以上机动车，或者造成单向或双向交通中断的；

（6）死亡事故涉及现役军人、公安民警或者军车、警车的；

（7）造成外国人、港澳台人员死亡或者3人以上重伤的；

（8）应当上报的其他情形。

129. 发生哪些类型的交通事故，设区的市公安机关交通管理部门负责人应当立即赶赴事故现场，指导现场救援和调查取证工作？

答：发生道路交通事故有以下情形的，设区的市公安机关交通管理部门负责人应当立即赶赴事故现场，指导现场救援、调查取证工作：

（1）一次死亡3人以上的；

（2）接送学生、幼儿车辆发生事故造成学生、幼儿受伤的；

（3）高速公路上发生单起或者连续发生多起事故涉及5辆以上机动车，或者造成单向或双向交通中断的；

（4）伤人或者死亡事故涉及现役军人、公安民警或者军车、警车的；

（5）造成外国人、港澳台人员受伤的；

（6）省级公安机关交通管理部门要求上报的其他情形。

130. 发生哪些类型的交通事故，省级公安机关交通管理部门应当派人赶赴事故现场，指导现场救援和调查取证工作?

答：发生道路交通事故有以下情形的，省级公安机关交通管理部门应当派人赶赴事故现场，指导现场救援和调查取证工作：

（1）一次死亡5人以上的；

（2）载运危险物品的车辆发生泄漏、爆炸、燃烧的；

（3）发生大中型客车翻车、坠车、燃烧的；

（4）接送学生、幼儿车辆发生事故造成学生、幼儿死亡或者5人以上受伤的；

（5）需要指导工作的其他情形。

131. 发生哪些类型的交通事故，公安部交通管理局应当派人赶赴事故现场，指导现场救援和调查取证工作?

答：发生一次死亡10人以上或者其他重大敏感的道路交通事故，公安部交通管理局应当派人赶赴事故现场，指导现场救援和调查取证工作。

132. 当事人在交通事故现场未报警，撤离现场后报警，请求处理的，公安机关交通管理部门应该如何处理?

答：发生道路交通事故后当事人未报警，在事故现场撤除后，当事人又报警请求公安机关交通管理部门处理的，公安机关交通管理部门应当按要求填写受案登记表，并在3日内作出是否接受案件的决定。

经核查道路交通事故事实存在的，公安机关交通管理部门应当受理，制作受案登记表；经核查无法证明道路交通事故事实存在，或者不属于公安机关交通管理部门管辖的，应当书面告知当事人，并说明理由。

133. 发生交通事故后，当事人是否可以使用肇事车辆将伤者送往医院?

答：发生交通事故后，尽可能拦截过往车辆或叫救护车将交通事故伤者送往医院。如果案发地点偏僻没有其他车辆经过，伤者伤情危急，可以使用肇事车辆将伤者送往医院。但是，在移动肇事车辆和伤者前，当事人应当在路面上标明肇事车辆和伤者的位置，并采取适当措施固定证据。

134. 交通事故发生在偏远地区，一方当事人用肇事车送伤者去医院后报警，当事人未固定证据，对交通事故发生的事实、成因有争议的，公安机关交通管理部门如何处理？

答：首先，经核实属于道路交通事故的，公安机关交通管理部门应当受理。能够查清事故事实的，按要求出具道路交通事故认定书，送达当事人；对于未固定证据导致事实和成因无法查明的，应当推定使用肇事车辆运送伤者的机动车驾驶人承担全部责任。其次，经调查无法证明属于道路交通事故或者不属于公安机关交通管理部门管辖的，应当按照《道路交通事故处理工作规范》第22条的规定，制作不予受理告知书，注明理由，送达当事人。

135. 接到车辆在道路上将动物撞伤或撞死的警情，公安机关交通管理部门应该如何处理？

答：首先要看被撞动物是有主人豢养的还是属于流浪的。交通事故是指车辆在道路上因过错或者意外造成的人身伤亡或者财产损失的事件。有主人豢养的动物属于个人财产，在道路上被车辆撞伤或撞死，属于财产损失，符合道路交通事故定义，属于道路交通事故，应当受理。经调查，车辆在道路上撞的动物属流浪的，则作为交通意外处理。

136. 接到因车辆颠簸、紧急刹车或转弯导致乘车人碰伤、摔伤的警情，公安机关交通管理部门如何处理？

答：乘车人因车辆颠簸、急转弯、刹车或其他原因导致受伤，是车辆运动中造成的人身伤害，符合《道路交通安全法》规定的交通事故的定义，接到这类警情，公安机关交通管理部门应当受理并开展调查处理工作。

137. 接到推行非机动车的人与行人在道路上发生碰撞，造成人员伤亡事故的警情如何处理？

答：《道路交通安全法实施条例》第70条规定了“驾驶自行车、电动自行车、三轮车在路段上横过机动车道，应当下车推行”。在道路上推行非机动车，和骑行一样，属于法律认可的通行方式，但是非机动车在推行过程中并未作为交通工具使用或者运行，不能认定为道路上通行时的一种“驾驶”方式，应该认定为行人。接到推行非机动车的人与行人在道路上发生碰撞，造成人员伤亡事故的警情应当按照非交通事故处理。

138. 驾驶人驾车故意撞击其他车辆、行人或道路设施，致人受伤或物品损坏，是否可以按交通事故处理？

答：驾驶人驾车故意撞击其他车辆、行人或道路设施，致人受伤或物品损坏，本质上是一方当事人故意造成的道路交通事故，公安机关交通管理部门可以按照交通事故处理，故意一方驾驶人承担事故全部责任。若是对特定对象进行报复性故意撞击，当事人恶意明显存在故意伤害或者故意损害财物的，应该按照治安案件处理，造成严重后果涉嫌构成犯罪的按照刑事案件处理。

第二节 现场安全防护（139—163）

139. 交通警察到达事故现场后，应当立即进行哪些工作？

答：交通警察到达事故现场后，应当立即进行下列工作：

（1）按照事故现场安全防护有关标准和规范的要求划定警戒区域，在安全距离位置放置发光或者反光锥筒和警告标志，确定专人负责现场交通指挥和疏导。因道路交通事故导致交通中断或者现场处置、勘查需要采取封闭道路等交通管制措施的，还应当视情在事故现场来车方向提前组织分流，放置绕行提示标志；

（2）组织抢救受伤人员；

（3）指挥救护、勘查等车辆停放在安全和便于抢救、勘查的位置，开启警灯，夜间还应当开启危险报警闪光灯和示廓灯；

（4）查找道路交通事故当事人和证人，控制肇事嫌疑人；

（5）其他需要立即开展的工作。

140. 交通警察到达现场后，应当如何设置警戒区？

答：交通警察到达现场后，应当根据现场情况利用警戒带、锥筒等划出警戒区，白天在距离现场来车方向50米至150米外或者路口处放置发光或者反光锥筒和警告标志，并指派专人负责现场安全警戒，指挥疏导过往车辆。夜间或雨、雪、雾、冰、沙尘等特殊气象条件下，应当增加发光或反光锥筒，延长警示距离。遇有群死群伤的交通事故现场，应当扩大警戒区范围，在现场警戒区外围设置缓冲区或者预警区，防止无关人员靠近警戒区。

高速公路应当停放警车示警，白天应当在距离现场来车方向200米外，夜间或雨、雪、雾、冰、沙尘等特殊气象条件下，在距离现场来车方向500米至1000米外，设置警告标志和减（限）速标志，放置发光或者反光锥筒。

事故现场道路不具备条件的，可以适当缩短标志、锥筒的设置距离。

141. 交通警察到达现场后，如何控制肇事嫌疑人？

答：交通警察到达现场后，对交通肇事嫌疑人可以依法传唤。对在现场发现的交通肇事嫌疑人，经出示《人民警察证》，可以口头传唤，并在询问笔录中注明嫌疑人到案经过、到案时间和离开时间。

142. 交通警察应该具备哪些方面现场防护意识？

答：交通警察及其警务辅助人员应当具备的防护意识主要体现在五个方面：

（1）自我定位意识。交通警察及其警务辅助人员的执勤执法活动不仅限于道路交通管理工作，还承担着路面治安、刑事案件的先期处置工作，这些决定了交通警察及其警务辅助人员执勤执法风险的不确定性。

（2）主动防御意识。交通警察及其警务辅助人员执勤执法安全防护不是单一的被动防护，而是主动的风险预防和规避，需要提前了解执法环境、分析研究危险要素、作出合理预判、降低执勤执法风险。

（3）临战意识。执勤执法期间要时刻保持警惕，认清执法风险的不确定性和危害性，通过团队合作或单兵的高效执行，达到降低或消除执法现场的风险。

（4）战术意识。参与执勤执法的交通警察及其警务辅助人员要具备和掌握安全评估、团队分工、执法站位、执法空间、控制及查缉等战术思路和方法，强调团队意识和战术协作。

（5）装备意识。合理配备和使用必要装备，可以有效提升交通警察及其警务辅助人员的战斗力。同时，装备是保护交通警察及其警务辅助人员人身安全的重要屏障。

143. 交通警察和警务辅助人员在交通事故现场应重点围绕哪些要素进行形势评估?

答：交通警察和警务辅助人员在交通事故现场常见的危险源包括外力冲击、暴力袭击、自然灾害及其他突发事件。

交通警察和警务辅助人员在执勤执法工作中的形势评估，应重点围绕以下五个要素进行：

（1）危险源要素。在开展执勤执法工作前，交通警察和警务辅助人员应当对工作环境的危险性以及事件处理全过程可能引发潜在危险的不确定因素进行评估。

（2）时空要素。执勤执法工作中，要综合考虑温度、湿度、能见度、视线、天气等原因，规划危险发生时的避让路线和避让空间。

（3）警力要素。提倡警力优势原则，并借助合力和执行力优势，最大限度地保障安全防护效果。

（4）装备要素。优良的装备可以减轻执勤执法风险造成的伤害并提高执法效能。

（5）战术要素。交通警察和警务辅助人员要保持战术意识，培养个人防护心理、生理应激反应和个人战术素养，充分发挥团队战术配合，最大限度降低安全风险。

144. 交通警察在处理交通事故时，应当按照规定佩带哪些装备？

答：交通警察在处理交通事故时，应当按照规定穿着反光服，佩带多功能腰带、对讲机、执法记录仪、催泪喷射器、警棍、手铐，根据需要携带警绳、约束带等装备，夜间或者低能见度气象条件下，还应当佩带挂肩警示灯、发光指挥棒、强光手电等主动发光装备。

145. 警务辅助人员在协助交通警察处理交通事故时，应当按照规定佩带哪些装备？

答：警务辅助人员协助交通警察处理交通事故时，应当穿着反光服，佩带多功能腰带、对讲机、执勤记录仪等装备和必要的防护装备，夜间或者低能见度气象条件下，还应当佩带挂肩警示灯、发光指挥棒、强光手电等主动发光装备。

146. 交通事故勘查车应当配备哪些装备？

答：交通事故勘查车应当配备现场勘查箱、现场照明作业设备、车辆闯入报警设备和锥筒、警戒带、警告标志、禁令标志、指示标志，以及急救包、牵引绳、简易破拆工具等救援及其他必要装备。处置危险化学品运输车辆交通事故时，参与处置的交通警察和警务辅助人员应当携带和使用防化、防毒装备。

147. 交通警察和警务辅助人员在执行任务前发现装备因故障无法正常使用怎么办？

答：交通警察和警务辅助人员在执行任务前和任务结束后应当检查佩（携）带装备、使用车辆及车载装备，确保装备和车辆齐全良好。在执行任务前发现损坏或者因故障无法正常使用的，应当及时更换装备。

148. 交通警察驾驶警用车辆到达交通事故现场后，应当如何停放？

答：交通警察驾驶警用车辆到达交通事故现场后，应当根据现场情况，停放在距交通事故现场来车方向 100 米外的同车道、应急车道或者路肩上，开启警灯、危险报警闪光灯，待现场安全防护设置完成后再根据现场指挥，停放在安全和便于抢救、勘查的地点。

交通事故勘查车应当停放在交通事故现场来车方向，距中心现场至少 40 米外的同车道、应急车道或者路肩上。交通事故现场为高速公路的，距离不少于 100 米；为二级及以上普通公路的，距离不少于 80 米。车辆停放时，车体宜与道路呈 20° 至 30° 夹角，车辆前轮宜保持 10° 至 20° 偏转，车头朝向和车轮方向视现场环境确定。

149. 交通事故勘查车到达交通事故现场按要求停放后，对车辆灯光有哪些要求？

答：到达交通事故现场的交通事故勘查车应当开启警灯、危险报警闪光灯和车载显示屏，恶劣天气时还应当开启示廓灯、雾灯、后位灯，可以使用警报器。

150. 交通事故现场的警戒要求有哪些？

答：交通警察应当根据交通事故现场情况设置预警区、警戒区，确定专人负责现场安全警戒。

交通事故现场位于弯道、下坡、隧道等影响视距路段的，预警区起点应当设置在弯道前、下坡坡顶前和隧道入口前。

151. 交通事故现场警戒区的装备使用有哪些规定？

答：设置预警区时应当连续使用警告、禁令、指示等交通事故处理区专用标志，设置警戒区时应当连续使用锥筒和必要的交通标志等安全防护装备设施。锥筒最大间隔不超过 20 米。在警戒区前端应当设置车辆闯入报警设备。根据现场需要，可以使用警戒带，采用减少通行车道数量、压缩通行车道宽度等方法降低行经现场车辆速度。在夜间或者低能见度气象条件下，应当增设主动发光警示设施和现场照明作业设备。

152. 哪些交通事故现场可以采取限制车辆通行或者临时中断交通的措施?

答：具备下列情形之一的交通事故现场，可以采取限制车辆通行或者临时中断交通的措施，对交通事故现场进行有效保护：

（1）车流比较集中的路段、路口交通事故；

（2）较大以上交通事故；

（3）急弯、长下坡、隧道内交通事故；

（4）雨、雪、雾、霾、冰冻等恶劣天气下交通事故；

（5）容易发生危险的其他交通事故。

153. 因交通事故造成道路交通中断或者严重堵塞的，应采取哪些措施保障通行?

答：因交通事故造成道路交通中断或者严重堵塞，或者交通事故处置需要较长时间，可以根据交通事故现场情况采取远程交通诱导、前置管控分流措施，必要时可以采取借道通行、交替放行等措施，保障道路通行。

154. 交通事故现场安全防护区域设置分为几个等级？各等级有哪些具体要求?

答：综合道路类型、通行条件、事故类型等因素，交通事故现场安全防护区域设置分为五个等级：

（1）一级防护：在距现场来车方向1000米外开始设置预警区，300米外开始设置警戒区。

（2）二级防护：在距现场来车方向500米外开始设置预警区，200米外开始设置警戒区。

（3）三级防护：在距现场来车方向200米外开始设置预警区，100米外开始设置警戒区。

（4）四级防护：在距现场来车方向100米外开始设置预警区，50米外开始设置警戒区。

（5）五级防护：在现场来车方向设置安全防护区域和安全防护装备设

施，预警区和警戒区长度根据实际条件确定。

155. 在高速公路和城市快速路勘查交通事故现场时，应当遵守哪些安全防护规定？

答：在高速公路和城市快速路勘查交通事故现场时，应当遵守以下安全防护规定：

（1）一般情况下适用二级防护。在夜间或者遇有雨、雪、雾、霾、冰冻等恶劣道路通行条件时适用一级防护，并在预警区放置适量锥筒。

（2）交通事故现场在中间车道的，可以根据道路和流量情况封闭中间及左侧或者封闭中间及右侧车道，或者临时中断交通，不得采取只封闭中间车道的方式设置安全防护区域和安全防护装备设施。需要实施管控分流时，应当按照相关规定执行。

（3）在城市快速路上受客观条件限制不能按照规定设置安全防护区域时，可以降低一个防护等级，并适当采取缩小锥筒间距、压缩车道宽度、增设掩体等方式，保护现场安全。

156. 在城市快速路以外的城市道路勘查交通事故现场时，应当遵守哪些安全防护规定？

答：在城市快速路以外的城市道路勘查交通事故现场时，应当遵守以下安全防护规定：

（1）一般情况下适用四级防护。在夜间或者遇有雨、雪、雾、霾、冰冻等恶劣道路通行条件时，适用三级防护。

（2）限速 60 公里及以上的路段适用三级防护。

（3）已经造成通行缓慢或者交通拥堵时，可以适用五级防护。

157. 在普通公路勘查交通事故现场时，应当遵守哪些安全防护规定？

答：在普通公路勘查交通事故现场时，应当遵守以下安全防护规定：

（1）一般情况下适用三级防护。在夜间或者遇有雨、雪、雾、霾、冰冻等恶劣道路通行条件时适用二级防护。

（2）需要实施借道通行、交替放行、管控分流等措施时适用三级防护。安全防护区域及设施设置距离可根据现场情况适当缩短。

（3）在全线最高设计时速未达 40 公里的普通公路上勘查交通事故现场时适用四级防护。已经造成通行缓慢或者交通拥堵时，可以适用五级防护。

158. 在其他公路勘查交通事故现场时，应当如何按要求进行防护？

答：在其他公路勘查交通事故现场时，参照适用四级防护，并适当采取缩小锥筒间距、压缩车道宽度、增设掩体等方式，保护现场安全。

159. 在道路上适用简易程序快速处理交通事故时，需要设置防护区域吗？

答：在道路上适用简易程序快速处理交通事故时，可以结合道路类型、通行条件、事故类型等因素，根据现场所处道路环境，交通事故现场安全防护可以降低一个防护等级。

160. 交通事故涉及爆炸性、易燃性、毒害性、放射性、腐蚀性、传染病病原体等危险物品的，应如何加强安全防护工作？

答：交通事故涉及爆炸性、易燃性、毒害性、放射性、腐蚀性、传染病病原体等危险物品的，公安机关交通管理部门应当协同有关部门划定隔离区，封闭道路、疏散过往车辆、人员，禁止无关车辆、人员进入，待险情消除后方可勘查现场。必要时，现场交通警察应当穿着防化服、佩戴防护用具。

161. 在交通事故现场中的作业人员的现场站位的基本方式是什么？

答：在道路交通事故现场中的作业时，无论交通事故现场的道路条件如何，交通警察以及协助工作的警务辅助人员要尽可能地面朝主要危险源，这是现场站位的基本方式。危险源存在多变性或者不确定时，现场人员站位应随时根据交通情况进行调整。

162. 在交通事故现场中的作业人员应如何利用现场内的掩体？

答：站位时利用现场内的掩体，尽量避免直接暴露在危险源的威胁之下，充分降低侵入性安全隐患。首先，要判断主要危险源是正确选择相应方向掩体的基础；其次，要选择合适的掩体，并与掩体保持适当的距离；最后，随时保持对危险源的观察，对掩体做主动的调整。

163. 交通事故现场勘查工作结束，撤除安全防护装备设施时，应当如何操作？

答：撤除安全防护装备设施时，应当按照由近及远原则，根据所处道路位置，先撤除警戒区下游，再依次撤除警戒区中游、上游及预警区的交通标志和安全防护装备设施。特殊情形下，可以暂时中断交通，快速设置、撤除安全防护装备设施后及时恢复通行。

第三节　现场处置（164—181）

164. 交通警察到达交通事故现场后前期处置工作主要包括哪些？

答：交通警察接到出警指令，到达道路交通事故现场后，应立即开展以下工作：

（1）划定警戒区域，做好现场安全防护；

（2）组织抢救受伤人员；

（3）指挥救护、勘查车辆停放；

（4）确定交通事故当事人，控制肇事者；

（5）其他需要立即开展的工作。

165. 交通警察到达交通事故现场后，如何立即组织抢救伤者？

答：“组织抢救”是指在道路交通事故现场，医护急救人员到达前，交通警察按照救护操作规范，对伤情危急的伤员进行止血、包扎等紧急处置，并根据抢救需要，组织、协调应急管理部门、救援机构、过往车辆与行人等力量对受伤人员的抢救工作，必要时可以征用一些器具。

166. 交通警察在现场是否有权判断当事人已经死亡而不采取抢救措施?

答:《道路交通事故处理程序规定》第31条规定，道路交通事故造成人员死亡的，应当经急救、医疗人员或者法医确认，并由具备资质的医疗机构出具死亡证明。交通警察没有能力和资格凭自身判断确认人员已经死亡而不采取抢救措施。

167. 交通警察到达交通事故现场后，因抢救伤员需要变动现场，应该采取哪些措施?

答：交通警察到达道路交通事故现场后，因抢救伤员需要变动现场的，应当标明或者记录需要变动的现场元素，并通过拍照或者摄像记录伤员在现场的原始位置及状态。

168. 到达交通事故现场后，受伤人员急需被送往医院救治的，交通警察应该开展哪些工作?

答：到达道路交通事故现场后，受伤人员急需被送往医院救治的，交通警察应当记录医院名称、地址及受伤人员基本情况。

169. 交通警察到达交通事故现场后，对围观群众应采取哪些措施?

答：交通警察到达道路交通事故现场后，应当紧急疏散现场人员、车辆，对进入警戒区的无关人员，责令其立即离开，必要时可予以带离。遇有与勘查工作无关人员对事故现场以及受伤人员和尸体进行拍照、摄像的，应当立即予以劝阻，劝阻过程应当全程使用执法记录设备记录。事故现场围观人员较多的，应当通过设置提示牌、警示灯、语音设备等方式提示引导群众不得进入事故现场警戒区。

170. 交通警察对现场停放的尸体以及敏感的物品应采取哪些措施处置?

答：交通警察对现场停放的尸体以及敏感的物品要用尸袋、围布等予以遮盖，避免外露。事故现场血腥、惨烈的，可采用立体围挡设施进行遮挡。

171. 交通警察对发现侦查线索的肇事逃逸事故，应开展哪些工作?

答：到达交通肇事逃逸现场，交通警察已经初步确定肇事逃逸车辆的车型、车号、车身特征或者逃逸路线、方向等信息的，应当立即报告指挥中心布置堵截和查缉。

172. 交通警察到达交通事故现场后，发现管辖权存在异议的怎么办?

答：交通警察到达道路交通事故现场后，对属于道路交通事故但不属于本单位管辖区域的，应先期进行处置，报告指挥中心通知有管辖权的公安机关交通管理部门；管辖权有争议的，报告共同的上一级公安机关交通管理部门指定管辖，上一级公安机关交通管理部门应当在接到报告后24小时内作出决定。

173. 对于管辖权存在争议的交通事故，在管辖权确定前，交通事故调查工作如何开展?

答：对于管辖权存在争议的交通事故，在管辖权确定之前，最先到达现场的交通警察不得中止或拖延对该事故的组织施救、现场处置及处理工作；管辖权确定后，移交案件有关材料，由有管辖权的单位继续处理。

174. 交通警察到达交通事故现场后，经调查发现案件不属于公安机关交通管理部门管辖的，该如何处理?

答：交通警察到达道路交通事故现场后，经调查发现案件不属于公安机关交通管理部门管辖的，经请示单位负责人同意后，告知当事人，并报告指挥中心通知相关部门处理。

175. 交通警察到达交通事故现场后，如何指挥和疏导交通?

答：交通警察到达道路交通事故现场后，结合道路交通事故实际情况，进行如下指挥和疏导：

对道路交通事故现场设置安全防护区域后，道路条件允许车辆继续通行的，交通警察可以指挥需要通行的车辆依次减速缓慢通过；指挥疏导现场滞留车辆从附近条件允许的路段绕行。

道路交通事故现场导致交通中断或者因现场处置、勘查需要，需要中断交通的，交通警察可以采取封闭道路等交通管制措施，并报告指挥中心通知相关部门提前组织分流。

176. 发生交通事故后，交通警察有权扣留当事人的哪些物品？

答：发生交通事故后，因收集证据的需要，交通警察有权扣留当事人的车辆。另据《道路交通事故处理程序规定》第40条第一款规定："当事人涉嫌犯罪的，因收集证据的需要，公安机关交通管理部门可以依据《中华人民共和国刑事诉讼法》《公安机关办理刑事案件程序规定》，扣押机动车驾驶证等与事故有关的物品、证件，并按照规定出具扣押法律文书。扣押的物品应当妥善保管。"证件包括机动车驾驶证、机动车行驶证。

177. 发生交通事故后交通警察是否可以扣留车辆和车辆所载货物？

答：发生交通事故后，因收集证据的需要，交通警察可以扣留事故车辆，并开具行政强制措施凭证。扣留的车辆应当妥善保管。交通警察不得扣留事故车辆所载货物。对所载货物在核实重量、体积及货物损失后，通知机动车驾驶人或者货物所有人自行处理。

178. 发生交通事故后，驾驶人或者货物所有人无法自行处理车辆所载货物或者无法通知到当事人时，公安机关交通管理部门应如何处理？

答：发生交通事故后，驾驶人无法自行处理车辆所载货物的，交通警察可根据货物处理人的请求给予帮助，不得采用要求货物处理人按照指定方式，雇佣指定人员、车辆将货物处理给指定人员等方式强行处理；交通警察无法通知货物处理人或货物处理人不明确的，应当采取公告方式告知货物主人认领。在公告后6个月内，无人认领的，按无主财物处理，登记后上缴国库，或者依法变卖或者拍卖后，将所得款项上缴国库。遇有特殊情况的，可酌情延期处理，延长期限最长不超过3个月。

179. 发生交通事故后，因检验、鉴定需要扣留机动车的，扣留的时限是多少?

答：发生交通事故后，需要进行检验、鉴定的，公安机关交通管理部门可以扣留事故车辆，并按照有关规定，自事故现场调查结束之日起3日内委托具备资质的鉴定机构进行检验、鉴定。鉴定机构检验、鉴定完成的期限不得超过30日。超过30日的，应当报经上一级公安机关交通管理部门批准，但最长不得超过60日。自检验报告、鉴定意见确定之日起5日内，公安机关交通管理部门应当通知当事人领取扣留的事故车辆。所以，因检验、鉴定需要扣留机动车的，扣留时限视检验鉴定时间定，出具的检验报告、鉴定意见生效后5日内必须放行。综上，因检验、鉴定需要扣留机动车的期限不得超过68日，因案情需要需重新检验鉴定的除外。

180. 当事人涉嫌构成犯罪的，因收集证据需要，扣留其他与事故有关的物品、证件的程序和期限是什么?

答：当事人涉嫌犯罪的，因收集证据的需要，公安机关交通管理部门可以依据《刑事诉讼法》《公安机关办理刑事案件程序规定》，扣押机动车驾驶证等与事故有关的物品、证件，并按照规定出具扣押法律文书。扣押的物品应当妥善保管。

对扣押的机动车驾驶证等物品、证件，作为证据使用的，应当随案移送，并制作随案移送清单一式两份，一份留存，一份交人民检察院。对于实物不宜移送的，应当将其清单、照片或者其他证明文件随案移送。待人民法院作出生效判决后，按照人民法院的通知，依法作出处理。所以，根据案件的进展情况，公安机关交通管理部门因收集证据需要，扣留其他与事故有关的物品、证件的期限至案件移送检察机关之日，即这些物品、证件作为证据随案件移交检察机关。

181. 当事人对公安机关交通管理部门扣留车辆、驾驶证、行驶证等强制措施不服，如何进行救济?

答：采取行政强制措施是行政执法机关的行政行为，当事人对公安机关交通管理部门采取的强制措施不服，可以向作出强制措施的公安机关交通管理部门的上级公安机关申请行政复议，也可以向人民法院提起行政诉讼。

第四节　现场勘查（182—241）

182. 交通警察应当对交通事故现场开展哪些调查工作?

答：交通警察应当对事故现场开展下列调查工作：

（1）勘查事故现场，查明事故车辆、当事人、道路及其空间关系和事故发生时的天气情况；

（2）固定、提取或者保全现场证据材料；

（3）询问当事人、证人并制作询问笔录；现场不具备制作询问笔录条件的，可以通过录音、录像记录询问过程；

（4）其他调查工作。

183. 交通事故现场勘查的主要任务有哪些?

答：道路交通事故现场勘查的任务有以下四个方面：

（1）查明交通事件或案件的性质及其管辖权；

（2）发现和提取道路交通事故现场的痕迹物证；

（3）判断道路交通事故发生过程；

（4）分析道路交通事故成因。

184. 交通警察应当如何查明事故车辆、当事人身份情况?

答：交通警察应当现场查验道路交通事故当事人的身份证件、机动车驾驶证、机动车行驶证、保险标志等，并进行登记。可以通过警务通或者通过指挥中心查明验证确认上述信息。

185. 交通事故现场勘查包括哪几方面的工作?

答：道路交通事故现场勘查包括现场勘验和现场访问两个方面的工

作，主要包括事故现场实地勘查、现场调查、现场分析和现场复核四个内容。

186. 如何进行交通事故现场的实地勘查？

答：通过发现和固定、提取痕迹物证，以查明道路交通事故形成过程为主要目的，对交通事故现场进行勘验、检查、拍照、摄像、丈量、绘图、记录等，完成交通事故现场的实地勘查工作。

187. 交通事故现场实地勘查包括哪些内容？

答：道路交通事故现场实地勘查包括形成痕迹物证勘查、车辆及物品勘查、现场道路及环境勘查等。

188. 交通警察固定、提取或者保全现场证据材料有哪几种方式？

答：交通警察固定、提取或者保全现场证据材料有以下三种方式：

一是通过现场勘查笔录、现场照相、现场摄像、绘制现场图等记录方式固定。

二是直接提取现场发现的物证或者运用现代科技手段和先进的仪器设备提取现场发现的物证。

三是通过调取、扣留、扣押等措施固定、保全现场发现的物证、书证。

189. 如何进行交通事故的现场调查？

答：交通警察通过对事故现场进行勘查，固定、提取或者保全现场证据材料，并对当事人、证人进行询问或讯问，对当事人行车记录仪、手机等电子设备中与事故有关的信息进行采集固定，以查明道路交通事故发生前、发生时和发生后当事人、车辆、道路、交通环境等基本情况。

190. 如何进行交通事故的现场复核？

答：道路交通事故现场勘查工作结束前，办案人员应对整个道路交通事故现场勘查过程进行全面复查，查漏补缺、排除矛盾。例如，检查勘查工作有无遗漏与交通事故有关的元素、痕迹、物证等；现场图数据有无缺失或矛盾；现场勘查笔录与现场图、现场照相之间有无矛盾等。

191. 如何进行交通事故的现场分析?

答：在道路交通事故现场勘查工作基本完成时，交通警察对现场勘查的全部材料进行全面、综合分析研究当事人的过错及其与交通事故的因果关系，以判断案件性质和道路交通事故成因。在道路交通事故现场分析中发现证据缺失或者证据相互矛盾的，应当立即补充勘查，并完善现场勘查笔录。

192. 交通警察如何查明交通事件或案件的性质?

答：参加道路交通事故现场勘查的交通警察到达事故现场后，要凭借专业技术知识和经验，根据事故车辆位置、现场痕迹物证的形成和关联受伤、死亡人员的受伤部位、致死（伤）原因，辅之以询问或讯问，判断是否属于道路交通事故。不属于道路交通事故的，应移交其他有关部门处理。

193. 交通事故现场勘查的要求有哪些?

答：为正确认定事故提供可靠的依据，要求交通警察进行道路交通事故现场勘查工作时，必须做到及时迅速、细致全面、统筹兼顾、客观真实、依法勘查。

194. 为什么交通警察进行交通事故现场勘查要及时迅速?

答：道路交通事故现场处在暴露的环境中，痕迹物证可能因时间、地点、气象或者人为等原因导致灭失或损坏，尤其是逃逸的道路交通事故现场。交通警察对道路交通事故现场如果不能及时迅速勘查，因时过境迁、取证不及时而使道路交通事故证据材料遗失或丧失证明力，就会影响道路交通事故处理的整体工作。

195. 为什么交通警察进行交通事故现场勘查要细致全面?

答：交通警察如果勘查现场不认真、细致、全面，会造成有价值的证据遗漏、缺失，使事故处理工作陷入困境。所以在具体的现场勘查工作中，交通警察既要注意那些明显的痕迹、物证，还要注意发现和收集与事故有关的细小痕迹和微量物证，不可轻易放过任何疑点，力求把现场上一切与交通事故发生有关的可疑痕迹、物证都收集和记录下来。

196. 为什么交通警察进行交通事故现场勘查要统筹兼顾?

答：遇到较严重的道路交通事故，指挥中心在指令交通警察出警的同时，还要通知急救、消防等部门尽快赶赴道路交通事故现场配合处理，多部门联动，既为挽救生命争取时间，提高交通事故受伤人员的救治效果，又提高整体工作效率，使道路交通尽快恢复畅通。

197. 交通警察对交通事故现场进行勘查时，依法勘查体现在哪些方面?

答：首先，参与道路交通事故现场勘查工作的主体合法，交通警察事故处理工作人员要具备相应的道路交通事故处理资格；其次，在痕迹物证的发现、固定、测量、提取、保全以及照相、绘图、笔录制作、送检等诸多环节，都要严格按照法律、法规、标准和工作规范规定的程序和方法依法进行，保证证据的效力。

198. 实践中在确定交通事故驾驶人之前，应该首先做好哪些工作?

答：实践中会遇到驾驶人为推卸责任不承认自己驾驶车辆或出现“顶包”嫌疑的，要求交通事故处理民警及时做好以下工作：

（1）注意接警记录，一般当事人报警时还没有想到如何逃避责任；

（2）迅速调查当事人，在道路交通事故发生的短时间内，当事人和相关人员的攻守同盟尚未建立或者未牢固建立；

（3）收集相关痕迹物证，通过证据关联性进行判断，如车辆方向盘、挡风玻璃等处的血迹与人体的受伤情况进行比对等；

（4）调取电子证据并收集证人证言；

（5）及时发现并排除矛盾。

199. 从勘查范围划分，交通事故现场勘查分几个步骤?

答：从勘查范围划分，道路交通事故现场勘查可归纳为整体勘查、局部勘查和个体勘查三个步骤。

200. 如何进行交通事故现场整体勘查?

答：道路交通事故现场整体勘查是指交通事故处理工作人员在道路交通事故现场周围对现场环境、现场构成要素进行观察和巡视，了解现场环境，判明现场主要痕迹物证形成的方向和相互位置，观察现场各元素与事故有关的痕迹、物证的关系，确定勘查范围。

201. 如何进行交通事故现场局部勘查?

答：道路交通事故现场局部勘查是指交通事故处理工作人员进入现场内部，在不改变现场状态情况下，对现场每个局部进行全面观察研究和记录，发现和记录与事故有关的各种痕迹物品的原始状况，分析其形成原因、特点及其与其他关联痕迹物证形成的相互对应关系。

202. 如何进行交通事故现场个体勘查?

答：道路交通事故现场个体勘查是指交通事故处理工作人员对与事故有关的物体和痕迹逐个进行观察比对，发现每一个细小隐蔽的痕迹物证，研究其形成过程和原因，分析其与事故的关系，判断证据的证明价值。

203. 如何进行交通事故现场勘查的静态勘查?

答：事故处理民警到达交通事故现场后，保证现场原有的状态，对涉及现场物体及其位置进行现场丈量并绘制现场图，对痕迹、散落物、车辆状态、尸体等，采用拍照、录像和记录的方式，将证据固定下来。

204. 交通事故现场勘查静态勘查达到的目的有哪些?

答：静态勘查主要达到以下目的：

（1）确定现场方位。确定现场中人、车、物及与现场有关的痕迹物证、散落物各自的方位及其相互间的联系。

（2）确定事故接触点和接触部位，包括车与物、车与人接触时的部位和各自在道路上的方位。

（3）确定事故车辆挡位、气压、装载、点火开关位置、驻车制动位置、方向盘自由行程、灯光开启情况、雨天雨刮器效能、追尾事故前车刹车灯性能等。

205. 如何进行交通事故现场勘查的动态勘查？

答：事故处理民警在对事故现场静态勘查工作完成后，运用各种技术方法对有关物体逐一进行仔细检查，通过翻转和移动物体，发现和收集、提取在静态勘查中未能发现的痕迹物证，并在收集物证前进行细目拍照予以固定。

206. 确定交通事故接触点的主要依据是什么？

答：确定道路交通事故接触点的依据主要有地面痕迹、车体痕迹、人体痕迹、散落物位置、车辆与人体或者其他物体之间的位置关系、车辆结构尺寸等。

207. 交通事故接触点的作用是什么？

答：道路交通事故接触点的作用如下：

（1）表明事故发生瞬间事故各方在道路上的确切位置；

（2）为再现事故提供条件；

（3）为事故检验鉴定奠定基础；

（4）为事故成因分析提供依据；

（5）证明事故事实。

208. 交通事故接触点的位置是否在现场记录图上标出？

答：不标出。因为这个“点”仅是个投影，是虚拟的，不是真实存在于道路交通事故现场的。在进行现场分析时可以在现场分析图中标出。

209. 机动车碰撞行人事故接触点如何确定?

答：机动车碰撞行人事故接触点的确定有两种方法。一是根据行人鞋底与地面的擦痕确定；二是根据车辆碰撞位置与人被抛出的方向、距离来确认。

210. 汽车碰撞两轮车事故接触点如何确定?

答：汽车碰撞两轮车辆事故接触点的确定有两种方法。一是根据两轮车辆轮胎痕迹确定接触点；二是根据两轮车辆倒地划痕方向，以及汽车发生碰撞后的行驶方向，二者运动方向的反方向交汇处，就是二者最初的接触位置，这个位置的中心点就是接触点。

211. 汽车碰撞汽车事故接触点如何确定?

答：汽车碰撞汽车事故接触点的确定有三种方法。一是根据轮胎痕迹的突变点确定接触点；二是根据汽车发生碰撞后散落物情况确定接触点；三是根据车辆零部件在路面上形成的痕迹确定接触点。

212. 机动车与机动车事故现场勘查重点是什么?

答：机动车与机动车事故现场勘查的重点主要有：

（1）勘查记录事故发生前各方的行驶轨迹，确认路权问题；

（2）固定车辆碰撞痕迹以及在路面上留下的痕迹、散落物情况等，分析确定接触点位置；

（3）对车辆接触部位的高低、范围、形状以及发生碰撞的造痕体与承痕体的对应关系进行测量、拍照等；

（4）对车辆上附着物如纤维、毛发、血迹、人体组织等进行测量、拍照、提取等；

（5）对道路交通环境进行勘查记录。

213. 机动车与行人事故现场勘查重点是什么?

答：机动车与行人事故现场勘查重点主要有：

（1）勘查记录道路交通事故现场的交通设施，如交通信号灯、交通标志标线等；

（2）调查车辆运行轨迹及驾驶人在事故发生前后的行为、措施，如发现行人的情况，有无妨碍驾驶的行为、遇到险情采取哪种措施等；

（3）调查行人的行走轨迹及具体行为，如接打电话、突然横过、突然折返等；

（4）调查有无一方存在故意等。

214. 汽车与两轮车事故现场勘查重点是什么？

答：汽车与两轮车辆事故现场勘查的重点主要有：

（1）勘查记录事故发生前各方的行驶轨迹，确认路权问题；

（2）各方当事人在事故发生前后的行为、措施，如有无妨碍驾驶的行为、避让情况等；

（3）二轮车的载人情况及驾乘关系确认等；

（4）现场遗留物证的固定提取，造痕体与承痕体的对应关系；

（5）有无一方存在故意等。

215. 单方机动车事故现场勘查重点是什么？

答：单方机动车事故现场勘查的重点主要有：

（1）驾驶人的身份确认；

（2）驾驶人有无疾病及涉酒、涉毒、疲劳等情况；

（3）车辆故障问题；

（4）道路环境及其他外来因素干扰问题等。

216. 弯道上交通事故现场勘查重点是什么？

答：弯道上交通事故现场勘查的重点主要有：

（1）弯道道路环境及道路设施，如交通标志标线设置、有无影响视距的问题等；

（2）测量弯道半径；

（3）各方行驶轨迹，确认各方路权；

（4）现场遗留物证的测量、固定和提取，造痕体与承痕体的对应关系；

（5）有无一方存在故意等。

217. 路口交通事故现场勘查重点是什么？

答：路口交通事故现场勘查的重点主要有：

（1）交通信号灯、交通标志标线等交通设施情况；

（2）有无交通警察指挥；

（3）各方行驶轨迹，确认各方路权；

（4）有无外来因素干扰等。

218. 长下坡路段交通事故现场勘查重点是什么？

答：长下坡路段交通事故现场勘查的重点主要有：

（1）道路交通环境情况，如坡度、坡长、障碍物及其他影响行车的环境因素；

（2）车辆速度、车辆性能及装载情况，如车辆是否存在安全隐患等；

（3）驾驶人的状态，如涉酒、涉毒、疲劳等；

（4）测量、固定路面痕迹、物证。

219. 多车相撞交通事故现场勘查重点是什么？

答：多车相撞交通事故现场勘查的重点主要有：

（1）车辆碰撞的先后顺序及事故发生前后各车的位置关系；

（2）事故发生前后的运动状态；

（3）路面遗留的痕迹，如制动拖印、侧滑印、挫划痕等；

（4）每次碰撞的时间间隔等。

220. 行人被撞多车碾压交通事故现场勘查重点是什么？

答：行人被撞多车碾压交通事故现场勘查的重点主要有：

（1）行人第一次倒地位置；

（2）第一辆车碰撞的时间及导致的后果、采取的措施；

（3）导致多车碾压的主要原因；

（4）路面痕迹，如制动拖印、人体被拖印迹、碾压印等；

（5）肇事逃逸的按照逃逸事故调查。

221. 交通事故现场图有哪几类？

答：按照成图过程分，道路交通事故现场图分为现场记录图、现场实景记录图、现场比例图和现场分析图四类。

按照成图视角分，道路交通事故现场图分为现场平面图、现场断面图和现场立体图。

222. 什么是交通事故现场定位？

答：道路交通事故现场定位是根据现场情况，通过选定基准点和基准线，利用不同的固定方法固定现场的一些主要的点，从而固定现场的位置。交通事故现场定位可以采用直角坐标定位法、三角定位法、极坐标定位法和综合定位法四种方法。

223. 直角坐标定位法如何操作？

答：直角坐标定位法操作方法如下：选取基准点，并以沿道路方向为X轴、垂直道路方向为Y轴建立坐标系统，依次测量基准点到所有待测点沿X轴和Y轴方向的距离，作为其X、Y方向的坐标。

224. 三角定位法如何操作？

答：三角坐标定位法有两种类型的操作：

（1）一个基准点的三角定位法：选取基准点、从基准点作道路中心线的垂线，垂足作为第二参考点，分别从基准点和第二参考点向待测点作直线并测量直线的长度，将待测点定位；

（2）两个基准点的三角定位法：选取两个基准点、分别从两个基准点向待测点作直线并测量其距离。

225. 极坐标定位法如何操作？

答：极坐标定位法的操作方法如下：选取一处固定物为极点，选取另一处固定物为基准点并与极点连接，以此连接线为极轴；测量待测点到极点的距离以及待测点与极点连接线与极轴的夹角。

226. 综合定位法如何操作?

答：综合定位法操作如下：选取基准点和基准线（基准线一般为道路中心线或道路边缘线），从基准点向待测点作直线，再从待测点向基准线作垂线，测量所作直线和垂线的长度；对某一待测点精确定位后，可以用该点代替原基准点来测量附近的其他待测点。

227. 绘制交通事故现场图，现场方位是如何确定的?

答：道路交通事故现场图绘制时，现场方位的确定主要是通过交通事故现场路段的走向表示的。现场图的方位一般是“上北下南，左西右东”。道路方位确定后，应在现场图右上角用箭头将所示方向标出。

228. 绘制交通事故现场图，基准点是如何确定的?

答：绘制道路交通事故现场图，选取基准点一般选取距离事故现场较近又不易移动或消失的固定物体，如建筑物、里程碑、路灯杆、电线杆等。

229. 绘制交通事故现场图，基准线是如何确定的?

答：绘制道路交通事故现场图，选取的基准线必须是距离事故现场较近、相对固定而且明显的线，如道路中心线、道路边缘线等。

230. 绘制交通事故现场图需要标注相关尺寸，一个完整的尺寸包括哪些内容?

答：一个完整的尺寸包括尺寸界线、尺寸数字和尺寸线。

231. 尺寸界线是如何绘制的?

答：尺寸界线是用细实线绘制，从被测物体、痕迹的固定点引出，一般情况下尺寸界线与尺寸线垂直，必要时允许倾斜。

232. 尺寸线是如何绘制的？

答：尺寸线是用细实线绘制，其两端为简明的箭头型（没有位置时也可用圆点或斜线代替）。尺寸线应避免相互交叉。

233. 尺寸是如何标注的？

答：尺寸数字标注在尺寸线的上方。尺寸数字被尺寸线通过的，尺寸线应断开，尺寸数字标注在尺寸线的中断处。对于非水平方向的尺寸线，尺寸数字可以标注在尺寸线的中断处。

234. 绘制交通事故现场图，尺寸标注的一般规则有哪些？

答：绘制道路交通事故现场图，尺寸标注的一般规则有：

（1）现场数据以图中标注的尺寸数和文字说明为准，与图形符号的比例及其准确程度无关。

（2）图形中的尺寸以“厘米”为单位时，可以不标注计量单位，采用其他计量单位时，应在说明栏中注明计量单位的名称或代号。

（3）现场测量尺寸应只标注一次。现场需要修改的，可在原数字上打横杠，在旁边写新数字，不可涂擦原数据，在说明栏中注明修改原因，并由绘图人员、当事人及证人在说明栏中签名。

235. 交通警察在现场图绘制完成后，当事人是否有权查看现场图？

答：当事人有权查看交通警察绘制好的《交通事故现场图》，交通警察应当向当事人详细说明现场图中的相关数据等内容。

236. 交通警察在现场图绘制完成后，当事人认为交通警察绘制的现场图有错误，应该怎么办？

答：交通警察在现场图绘制完成后，对于当事人提出的疑问，应当现场解答，并对现场图进行审核，确实存在问题的，交通警察应当现场补正，补正后的现场图应让当事人和见证人签字。

237. 交通事故现场图应该由哪些人签字?

答：交通事故现场勘查人员、当事人和见证人应当在交通事故现场图上签字。

238. 当事人认为交通事故现场图绘制与现场不符，拒不签字的，该现场图是否有效?

答：当事人认为交通事故现场图绘制与现场不符，交通警察经过审核、校对无不当之处，当事人拒不签字的，交通警察在现场图说明部分以及在现场勘查笔录最后“其他”部分注明，该现场图依然有效。

239. 现场勘查笔录当事人是否必须签字才有效?

答：当事人在交通事故现场的，交通警察应当让当事人在现场勘查笔录上签字，当事人拒不签字或当事人不在交通事故现场的，交通警察在现场勘查笔录最后“其他”部分注明，该现场勘查笔录依然有效。

240. 因调查需要，公安机关交通管理部门可以向有关单位、个人调取哪些证据材料?

答：因调查需要，公安机关交通管理部门可以向有关单位、个人调取汽车行驶记录仪、卫星定位装置、技术监控设备的记录资料以及其他与事故有关的证据材料。有关单位和个人应该积极配合，协助调取。

241. 因调查需要，公安机关交通管理部门可以组织道路交通事故当事人、证人对肇事嫌疑人、嫌疑车辆等进行辨认，应该如何组织?

答：因调查需要，公安机关交通管理部门可以组织道路交通事故当事人、证人对肇事嫌疑人、嫌疑车辆等进行辨认。

辨认应当在交通警察的主持下进行。主持辨认的交通警察不得少于2人。多名辨认人对同一辨认对象进行辨认时，应当由辨认人个别进行。

辨认时，应当将辨认对象混杂在特征相类似的其他对象中，不得给辨认人任何暗示。辨认肇事嫌疑人时，被辨认的人数不得少于7人；对肇事嫌疑人照片进行辨认的，不得少于10人的照片。辨认嫌疑车辆时，同类车辆不得少于5辆；对肇事嫌疑车辆照片进行辨认时，不得少于10辆的照片。

对尸体等特定辨认对象进行辨认，或者辨认人能够准确描述肇事嫌疑人、嫌疑车辆独有特征的，不受数量的限制。

对肇事嫌疑人的辨认，辨认人不愿意公开进行时，可以在不暴露辨认人的情况下进行，并应当为其保守秘密。

第五节 询问（242—263）

242. 对交通事故当事人是否可以强制传唤？

答：强制传唤是公安机关在办理行政案件时，对无正当理由不接受传唤或者逃避传唤的违反治安管理的违法嫌疑人，使用强制方法将其带至公安机关或指定地点接受询问的一种限制人身自由的行政强制措施。对于交通事故中不存在违法行为的当事人，不能使用强制传唤。

243. 对无正当理由不接受传唤或者故意逃避传唤的人员如何处理？

答：对无正当理由不接受传唤或者逃避传唤的交通安全违法嫌疑人，经县级以上公安机关交通管理部门负责人批准，可以强制传唤。强制传唤时，可以依法使用约束带、警绳等约束性警械。

244. 当事人接到公安机关交通管理部门的传唤证后，是否可以聘请律师提供帮助？

答：当事人接到公安机关交通管理部门的传唤证后，可以聘请律师为其提供法律咨询或者帮助。但如果是在交通事故处理程序中，律师在此时的地位只能被视为当事人的代理人，享有与当事人同等的权利。

245. 对交通事故其他有关人员进行询问时，对询问地点有什么要求？

答：对道路交通事故有关人员进行询问，可以到被询问人住处或者单位进行，也可以将被询问人带至公安机关办公场所进行。

246. 对未成年人或者限制行为能力的人，公安机关交通管理部门能否传唤？

答：根据《行政处罚法》的规定，不满14周岁的人有违法行为的，不予行政处罚。为了保护未成年人的合法权益和其身心健康，并参照《公安机关办理未成年人违法犯罪案件的规定》的有关规定，对不满14周岁的当事人是可以进行传唤的，但是对于需要调查取证的，办案的交通民警应尽可能到其住所，并在其家长或其他监护人在场的情况下进行询问，并严格限制和尽量减少使用强制措施。

询问不满16周岁的未成年人或其他限制行为能力人时，其父母或者其他监护人在公安机关交通管理部门进行询问时可以到场旁听；其父母或者其他监护人不能到场的，未成年人的教师也可代为到场。

247. 在交通事故现场，交通警察可以不使用传唤证就将当事人传唤到公安机关交通管理部门进行询问吗？

答：对现场发现的道路交通安全违法嫌疑人，办案民警经出示《人民警察证》，可以口头传唤。被口头传唤时，当事人可以要求交通警察出示工作证件，以证实身份。口头传唤当事人到案的，办案交通警察应当在询问时注明当事人到案经过、口头传唤情况、到案时间和离开时间。当事人在笔录制作完毕后核对笔录时应当注意是否有这些内容。

248. 对实施限制人身自由行政强制措施的被传唤人，公安机关应当履行哪些告知义务？

答：实施限制公民人身自由的行政强制措施的，办案民警应当当场告知当事人家属实施强制措施的公安机关、理由、地点和期限；无法当场告知的，应当在实施强制措施后立即通过电话、短信、传真等方式通知；身份不明、拒不提供家属联系方式或者因自然灾害等不可抗力导致无法通知的，可以不予通知。告知、通知家属情况或者无法通知家属的原因应当在询问笔录中注明。

249. 被询问人依法享有哪些权利和义务?

答：被询问人依法享有的权利包括人格尊严不受侵犯的权利，陈述和申辩的权利，个人隐私保密的权利，对询问（讯问）笔录进行核对的权利，申请回避的权利等；被调查人还应该配合交通警察调查，不得以任何形式阻挠或者拒绝交通警察依法执行职务。

250. 在调查交通事故过程中，交通警察表明自己合法身份时，是否需要把相关证件交给被调查人查看?

答：不需要。法律规定人民警察在进行执法活动时，须出示相应证件，“出示”的意思就是展示给被调查人，而不需要被调查人查验。被调查人也没有查验的权利和能力。

251. 交通事故处理中，交通警察对交通事故有关人员的询问查证时间有什么规定?

答：询问查证时间不得超过 8 小时；对于情况复杂的道路交通事故案件，当事人可能适用行政拘留处罚的，询问查证时间不得超过 24 小时。不得以连续传唤的形式变相拘禁违法嫌疑人。

252. 当事人醉酒后发生交通事故，公安机关交通管理部门将其约束到酒醒，当事人的传唤时间如何计算?

答：《公安机关办理醉酒驾驶刑事案件程序规定（试行）》第 13 条规定：“当事人在醉酒状态下，对本人有危险或者对他人的人身、财产或者公共安全有威胁的，可以对其采取保护性措施约束至酒醒。对行为举止失控的醉酒当事人，可以使用约束带或警绳，但是不得使用手铐、脚镣等警械。约束过程中，应当注意监护。确认醉酒当事人酒醒后，应当立即解除约束，并进行询问查证。约束时间不计算在询问查证时间内。”所以，当事人醉酒后发生交通事故，公安机关交通管理部门将其约束到酒醒，当事人的传唤时间自酒醒后开始计算。

253. 当事人醉酒后发生交通事故，公安机关交通管理部门将其约束到酒醒后进行询问，如何判断当事人是否“酒醒”？

答：因为目前的法律法规标准等尚没有对“酒醒”进行界定，实践中，民警只能根据当事人的行为举止和言行等状态，凭自己直觉判断当事人是否酒醒。必要时可以进行呼气酒精测试，确定是否“酒醒”。

254. 对未成年人或者聋哑人进行询问有什么特殊规定？

答：询问未成年人时，应当通知其父母或者其他监护人到场，其父母或者其他监护人不能到场的，也可以通知未成年人的其他成年亲属，所在学校、单位、居住地基层组织或者未成年人保护组织的代表到场，并将有关情况记录在案。确实无法通知或者通知后未到场的，应当在询问笔录中注明。

询问聋哑人时，应当有通晓手语的人提供帮助，并在询问笔录中注明被询问人的聋哑情况以及翻译人员的姓名、住址、工作单位和联系方式。

255. 在对交通事故当事人或者证人询问前，是否要制定询问方案？

答：在对道路交通事故当事人或者证人询问前，必须制定完备的询问方案，充分考虑询问对象的职业习惯、心理状态、表达水平、年龄结构以及与交通事故的关系等情况，做到有的放矢，有较强针对性地进行询问。

256. 对交通事故当事人自己书写陈述材料时有哪些要求？

答：当事人请求提交自行书写的陈述材料的，应当准许。必要时，办案交通警察也可以要求当事人自行书写陈述材料。当事人应当在其提供的陈述材料的结尾处签名或者捺指印。对打印的陈述材料，当事人应当逐页签名、捺指印。交通警察应当对当事人提交自行书写的陈述材料进行核查，确认是否由本人书写，由他人代笔的，应当注明。办案交通警察无法确认签名或指印真伪的，应当要求当事人当场重新签名或者捺指印。核对无误后，在首页右上方注明收到日期，并签名。

257. 对交通事故的证人应当围绕哪些内容进行询问?

答：对道路交通事故的证人应当围绕以下内容进行询问：

（1）事故发生的时间、地点、经过。

（2）现场有无变动及其原因。

（3）当事人在事故发生前后的言行举止（包括酒后、疲劳、聊天、打手机等情况）。

（4）车辆的行驶方向、速度、路线等。

（5）驾驶人采取的措施。

（6）事故损失情况及伤者抢救情况。

（7）逃逸事故车辆特征，如车辆类型、种类、颜色、牌号及其他特征，驾驶人特征，有无停车及其他行为。

（8）事故发生前后，耳闻目睹的其他情况。

258. 询问交通事故有关人员时，应当告知被询问人哪些事宜?

答：询问时，应当告知被询问人必须如实提供证据、证言和故意作伪证或者隐匿证据应负的法律责任，对与本案无关的问题有拒绝回答的权利。

259. 为什么在询问证人时应当个别进行?

答：询问证人时个别进行，有利于询问人员将各个证人的证言相互对照，正确判断证言的真伪。同时，也减少了询问过程中的干扰。

260. 制作询问笔录有哪些要求?

答：制作询问笔录首先要真实、准确、全面、清晰，其次要经过被询问人核对并签名，对于重要的证言要录音录像。

261. 多次询问当事人或证人并制作多份笔录，在陈述中存在不一致的，在认定事故事实时如何使用?

答：对于多份询问笔录中，如果记录的内容能够相互一致，没有矛盾之处，在认定事故事实时都可以作为证据使用；如果面对同一问题当事人或证人前后陈述不一致，交通警察会在最后一次询问时要求当事人或证人以哪些陈述为准作出答复，并记录在笔录中。但是，认定交通事故事实应该结合其他证据，采信能与现场痕迹物证、电子数据、视听资料等客观性证据相互印证的笔录。

262. 当事人在笔录上拒绝签字，询问笔录是否有效?

答：询问结束后，要将笔录交给被询问人核对，如果笔录有遗漏或差错，允许被询问人补充或改正，凡补充或改正的地方应当由被询问人逐处盖章或捺指印。当事人拒绝在笔录上签字的，办案民警应当在询问笔录上注明，该笔录仍有法律效力。

263. 被询问人为文盲时，其直系亲属是否可以代为核对笔录并替被询问人签名?

答：被询问人不识字，没有阅读能力的，其直系亲属是不能代为核对笔录并替被询问人签名的，而应当向其宣读。记录有误或者遗漏的，应当允许被询问人更正或者补充，并要求其在修改处捺指印。

被询问人确认笔录无误后，应当在询问笔录上逐页签名或者捺指印。拒绝签名和捺指印的，办案人民警察应当在询问笔录中注明。

办案民警应当在询问笔录上签名，翻译人员应当在询问笔录的结尾处签名。询问时，可以全程录音、录像，并保持录音、录像资料的完整性。

第六节　检验、鉴定（264—292）

264. 交通事故痕迹物证鉴定主要包括哪些内容?

答：司法部印发的《物证类司法鉴定执业分类规定》（司规〔2020〕5号）明确交通事故痕迹物证鉴定包括车辆安全技术状况鉴定；交通设施安全技术状况鉴定；交通事故痕迹鉴定；车辆速度鉴定；交通事故痕迹物证综合鉴定等。交通事故痕迹物证鉴定包括的具体项目内容如下：

（1）车辆安全技术状况鉴定。包括判断涉案车辆的类型（如机动车、非机动车）；对车辆安全技术状况进行检验；判断车辆相关技术状况或性能的符合性（如制动系、转向系、行驶系、灯光、信号装置等）。

（2）交通设施安全技术状况鉴定。包括对交通事故现场或事故发生地点等相关区域进行勘查、测量；对路基、路面、桥涵、隧道、交通工程及沿线交通附属设施的安全技术状况进行检验（如道路线形、护栏、标志、标线等）；判断事故相关区域交通设施的技术状况或性能的符合性（如材料、设置位置、几何尺寸、力学性能等）。

（3）交通事故痕迹鉴定。包括通过对涉案车辆唯一性检查，对涉案车辆、交通设施、人员及穿戴物等为承痕体、造痕体的痕迹和整体分离痕迹进行检验分析，必要时结合交通事故微量物证鉴定、法医学鉴定等结果，判断痕迹的形成过程和原因（如是否发生过接触碰撞、接触碰撞部位和形态等）。

（4）车辆速度鉴定。运用动力学、运动学、经验公式、模拟实验等方法，根据道路交通事故现场痕迹和资料、视频图像、车辆行驶记录信息等，判断事故瞬间速度（如碰撞、倾覆或坠落等瞬间的速度），采取避险措施时的速度（如采取制动、转向等避险措施时的速度），在某段距离、时间或过程的平均行驶速度及速度变化状态等。

（5）交通事故痕迹物证综合鉴定。基于以上交通事故痕迹物证鉴定项目的检验鉴定结果，必要时结合交通事故微量物证鉴定、声像资料鉴定、法医学鉴定等结果，综合判断涉案人员、车辆、设施等交通要素在事故过程中的状态、痕迹物证形成过程及原因等，包括交通行为方式、交通信号灯指示状态、事故车辆起火原因、轮胎破损原因等。

交通事故微量物证鉴定包括交通事故涉及的油漆、橡胶、塑料、玻璃、纤维、金属、易燃物质等的物理性质、化学性质和成分组成的检验检测，以及上述材料的比较检验和种类判别。

265. 交通事故需要检验鉴定的，对公安机关交通管理部门的委托期限有哪些规定?

答：交通事故需要进行检验、鉴定的，公安机关交通管理部门应当按照有关规定，自事故现场调查结束之日起3日内委托具备资质的鉴定机构进行检验、鉴定。

尸体检验应当在死亡之日起3日内委托。对交通肇事逃逸车辆的检验、鉴定自查获肇事嫌疑车辆之日起3日内委托。

对现场调查结束之日起3日后需要检验、鉴定的，应当报经上一级公安机关交通管理部门批准。

266. 鉴定机构接受公安机关交通管理部门的委托，检验、鉴定期限如何确定？

答：鉴定机构接受公安机关交通管理部门的委托的，公安机关交通管理部门应当与鉴定机构确定检验、鉴定完成的期限，确定的期限不得超过30日。超过30日的，应当报经上一级公安机关交通管理部门批准，但最长不得超过60日。

267. 受伤人员自行委托鉴定机构进行伤情鉴定，该伤情鉴定意见是否可以作为证据使用？

答：对人身伤害的鉴定由公安机关委托，受伤人员自行委托鉴定机构进行伤情鉴定，该伤情鉴定意见不能作为证据使用。

268. 交通事故当事人自行委托鉴定机构进行伤残评定或财产评估机构进行财产评估，评定等级、评估意见是否可以作为损害赔偿的依据？

答：伤残评定、财产损失评估是对人身损害后果或财产损失的价值评估，由当事人自行委托具备资质的机构进行评定、评估，伤残评定等级、财产损失评估意见可以作为损害赔偿的依据。

269. 交通事故尸体的检验的场所有何要求？

答：《道路交通事故处理程序规定》第52条规定，尸体检验不得在公众场合进行。

270. 交通事故中检验、鉴定过程中的停尸费由谁承担?

答：对交通事故尸体进行检验、鉴定，是公安机关交通管理部门的证据调查行为，在此期间产生的停尸费用由公安机关交通管理部门承担。

271. 交通事故的尸体应如何处理?

答：公安机关对交通事故尸体检验报告确定后，应当书面通知死者家属在10日内办理丧葬事宜。无正当理由逾期不办理的应记录在案，并经县级以上公安机关或者上一级公安机关交通管理部门负责人批准，由公安机关或者上一级公安机关交通管理部门处理尸体，逾期存放的费用由死者家属承担。

对于没有家属、家属不明或者因自然灾害等不可抗力导致无法通知或者通知后家属拒绝领回的，经县级以上公安机关或者上一级公安机关交通管理部门负责人批准，可以及时处理。

对身份不明的尸体，由法医提取人身识别检材，并对尸体拍照、采集相关信息后，由公安机关交通管理部门填写身份不明尸体信息登记表，并在设区的市级以上报纸刊登认尸启事。登报后30日仍无人认领的，经县级以上公安机关或者上一级公安机关交通管理部门负责人批准，可以及时处理。

因宗教习俗等原因对尸体处理期限有特殊需要的，经县级以上公安机关或者上一级公安机关交通管理部门负责人批准，可以紧急处理。

272. 饮酒驾车与醉酒驾车的检验标准分别是多少?

答：根据《车辆驾驶人员血液、呼气酒精含量阈值与检验标准》(GB/T 19522-2010)，车辆驾驶人员血液中的酒精含量大于或者等于20mg/100ml，小于80mg/100ml的驾驶行为为饮酒驾车行为。车辆驾驶人员血液中的酒精含量大于或者等于80mg/100ml的驾驶行为为醉酒驾车行为。

273. 酒精作用于人体的生理机理是什么?

答：酒精是一种中枢神经抑制剂，从胃肠道吸收的快慢由多种因素影响，酒精浓度越高吸收越快，食物尤其是脂肪类食物可以阻止酒精的吸收，食物还可以降低酒精在血液中的浓度。酒精在血液中的浓度，饮酒后半小时至 1 小时到达最高点，约 2 小时后可全部吸收。进入人体的酒精均匀而迅速地分布于全身各组织中，一般脑组织含量略高于血液。酒精可以作用于一切人体组织，但最主要的是中枢神经系统，首先麻痹最精细的高级中枢神经，以后逐渐扩散到大脑的其他中枢神经系统，最终会影响到延髓的呼吸、循环中枢，严重时可引起呼吸及循环功能的衰竭，酒精致死的主要原因是呼吸中枢的麻痹。

一般人饮酒后表现兴奋，主要是人体最高级中枢神经受到酒精抑制而使得大脑皮层下中枢失去控制出现兴奋。酒精可使末梢血管扩张，使皮肤发红，散热加快，失去寒意，故醉酒者在低温环境中易被冻死。

274. 饮酒后人体有哪些生理反应导致驾驶车辆不安全?

答：饮酒严重影响着驾驶人员的正常行为和活动，导致出现一些驾驶人难以支配的动作行为和心理，极大危害交通安全；人体会出现以下几方面的影响安全驾驶的生理反应：

（1）视觉障碍。

饮酒后可使视轴明显变长，视力受到损害，表现出景深不清，视象变得弥散和不稳，视象融合宽度受到明显抑制，暗适应加长并受干扰，表现出视物不清。在醉酒时可出现辨色力障碍，有时还可以出现视动性眼震。

（2）平衡失调。

酒精可致人体前庭功能障碍，表现肌肉协调障碍，口齿不清，踉跄摇晃，运动失调。

（3）注意力障碍。

血中酒精含量达 80mg/100ml 时，人对光、声刺激反应时间超长，可延长 1—2 倍。当血中酒精含量达 100mg/100ml 时，出现注意力障碍，不能保持对外界事物的注意力集中。

（4）心理异常。

过高地估计自己、轻率、肆无忌惮，不计后果。例如，超车绕行、蛇形曲线行驶，有的甚至驶离道路，极易造成交通事故。

（5）疲劳。

饮酒后易引起疲劳，特别驾驶人饮酒后驾车更易困倦，意识出现模糊、朦胧。疲劳驾驶特点是：偏离车道，多数偏左，行驶无规律，出现无故加速或减速现象，空间视觉差，容易发生交通事故。

275. 对交通事故当事人体内酒精检验过程中应注意哪些问题？

答：（1）由不少于两名交通警察将当事人带到医疗机构或者具备资格的检验鉴定机构或者由上述机构派出人员抽血，并对抽血过程全程监督。

（2）抽取血样应由专业人员按要求进行，交通警察应告知抽血人员抽取两份血样，且不应采用醇类药品对皮肤进行消毒。抽取的血样中应添加抗凝剂，分别使用洁净、干燥的容器封装，并注明被抽血人姓名、抽血时间，分别装入纸质口袋密封，一份备案，一份送检。密封袋应注明被抽血人姓名、抽取时间、血样用途，由被抽血人签名、交通警察和抽血人员签名或者盖章。被抽血人或抽血人员拒绝签名、盖章的，交通警察应当注明。

（3）填写《抽取当事人血样登记表》，写明抽血原因、抽血时间、抽血地点、被抽血人姓名等情况，并由交通警察签名或者盖章。

（4）抽取的血样应及时送检，不能及时送检的，应低温保存。

276. 检验车辆驾驶人体内酒精含量的具体程序是什么？

答：发生交通事故的驾驶人涉嫌酒后驾驶的，对车辆驾驶人进行体内酒精含量检验的程序如下：

（1）由两名交通警察或者由一名交通警察带领警务辅助人员将车辆驾驶人带到医疗机构提取血样，或者现场由法医等具有相应资质的人员提取血样。

（2）公安机关交通管理部门应当在提取血样后5日内将血样送交有检验资格的单位或者机构进行检验，并在收到检验结果后5日内书面告知车辆驾驶人。

检验车辆驾驶人体内酒精含量的，应当通知其家属，但无法通知的除外。

277. 有哪些情形应该对车辆驾驶人体内酒精含量重新委托检验、鉴定?

答：具有下列情形之一的，应该对车辆驾驶人体内酒精含量重新委托检验、鉴定：

（1）检验、鉴定程序违法或者违反相关专业技术要求，可能影响检验报告、鉴定意见公正、客观的；

（2）鉴定机构、鉴定人不具备鉴定资质和条件的；

（3）检验报告、鉴定意见明显依据不足的；

（4）故意作虚假鉴定的；

（5）鉴定人应当回避而没有回避的；

（6）检材虚假或者检材被损坏、不具备鉴定条件的；

（7）其他可能影响检验报告、鉴定意见公正、客观的情形。

278. 对车辆驾驶人体内酒精含量重新委托检验、鉴定如何启动?

答：对车辆驾驶人体内酒精含量重新委托检验、鉴定可以依当事人申请或公安机关交通管理部门依职权启动。

当事人对检验报告、鉴定意见有异议，申请重新检验、鉴定的，应当自公安机关交通管理部门送达之日起3日内提出书面申请，如果具有规定的重新检验、鉴定情形的，经县级以上公安机关交通管理部门负责人批准，原办案单位应当重新委托检验、鉴定。

公安机关交通管理部门在收到检验报告、鉴定意见后应当对检验报告、鉴定意见进行审核，检验报告、鉴定意见有规定的须重新检验、鉴定情形的，经县级以上公安机关交通管理部门负责人批准，应当在收到检验报告、鉴定意见之日起3日内重新委托检验、鉴定。

279. 发生交通事故的车辆驾驶人涉嫌吸食、注射毒品或者服用国家管制的精神药品、麻醉药品后驾驶车辆的，检验的程序是什么?

答：车辆驾驶人涉嫌吸食、注射毒品或者服用国家管制的精神药品、麻醉药品后驾驶车辆的，应当按照《吸毒检测程序规定》对车辆驾驶人进行吸毒检测，并通知其家属，但无法通知的除外。

吸毒检测分为现场检测、实验室检测、实验室复检。

被检测人对现场检测结果有异议的，可以在被告知检测结果之日起的3日内，向现场检测的公安机关提出实验室检测申请。

公安机关应当在接到实验室检测申请后的3日内作出是否同意进行实验室检测的决定，并将结果告知被检测人。

公安机关决定进行实验室检测的，应当在作出实验室检测决定后的3日内，将保存的A样本送交县级以上公安机关指定的具有检验鉴定资格的实验室或者有资质的医疗机构。

接受委托的实验室或者医疗机构应当在接到检测样本后的3日内出具实验室检测报告，由检测人签名，并加盖检测机构公章后，送委托实验室检测的公安机关。公安机关收到检测报告后，应当在24小时内将检测结果告知被检测人。

被检测人对实验室检测结果有异议的，可以在被告知检测结果后的3日内，向现场检测的公安机关提出实验室复检申请。

公安机关应当在接到实验室复检申请后的3日内作出是否同意进行实验室复检的决定，并将结果告知被检测人。

公安机关决定进行实验室复检的，应当在作出实验室复检决定后的3日内，将保存的B样本送交县级以上公安机关指定的具有检验鉴定资格的实验室。

接受委托的实验室应当在接到检测样本后的3日内出具检测报告，由检测人签名，并加盖专用鉴定章后，送委托实验室复检的公安机关。公安机关收到检测报告后，应当在24小时内将检测结果告知被检测人。

280. 发生道路交通事故后，仅依据呼吸式酒精检测仪测出的酒精含量能否认定驾驶人饮酒后驾车?

答：根据《道路交通事故处理程序规定》第34条规定，对涉嫌饮酒或者服用国家管制的精神药品、麻醉药品驾驶车辆的人员，公安机关交通管理部门应当按照《道路交通安全违法行为处理程序规定》及时抽血或者提取尿样等检材，送交有检验鉴定资质的机构进行检验。因此，发生道路交通事故后，要认定车辆驾驶人饮酒后驾车的违法行为就必须抽血或提取尿样进行鉴定，不能仅凭呼吸式酒精检测仪检测结果判断车辆驾驶人是否饮酒。但是，根据《关于办理醉酒驾驶机动车刑事案件适用法律若干问题的意见》对逃避血液检测的相关规定，犯罪嫌疑人经呼气酒精含量检验达到醉酒标准，在抽取血样之前脱逃的，可以以呼气酒精含量检验结果作为认定其醉酒的依据。

车辆驾驶人员当场死亡的，应当及时抽血检验。不具备抽血条件的，应当由医疗机构或者鉴定机构出具证明。

281. 发生交通事故后无法通知当事人家属的情况下，公安机关交通管理部门是否可以对其血液进行检验?

答：《道路交通安全违法行为处理程序规定》第36条规定，检验车辆驾驶人体内酒精含量的，应当通知其家属，但无法通知的除外。

只要公安机关交通管理部门尽到了通知的义务，即使没有通知到或家属没到现场，公安机关交通管理部门仍可对当事人血液进行检验、鉴定。

282. 交通事故中监控录像鉴定过程中，对收集监控录像有哪些具体要求?

答：收集监控录像要符合法定程序，并且必须保证录像的完整性，不得有删除、修改、增加等情形。应当提供存储该视听资料的原始载体，提供原始载体确有困难的，可以提供复制件。提供复制件的，应当在调查笔录中说明其来源和制作经过。

283. 医疗机构对交通事故伤者出具的诊断证明属于检验鉴定吗?

答：不属于。医疗机构对道路交通事故伤者出具的诊断证明，是医疗机构具有执业资格的医生根据伤者临床损伤情况和医院经治情况提供的医疗证明。

284. 鉴定机构出具检验报告或鉴定意见有哪些具体要求?

答：鉴定机构应当在规定的期限内完成检验、鉴定，并出具书面检验报告、鉴定意见，由鉴定人签名，鉴定意见还应当加盖机构印章。检验报告、鉴定意见应当载明以下事项：

（1）委托人；

（2）委托日期和事项；

（3）提交的相关材料；

（4）检验、鉴定的时间；

（5）依据和结论性意见，通过分析得出结论性意见的，应当有分析证明过程。

检验报告、鉴定意见应当附有鉴定机构、鉴定人的资质证明或者其他证明文件。

285. 公安机关交通管理部门如何对鉴定机构出具的检验报告或鉴定意见进行审核?

答：由于检验报告或鉴定意见是交通事故案件的重要证据之一，必须经过审查核实后才能作为证据使用。审查鉴定意见可以从以下三方面进行：

（1）审查有无规范依据。司法鉴定文书应写明鉴定的实施过程和科学依据，包括检材处理、鉴定程序、所用技术方法、技术标准和技术规范等内容。规范依据是鉴定文书的重要组成部分，公安机关交通管理部门可以直接通过检查鉴定文书而判断该鉴定意见是否有相应的规范依据。

（2）审查规范依据是否正确。鉴定规范适用的正确性问题，主要体现为两个方面：第一，适用规范依据是否遵循“优先原则”，即有国家标准的应优先适用国家标准，无国家标准的才适用行业标准，再无行业标准的才适用技术规范，若无技术规范的，才适用技术方法。第二，所使用的规范依据是否存在新旧替换问题。技术标准和技术规范会不断更新，但鉴定人或许因为思维习惯而往往忽略了规范的新旧更替问题，导致在鉴定意见中继续适用被废止的旧的规范依据。

（3）审查技术方法有否依据。当专业性问题没有国家标准、行业标准和技术规范可遵循的情况下，鉴定人则可能运用技术方法进行鉴定，此种情况下必须审查技术方法的成熟性。如果该技术方法并未获得该技术领域多数专家的认可，或其效力明确为规范性法律文件所否定的，则不能作为鉴定依据。

286. 重新鉴定时，必须另行委托鉴定机构，还是可以委托同一鉴定机构其他鉴定人员？

答：根据《道路交通事故处理程序规定》第57条规定，重新检验、鉴定应当另行委托鉴定机构。不能委托同一鉴定机构其他鉴定人员。

287. 一方当事人对鉴定意见有异议提出了重新鉴定；重新鉴定意见与原鉴定意见不一致，另一方对重新鉴定意见不服，是否还可以再次申请重新鉴定？

答：根据《道路交通事故处理程序规定》第56条第2款规定，同一交通事故的同一检验、鉴定事项，重新检验、鉴定以一次为限。另一方对重新鉴定意见不服，不能再次申请重新鉴定，指的是在公安机关处理交通事故阶段不能申请。如果案件进入诉讼程序，在法庭审理阶段，当事人提出异议，要求法院不采信该鉴定意见，申请重新鉴定，经法院批准，仍然可以进行重新鉴定。

288. 重新检验、鉴定意见与初次检验、鉴定意见不一致，如何适用？

答：重新检验、鉴定是在公安机关交通管理部门经过审核初次鉴定存在重大瑕疵的情形下重新委托的，因此，重新鉴定意见与初次鉴定意见不一致的，一般以重新鉴定的意见为准。原鉴定意见不得作为认定案件事实的根据，但是不冲突部分仍可作为定案依据。

289. 交通事故检验、鉴定中的“检验报告、鉴定意见确定”指的是什么情形?

答：“检验报告、鉴定意见确定”是指检验报告、鉴定意见复印件送达当事人之日起3日内，当事人未申请重新检验、鉴定的，以及公安机关交通管理部门批准重新检验、鉴定，鉴定机构重新出具检验报告、鉴定意见时，检验报告、鉴定意见确定。

290. 对于交通事故中扣留事故车辆发生的停车费用应该如何解决?

答：《行政强制法》第26条第3款规定，因查封、扣押发生的保管费用由行政机关承担。对于交通事故中扣留事故车辆发生的停车费用由办理案件的公安机关交通管理部门承担，但公安机关交通管理部门通知当事人领取，当事人逾期未领取产生的停车费用由当事人自行承担。

291. 交通事故中车辆所载物品受损，如果当事人能够提供相关证明证实涉案物品价值的，是否可以直接以相关证明为赔偿依据，不用委托价格鉴定机构评估?

答：涉案物品价值不明，难以确定的，公安机关交通管理部门应当委托价格鉴定机构进行评估。如果根据当事人提供的购买发票等票据能够认定涉案物品价值的，相关证据经查证属实，公安机关交通管理部门可以不进行价值评估，直接以相关证据证明的价值进行赔偿调解。

292. 交通事故检验、鉴定的费用由谁承担?

答：《道路交通事故处理程序规定》第50条明确规定检验、鉴定费用由公安机关交通管理部门承担，但法律法规另有规定或者当事人自行委托伤残评定、财产损失评估的除外。

第七节　交通事故深度调查（293—311）

293. 开展交通事故深度调查工作的意义和作用是什么？

答：为全面落实党中央、国务院关于安全生产工作的决策部署，深入贯彻习近平总书记系列重要讲话和治国理政新理念新思想新战略，牢固树立新发展理念，坚守发展决不能以牺牲安全为代价这条不可逾越的红线，坚持安全第一、预防为主、综合治理的方针，坚持安全发展、改革创新、依法监管、源头防范、系统治理的基本原则，以遏制较大、严防重特大生产安全事故为重点。为落实中共中央国务院《关于推进安全生产领域改革发展的意见》，开展道路交通事故深度调查工作，准确分析查找道路交通事故暴露出来的安全隐患、管理漏洞和薄弱环节，推动解决道路交通安全各相关环节存在的安全问题，提高事故预防工作的针对性、有效性、科学性。开展交通事故深度调查工作的主要作用体现在以下几个方面：

一是深度溯源。探究事故发生的本质原因和背后的深层次问题，全面排查隐患，从根本上厘清车辆生产维修、道路设计建设维护、企业交通安全管理、交通运输行业监管的安全隐患甚至漏洞，为从根本上治理交通事故提供依据。

二是落实责任。避免治标不治本的责任追究，加大责任追究力度，做到全面追责、立体追究、打防结合，充分利用行政处罚、刑事追究和党纪政纪处分等手段，对暴露出来的问题建立分析研判、及时移送、跟踪督办等闭环工作机制，构成完善的责任落实机制，形成对企业、行业和有关管理部门的震慑和警醒。

三是倒逼整改。以深度调查为基础，以责任追究为抓手，将深度调查制度与纪检监察制度相结合，借力倒逼问题整改；同有关部门建立健全问题整改工作机制，形成企业、行业和管理部门预防事故的合力，最大程度消除安全隐患。

294. 哪些交通事故需要开展深度调查工作？

答：对发生一次死亡3人以上的道路交通事故，公安机关交通管理部门应当开展深度调查；对造成其他严重后果或者存在严重安全问题的道路交通事故，可以开展深度调查。国务院及相关人民政府已启动调查的，可结合开展深度调查。

295. 没有造成人员伤亡的交通事故，可以开展深度调查工作吗？

答：没有造成人员伤亡，但造成其他严重后果或者存在严重安全问题的道路交通事故，可以开展深度调查工作。

296. 交通事故深度调查工作由哪些部门负责？

答：深度调查由设区的市级以上公安机关交通管理部门负责，其中一次死亡10人以上道路交通事故的深度调查由省级和设区的市级公安机关交通管理部门负责，公安部交通管理局指导；其他道路交通事故的深度调查由设区的市级公安机关交通管理部门负责，省级公安机关交通管理部门指导。必要时，上级公安机关交通管理部门可以提级指导或者开展深度调查。

机动车登记地、驾驶人机动车驾驶证核发地及事故涉及企业与事故发生地不在同一省或者设区的市范围内的道路交通事故，相关省级和设区的市级公安机关交通管理部门应当配合开展深度调查。

297. 交通事故深度调查工作中，对交通事故驾驶人重点调查哪些内容？

答：需要调查道路交通事故驾驶人近三年交通违法、记分、事故记录及处理情况，驾驶培训、考试、审验、从业资格及参加日常安全教育培训情况，事故发生后的安全防护和自救互救情况，以及身体状况、家庭状况等可能影响安全驾驶的其他因素。

298. 交通事故深度调查工作中，对交通事故机动车重点调查哪些内容？

答：需要调查道路交通事故机动车的登记、检验、维修保养等情况及拼装、改装嫌疑，整车、主要安全部件和系统的安全性能存在的安全隐患及缺陷，“两客一危”车辆卫星定位系统终端及行车记录仪安装和运行情况。

299. 交通事故深度调查工作中，对道路设计、建设、监理和道路安全设施设置情况重点调查内容有哪些？

答：需要调查道路、验收设计、建设、监理和道路安全设施设置情况以及与标准、规范的符合程度，相关标准、规范是否存在滞后、缺陷、漏洞，道路设计通行能力是否满足目前的交通量需求，道路交通标志标线等交通信号及道路照明设施设置是否科学、规范，事故路段日常养护、隐患排查整改及近三年的事故情况，恶劣天气、光照不良等环境因素对事故的影响。

300. 交通事故深度调查工作中，对机动车所有人或者单位的重点调查内容有哪些？

答：需要调查机动车所有人或者所属企业注册登记、从业资质等情况，安全制度是否健全，监督检查、驾驶人日常安全培训教育等主体责任是否落实，运输企业、旅游公司、汽车租赁及包车单位等是否按照规定申报、审批线路，危化品运输车、校车、重型货车、公路和旅游大客车等重点车辆是否按照相关规定管理和运行。

301. 交通事故深度调查工作中，对维护维修改装企业重点调查内容有哪些？

答：需要调查维修改装企业是否有伪造、套用、违规发放、倒卖产品合格证等行为，是否有加长、加宽、加高、增加钢板弹簧片数（厚度）等车辆改装行为，是否存在不规范维修、使用废旧零部件、以次充好、以假冒真等问题，是否存在承修报废机动车、非法改装机动车、利用废旧零部件拼装机动车等问题。

302. 交通事故深度调查工作中，需要对鉴定机构重点调查哪些内容?

答：需要调查鉴定机构资质情况，是否存在未按要求检验鉴定、超范围检验鉴定、出具虚假检验鉴定报告、买卖检验鉴定报告等问题。

303. 交通事故深度调查工作中，需要对货运企业重点调查哪些内容?

答：需要调查客货运场站及货物托运人、发货企业的资质情况，是否存在违规经营、装载等情况，是否按要求建立并落实安全检查制度。

304. 交通事故深度调查工作中，需要对驾驶培训机构重点调查哪些内容?

答：需要调查驾驶培训机构资质情况，是否按照培训大纲开展培训，是否存在缩短培训学时、减少培训项目等情况，是否参与违规办理驾驶证或者考试舞弊等。

305. 交通事故深度调查工作中，需要对机动车生产、销售企业重点调查哪些内容?

答：需要调查机动车生产、销售企业是否存在生产、销售不符合《机动车运行安全技术条件》（GB7258-2017）等国家标准的机动车的问题，是否存在“大吨小标”“值班车上牌”等情况，非机动车生产、销售企业是否存在生产、销售不符合国家标准的非机动车的问题，是否存在发布虚假或者引人误解的宣传广告等问题。

306. 交通事故深度调查工作中，需要对事故发生地公安机关交通安全管理工作重点调查哪些内容?

答：需要调查事故发生地公安机关交通安全管理工作安排及落实情况，肇事车辆及驾驶人存在的显见交通违法行为沿途是否被发现和查处，事故发生路段同类型交通违法行为和同类型车辆的日常执法情况，肇事车辆登记地及事故发生地公安机关交通管理部门交通安全宣传教育工作开展情况及存在的问题。

307. 深度调查可以通过哪些方法进行调查？

答：按照《道路交通事故处理深度调查工作规范（试行）》第7条规定，深度调查工作可以通过以下方法进行：

（1）查阅、调取相关文件、档案、资料、日志、数据信息等；

（2）走访、询问相关部门和企事业单位负责人、参与救援的单位和人员、乘车人、伤者及近亲属、现场目击证人等；

（3）委托有资质的检验鉴定机构或者道路交通安全重点实验室对车辆安全技术状况、运行状况以及相关痕迹等进行检验、鉴定；

（4）对道路及安全设施实地勘验；

（5）侦查实验；

（6）其他调查方法。

308. 对交通事故深度调查中发现有关人员的违法违纪情况如何处理？

答：对有证据证明相关管理单位、企业的相关人员以及有关管理部门的直接责任人员涉嫌构成重大责任事故罪、生产销售不符合安全标准的产品罪、提供虚假证明文件罪、滥用职权罪及玩忽职守罪等刑事犯罪的，开展深度调查的公安机关交通管理部门应当依法先行采取必要的处置措施，再移送有管辖权的单位处理。

对相关管理部门、行业机构的直接责任人员滥用职权、玩忽职守行为，尚不构成刑事犯罪的，开展深度调查的公安机关交通管理部门应当及时将收集到的线索、证据移交有关部门，建议依法追究党纪、政纪责任。

309. 对交通事故深度调查工作如何组织实施？

答：公安机关交通管理部门应当在道路交通事故发生之日起5日（自然日）内成立由交通民警及深度调查专家等人员组成的调查组，启动深度调查，并在启动深度调查后60日（自然日）内完成。特殊情况下，经上级公安机关交通管理部门批准，调查期限可以延长，但延长的期限最长不超过60日（自然日）。

省级以上公安机关交通管理部门应当聘请在驾驶人、车辆、道路、事故调查、检验鉴定、危化品管理、安监、刑侦及法律等领域具有较高政策理论水平、专业技能和丰富实践经验的人员，组建深度调查专家组，参与或者指导开展深度调查。有条件的设区的市级公安机关交通管理部门，可以组建深度调查专家组。

310. 深度调查结束后，开展深度调查的公安机关交通管理部门应当制作深度调查报告书，交通事故深度调查报告应当包括哪些内容？

答：深度调查报告可参照生产安全事故调查报告的格式制作，应当包括下列内容：

（1）道路交通事故发生经过和救援情况；

（2）道路交通事故造成的人员伤亡和直接经济损失情况；

（3）与道路交通事故相关的单位、企业、人员、车辆、道路环境和天气情况；

（4）道路交通事故发生的直接原因和事故责任认定情况；

（5）开展深度调查发现的安全隐患、管理漏洞和薄弱环节；

（6）下一步问题整改和责任追究建议以及事故预防措施。

事故调查报告应当附具有关证据材料。事故调查组成员应当在事故调查报告上签名。

311. 开展深度调查的公安机关交通管理部门发现安全隐患和管理漏洞如何处理？

答：开展深度调查的公安机关交通管理部门应当将发现的安全隐患和管理漏洞报告当地政府并通报相关行业主管部门。调查发现的安全隐患和管理漏洞不在本地的，应当通报所在地公安机关交通管理部门，并由该公安机关交通管理部门报告当地政府并通报相关行业主管部门。

第四章　交通事故认定与复核

第一节　交通事故认定（312—371）

312. 交通事故认定工作的主要内容是什么？

答：道路交通事故认定工作的主要内容包括证据审查、认定事故事实、分析事故成因、认定当事人的事故责任和制作交通事故认定书。

审查交通事故证据。交通事故证据必须在经过认真的查证与核实之后才能作为认定事故事实、分析事故成因、认定事故责任的依据，保证所用证据具有客观性、关联性和合法性。

交通事故事实认定，就是运用证据证明交通事故客观情况的过程。

交通事故成因分析。在事故事实清楚特别是要在事故发生过程清楚、当事人的交通安全违法行为清楚的基础上，运用证据，分析事故发生的原因，认定当事人的主观过错、违法行为与发生事故之间的因果关系，明确事故发生的客观原因，分清事故发生的主要原因和次要原因。

认定当事人的责任。当事人的事故责任被用来表示当事人的过错对交通事故的发生所起作用的大小。

制作交通事故认定书。交通事故认定书是公安机关交通管理部门运用证据，认定事故事实，分析事故成因，认定当事人的事故责任的专业意见，是交通事故认定工作成果的载体，是对交通事故证据调查工作的总结。

313. 交通事故责任认定的依据与规则是什么?

答：交通事故责任的认定主要依据《道路交通安全法实施条例》第 91 条和《道路交通事故处理程序规定》第 60 条的规定。

公安机关交通管理部门应当根据当事人的行为对发生道路交通事故所起的作用以及过错的严重程度，确定当事人的责任。具体规则如下：

因一方当事人的过错导致道路交通事故的，承担全部责任；因两方或者两方以上当事人的过错发生道路交通事故的，根据其行为对事故发生的作用以及过错的严重程度，分别承担主要责任、同等责任和次要责任；各方均无导致道路交通事故的过错，属于交通意外事故的，各方均无责任。

一方当事人故意造成道路交通事故的，他方无责任。

以上规则对单方过错事故、混合过错事故、意外事故和故意造成的事故责任的认定分别进行了细化规定。

314. 交通事故责任的推定如何适用?

答：交通事故当事人的责任推定是指对于符合法律规定的情形，直接推定行为人承担全部责任，而不根据《道路交通安全法实施条例》第 91 条的规定进行认定。当事人有下列情形之一的，承担全部责任：

（1）发生道路交通事故后逃逸的；

（2）故意破坏、伪造现场、毁灭证据的。

为逃避法律责任追究，当事人弃车逃逸以及潜逃藏匿的，如有证据证明其他当事人也有过错，可以适当减轻责任，但同时有证据证明逃逸当事人有故意破坏、伪造现场、毁灭证据的，不予减轻。

315. 当事人在同方向划有二条以上机动车道的道路上行驶，发生交通事故后，如何判断当事人是否违反分道行驶的规定?

答：根据《道路交通安全法》及《道路交通安全法实施条例》规定，机动车行驶车道应该依据车辆的行驶速度来确定，具体规定如下：

（1）在道路同方向划有 2 条以上机动车道的，左侧为快速车道，右侧为慢速车道。

（2）摩托车应当在最右侧车道行驶。

（3）慢速车道内的机动车超越前车时，可以借用快速车道行驶。

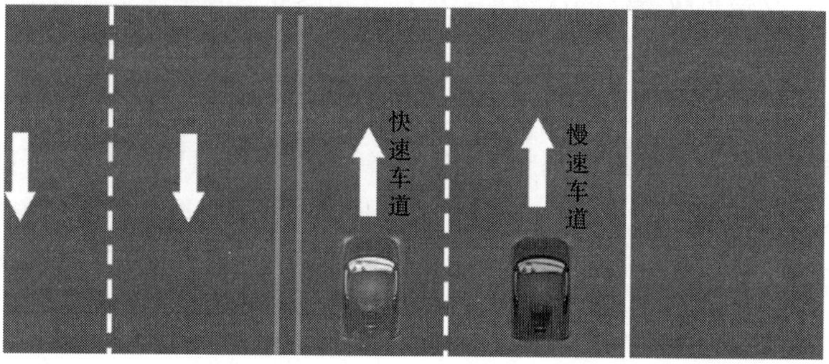

316. 在没有划设车道的道路上发生交通事故，如何确定双方的路权?

答：没有划分机动车道、非机动车道和人行道的，机动车在道路中间通行，非机动车和行人在道路两侧通行。

一些地方进一步细化规定，在没有划设非机动车道的道路上，自行车、电动自行车应当在距离道路右侧边缘线向左1.5米的范围内行驶。人力三轮车、残疾人机动轮椅车应当在距离道路右侧边缘线向左2.2米的范围内行驶。

317. 机动车在道路上行驶的时候，在没有限速标志标线的道路上，驾驶人应该按照什么样的速度行驶?

答：机动车在道路上行驶时，有限速标志的不得超过限速标志、标线标明的速度。在没有限速标志、标线的道路上，机动车不得超过下列最高行驶速度：

（1）没有道路中心线的道路，城市道路为每小时30公里，公路为每小时40公里；

（2）同方向只有1条机动车道的道路，城市道路为每小时50公里，公路为每小时70公里。

318. 机动车行经人行横道的时候，应该如何避让行人?

答：机动车行经人行横道时，应当减速行驶；遇行人正在通过人行横道，应当停车让行。机动车行经没有交通信号的道路时，遇行人横过道路，应当避让。礼让行人应该按照以下情形认定：

（1）行人在道路右幅人行横道行走、未抵达道路中心线时，在左幅道路行驶的机动车应当减速行驶，可在确保安全的前提下通过人行横道。

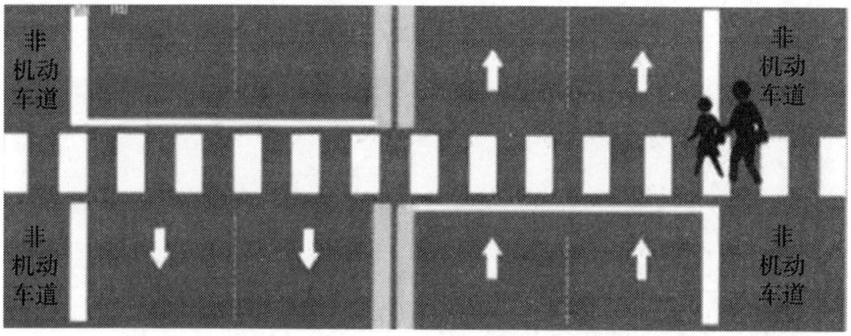

（2）行人在机动车道、非机动车道分离线外侧等待、未进入机动车道，机动车 A、B 应当减速行驶，可在确保安全前提下通过人行横道。

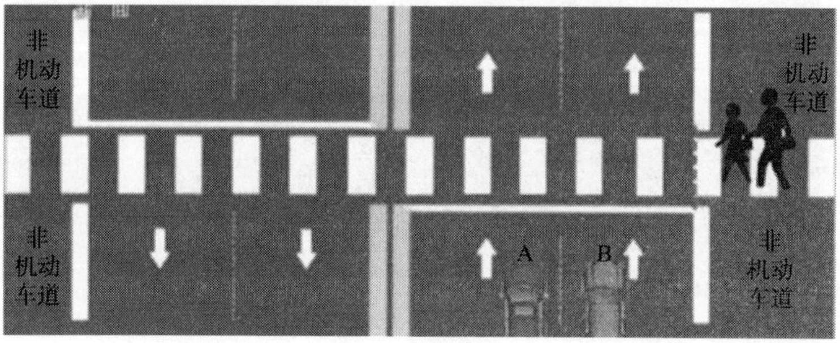

（3）行人越过机动车道、非机动车道分割线，进入机动车道，机动车 A、B 未停车让行的，属于违法行为。

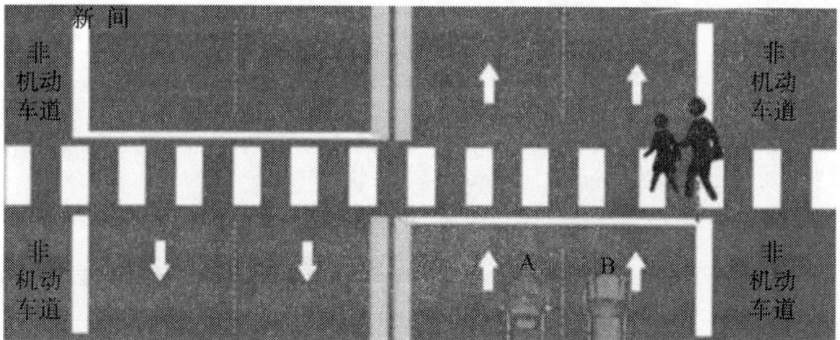

（4）行人沿人行横道进入机动车 A 所在的车道后，机动车 B 应当减速

行驶，可在确保安全的前提下通过人行横道；机动车A未停车让行的，属于违法行为。

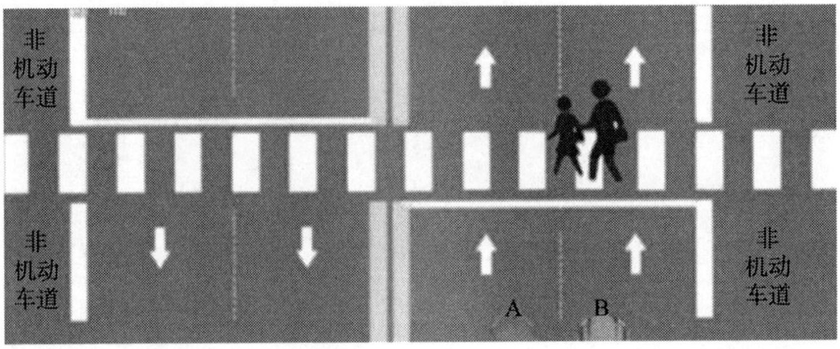

（5）行人在道路中心线等待、未进入机动车A、B所在车道，机动车A、B未停车让行的，属于违法行为。

（6）行人越过道路中心线，进入机动车所在车道，机动车未停车让行的，属于违法行为。

（7）道路中央采用绿化带隔离，行人在道路中央驻足区等待的，机动车应当减速行驶，可在确保安全的前提下通过人行横道。

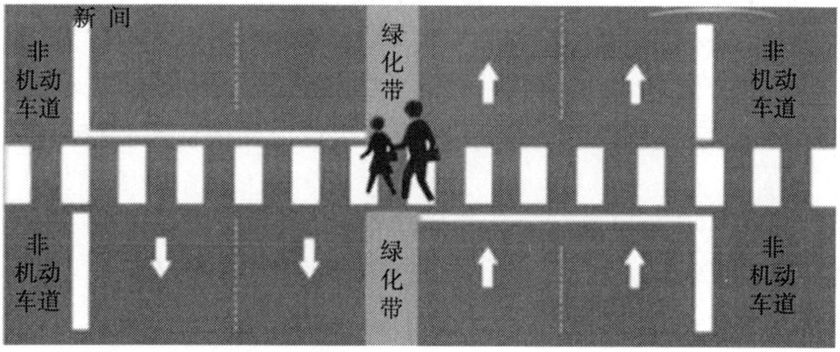

319. 驾驶非机动车应该如何横过道路?

答：驾驶非机动车在路段上横过机动车道，应当下车推行，有人行横道或者行人过街设施的，应当从人行横道或者行人过街设施通过；没有人行横道、没有行人过街设施或者不便使用行人过街设施的，在确认安全后直行通过。

320. 非机动车道被机动车或者其他障碍物占用时，非机动车驾驶人是否可以借用机动车道通行?

答：因非机动车道被占用无法在本车道内行驶的非机动车，可以在受阻的路段借用相邻的机动车道行驶，并在驶过被占用路段后迅速驶回非机动车道。机动车遇此情况应当减速让行。

321. 机动车行驶过程中，遇到行人横过道路而没有走人行横道，应当如何通行?

答：机动车行驶过程中，遇到行人横过道路而没有走人行横道，机动车应该减速避让，在确保安全的情况下通行。如果行人有翻越车道隔离栏等违法行为，也应该注意避让，在保证安全的前提下通行。

322. 当事人推行非机动车时，其交通方式属于哪一种?

答：非机动车驾驶人推行自行车、电动自行车或三轮车行走时，由于没有任何驾驶行为，推行的自行车、电动自行车或三轮车可以视为其携带的物品，而非驾驶车辆。因此，其交通方式应当认定为行人。其在道路通行时应该遵守行人的规则。

323. 当事人驾驶非机动车带人发生事故应该如何认定其行为？

答：根据《道路交通安全法实施条例》第71条规定，自行车载人由省、自治区、直辖市人民政府根据当地实际情况制定。例如，《广东省道路交通安全条例》第37条规定，自行车、电动自行车在城市市区道路上不得载人，但安装有固定安全座椅的，可以附载1名身高1.2米以下儿童，在其他道路上载人不得超过1人。

又如，《北京市实施〈道路交通安全法〉办法》第55条规定，成年人驾驶自行车可以在固定座椅内载1名儿童，但不得载12岁以上的人员；未成年人驾驶自行车、电动自行车不得载人。具体的情况可以查阅当地的道路交通安全条例或者道路交通安全法实施办法，根据相关规定确定当事人的行为是否违法。

324. 《道路交通安全法》第47条规定机动车行经没有交通信号的道路，应当避让正在横过道路的行人；而第62条则又规定，行人在上述路段横过道路时应当在确认安全后通过，对以上规定应该如何理解？

答：二者是对不同情形和交通参与方式的规定。前者是对机动车在没有交通信号的道路上遇行人过马路时的要求；后者是对行人通过没有交通信号灯、人行横道的路口时的通行规定。两者分别约束不同的交通参与主体，两者相互关联、相互补充，分别强调了机动车的避让行人义务和行人的安全注意义务，从不同的权利主体角度保障行人横过道路的交通安全。

325. 《道路交通安全法实施条例》规定，通过没有交通标志标线控制的路口，应当让右方道路的来车先行，而且转弯车要让直行车先行，如果遇到从右方道路来的转弯车如何让行？

答：《道路交通安全法实施条例》第52条第2项、第3项分别规定“让右方道路的来车先行”与“转弯的机动车让直行的车辆先行”。这是针对不同的交通通行情形：

“让右方道路的来车先行”指的是双方均是直行进入路口时，应当让右方道路的直行车先行。

“转弯的机动车让直行的车辆先行”指的是转弯的车辆应当让直行进入路口的车辆先行，不管直行车辆是从左侧道路还是从右侧道路进入路口。因此，如果一方当事人是直行，右方道路来的转弯车应当让其先行。

326. 机动车应该如何超车？

答：机动车超车时，应当提前开启左转向灯，变换使用远光灯、近光灯或者鸣喇叭。在没有道路中心线或者同方向只有一条机动车道的道路上，前车遇后车发出超车信号时，在条件许可的情况下，应当降低速度、靠右让路。后车应当在确认有充足的安全距离后，从前车的左侧超越，在与被超车辆拉开必要的安全距离后，开启右转向灯，驶回原车道。但是，有下列情形之一的，不得超车：

（1）前车正在左转弯、掉头、超车的。

（2）与对面来车有会车可能的。

（3）前车为执行紧急任务的警车、消防车、救护车、工程救险车的。

（4）行经铁路道口、交叉路口、窄桥、弯道、陡坡、隧道、人行横道、市区交通流量大的路段等没有超车条件的。

327. 在没有道路中心分隔设施或中心线的道路上，机动车如何会车？

答：在没有中心隔离设施或者没有中心线的道路上，机动车遇相对方向来车时应当遵守下列规定：

（1）减速靠右行驶，并与其他车辆、行人保持必要的安全距离。

（2）在有障碍的路段，无障碍的一方先行；但有障碍的一方已驶入障碍路段而无障碍的一方未驶入时，有障碍的一方先行。

（3）在狭窄的坡路，上坡的一方先行；但下坡的一方已行至中途而上坡的一方未上坡时，下坡的一方先行。

（4）在狭窄的山路，不靠山体的一方先行。

（5）夜间会车应当在距相对方向来车 150 米以外改用近光灯，在窄路、窄桥与非机动车会车时应当使用近光灯。

328. 机动车应该如何变更车道?

答：机动车变更车道应该打转向灯，观察前方和后方车辆，保证安全车距，迅速变道；车辆变更车道不得影响其他车辆、行人的正常通行，并应当遵守下列规定：

（1）让所借车道内行驶的车辆或者行人先行；

（2）按顺序依次行驶，不得频繁变更机动车道；

（3）不得一次连续变更二条以上机动车道；

（4）左右两侧车道的车辆向同一车道变更时，左侧车道的车辆让右侧车道的车辆先行。

329. 机动车在哪些地方不能掉头?

答：机动车在没有禁止掉头或者没有禁止左转弯标志、标线的地点可以掉头，但不得妨碍正常行驶的其他车辆和行人的通行，不导致其他车辆减速、变更车道或者行人停留、等待等。

虽然没有禁止掉头或者没有禁止左转弯标志、标线，但在铁路道口、人行横道、桥梁、急弯、陡坡、隧道或者容易发生危险的路段，不得掉头。

330. 哪些人在道路上行走需要有人陪同?

答：学龄前儿童以及不能辨认或者不能控制自己行为的精神疾病患者、智力障碍者在道路上通行，由于上述人员没有交通行为能力，不能正确认识和控制自己的交通行为，缺乏对交通活动的正常认知，缺乏对危险的预判能力，单独上路通行极易造成交通事故，影响正常的交通秩序。因此，上述人员在道路上通行时，应当由其法定监护人、监护人委托的人或者对其负有管理、保护职责的人带领、陪同。

331. 驾驶摩托车是否可以载人?

答：摩托车后座不得乘坐未满12周岁的未成年人，轻便摩托车不得载人。轻便摩托车是指发动机排量大于36cc而小于49cc（即小于50cc的摩托车），只要是大于50cc的摩托车（包括踏板车）都可以载人。两轮摩托车和侧三轮摩托车载人必须遵守下列规定：

（1）除座位外，其他任何部位不许坐人；

（2）后座只能附载1人；

（3）后座不能附载不满12周岁的儿童；

（4）后座人必须面对行驶方向正面骑坐，不准侧坐；

（5）乘坐两轮摩托车必须戴安全头盔。

332. 当事人持超过有效期的驾驶证驾驶机动车发生交通事故，是否认定为无驾驶证驾驶机动车？

答：驾驶证是证明公民具有驾驶资格的证件，不能把驾驶证与驾驶资格两个概念混同起来，驾驶证过期并不等同驾驶资格被取消，驾驶证是形式要件，而驾驶资格是实质要件。

根据《机动车驾驶证申领和使用规定》第63条规定“机动车驾驶人应当于机动车驾驶证有效期满前九十日内，向机动车驾驶证核发地或核发地以外的车辆管理所申请换证”。第79条第1款第8项规定：“超过机动车驾驶证有效期一年以上未换证的；”车辆管理所应当注销其机动车驾驶证。因此如果当事人的机动车驾驶证超过有效期未满一年的，应该认定为驾驶证未被注销，不能认定为无驾驶资格；如果机动车驾驶人超过机动车驾驶证有效期一年以上未换证的，应该被认定为无驾驶资格。

333. 以欺骗、贿赂等手段取得驾驶证的驾驶人发生交通事故，在认定责任时是否认定为无驾驶证驾驶机动车？

答：申请人以欺骗、贿赂等不正当手段取得机动车驾驶证的，公安机关交通管理部门收缴机动车驾驶证，撤销机动车驾驶许可；申请人在3年内不得再次申领机动车驾驶证。撤销机动车驾驶许可的，驾驶证自始无效；对于有证据证明机动车驾驶人采取欺骗、贿赂手段取得驾驶证的，在认定责任时应当认定为无驾驶资格驾驶机动车。

334. 当事人持有机动车驾驶证，驾驶与准驾车型不符的机动车发生事故时，是否认定为无驾驶资格驾驶机动车?

答：驾驶与驾驶证准驾车型不符的机动车，在性质上应当属于无证驾驶；在适用处罚上，依据过罚相当的原则，可以按照未取得驾驶证而驾驶机动车的处罚规定适当从轻处罚。所以，无证驾驶机动车与驾驶与准驾车型不符的机动车处罚应当都适用于《道路交通安全法》第99条第1款第1项规定，未取得机动车驾驶证、机动车驾驶证被吊销或者机动车驾驶证被暂扣期间驾驶机动车的，由公安交通管理部门处200元以上2000元以下罚款，可以并处15日以下拘留。

对于交通事故责任认定应该考虑无证驾驶与事故发生之间是否存在因果关系，以及无证驾驶行为所起作用大小，从而进行责任认定。

335. 在没有划分机动车道、非机动车道和人行道的道路上，机动车、非机动车、行人在道路上的通行区域如何确定?

答：在没有划分道路中心线，同时没有划分机动车道、非机动车道和人行道的，机动车在道路中间通行，非机动车和行人在道路两侧通行。

在划分道路中心线，但是没有划分机动车道、非机动车道和人行道的，机动车在靠近道路中心线右侧通行，非机动车和行人在靠近道路右侧边缘线通行；地方性法规进一步细化，例如《北京市实施〈中华人民共和国道路交通安全法〉办法》规定，自行车、电动自行车应当在距离道路右侧边缘线向左1.5米的范围内行驶；人力三轮车、残疾人机动轮椅车应当在距离道路右侧边缘线向左2.2米的范围内行驶。

336. 根据《道路交通安全法》的规定，机动车与非机动车在路口左转弯时，对行驶路线及通行区域有何要求?

答：机动车在路口左转弯时，靠近路口中心点左侧转弯，而非机动车在路口内左转弯时，靠近路口中心点右侧转弯；以避免机动车与非机动车行驶路线或者通行区域发生重叠，提升通行效率，减少冲突风险，确保交通安全。如果没有按照上述规则通行，造成交通事故的，违反一方属于侵犯对方路权违法行为。

337.《道路交通安全法实施条例》中的第52条第2项和第69条第2项均规定“让右方道路的来车先行”，其中“来车”含义是否相同？应该如何理解？

答：《道路交通安全法实施条例》第52条第2项“没有交通标志、标线控制的，在进入路口前停车瞭望，让右方道路的来车先行”对机动车通过没有交通信号灯控制也没有交通警察指挥的交叉路口规定；第69条第2项是对非机动车通过没有交通信号灯控制也没有交通警察指挥的交叉路口规定。两者含义不同：前者“来车”仅仅指机动车，而后者“来车”既包括机动车也包括非机动车。

338.《道路交通安全法》第22条第2款中规定患有妨碍安全驾驶机动车的疾病，或者过度疲劳影响安全驾驶的，不得驾驶机动车。其中“患有妨碍安全驾驶机动车的疾病”和“过度疲劳”分别指哪些情况？

答：患有妨碍安全驾驶机动车的疾病是指患有影响当事人观察、反应、判断、控制能力的疾病，既包括生理上的疾病，也包括精神上的疾病。例如，色盲、癫痫、严重的耳疾、严重的肢体伤残等。

过度疲劳一般是指驾驶员每天驾车超过8小时，连续驾驶机动车超过4小时未休息或停车休息少于20分钟的情形。

339. 道路交叉口交通信号灯为黄灯闪烁时，各方在通过路口时应该如何通行？

答：当交叉口交通信号灯为黄灯闪烁时，该路口虽然设有交通信号灯，黄灯闪烁仅仅发挥警示作用，没有指令交通的含义，可以视为没有交通信号灯控制的路口，因此可以适用《道路交通安全法实施条例》第52条的规定，确定各方当事人的让行义务和通行规则。

340. 在死亡事故中，对死亡的当事人是否确定交通事故责任？

答：交通事故责任是一种原因责任，如果死亡的当事人生前交通行为与交通事故的发生存在因果关系，就应该在交通事故认定中确认其事故责任，不能因为当事人已经死亡而不确定其事故责任。否则，导致交通事故认定不能客观反映事故事实。

341. 在交通事故责任认定中对于未成年人或者无民事行为能力、限制民事行为能力的当事人是否确认其交通事故责任?

答：交通事故责任是一种原因责任，是对当事人过错的分析和描述。交通事故责任认定对当事人没有年龄的限定，不存在责任能力问题，只要其行为或者过错与交通事故发生存在因果关系，是交通事故发生的原因，就要确认其事故责任，不管其是否为未成年人或者无民事行为能力、限制民事行为能力的人。

342. 在制作交通事故认定书时，对于与交通事故发生没有因果关系的交通安全违法行为，是否需要在交通事故认定书中记载?

答：交通事故认定书作为交通事故处理证据使用，是当事人法律责任承担的重要依据。对于与交通事故发生没有因果关系的交通违法行为，如果可能影响民事赔偿责任的承担，如当事人违法状态导致损害后果扩大或者当事人事故发生后的不当行为导致损失增加等，应当在交通事故认定书中予以记录和体现；对于确实与交通事故无因果关系的违法事实，也不会影响当事人法律责任承担，不需在交通事故认定书中记载，对当事人依法予以行政处罚即可。

343. 交通肇事逃逸事故中，逃逸当事人是否一定承担全部责任?

答：对于交通肇事逃逸事故定责实行的推定规则，发生交通事故后当事人逃逸的，逃逸的当事人要承担全部责任；但是如果有证据证明另一方当事人也有过错的，可以减轻逃逸当事人的责任。对于减轻的级别根据当事人的过错程度并结合交通事故的发生情况综合考量。

344. 驾车逃逸、弃车逃逸和潜藏隐匿的交通肇事案件在认定事故责任时有什么不同?

答：交通肇事逃逸分为驾车逃逸、弃车逃逸和潜藏隐匿三种行为模式；三种行为模式对于交通安全管理的影响程度不同，行为对交通安全执法干扰不同，法规规定了不同的责任认定标准；驾车逃逸导致现场破坏、证据毁灭，应当认定逃逸当事人承担全部责任；而为逃避法律责任追究，当事人弃车逃逸以及潜藏隐匿的，一般认定为全部责任，如有证据证明其他当事人也有过错，可以适当减轻责任，但同时有证据证明逃逸当事人有故意破坏、伪造现场、毁灭证据的，不予减轻。

345. 当事人有故意破坏现场、伪造证据行为承担全部责任，是否以其行为“造成公安机关交通管理部门无法查明交通事故事实”为前提条件?

答：当事人故意破坏现场、伪造证据推定其承担全部责任，是法律对其行为的否定性评价的一种形式，其责任是绝对推定，没有减轻的情节规定；对于是否影响证据调查没有联系，并不以造成公安机关交通管理部门无法查明交通事故事实为前提条件。

346. 行人或非机动车驾驶人突然横穿道路，正常行驶的机动车为了躲避而发生交通事故的，如何认定当事人责任?

答：这种行为属于紧急避险行为与交通事故的竞合，由于造成险情的人员有明显的过错，可以按照交通事故进行责任认定；如果机动车采取措施并无不当，应当认定行人或非机动车驾驶人承担全部责任；机动车一方无责任；如果机动车采取措施不当，应当根据过错程度承担相应的责任。

347. 正常行驶的车辆为躲避饲养的动物而与护栏等交通设施发生碰撞，如何认定?

答：车辆驾驶人如果仅仅是为了躲避动物而发生交通事故，动物仅仅是干扰了正常的驾驶，如果车辆驾驶人没有采取措施不当，属于紧急避险，不是交通事故；如果车辆驾驶人采取措施不当，导致避险过当，应承担一定的赔偿责任。动物的所有人或者管理人存在管理上的过错，应该承担民事责任，根据《民法典》第1246条规定，违反管理规定，未对动物采取安全措施造成他人损害的，动物饲养人或者管理人应当承担侵权责任；但是，能够证明损害是因被侵权人故意造成的，可以减轻责任。

348. 正常行驶的车辆将横穿或者在道路上的动物撞死，是否属于交通事故？

答：正常行驶的车辆将横穿或者在道路上的动物包括人工饲养的动物或宠物撞死，如果并无措施不当，认定为意外交通事故，车辆驾驶人无责任，不承担赔偿；如果车辆驾驶人采取措施不当，应该承担一定的赔偿责任。

349. 学龄前儿童、精神病人等无民事行为能力或者限制行为能力人单独上路发生交通事故时，是否可以把监护人或者负有管理责任的人作为交通事故责任主体？

答：这种情况下，监护人或者负有管理责任的人不能作为交通事故责任主体；学龄前儿童、精神病人等无民事行为能力或者限制行为能力人单独上路行走的，属于交通违法行为，但是仍然视为法律上的交通参与人，可以作为交通事故责任主体。但是民事责任由监护人或者负有管理责任的人承担。

350. 在高速公路上因交通事故、交通管制、堵塞等造成车辆被迫停车，车辆驾驶人、乘车人下车后在行车道内被后续来车碰撞，对此类交通事故中的车下人员责任如何认定？

答：对高速公路上发生的车辆碰撞车下人员交通事故可以分四种情形区别认定责任：

（1）车辆发生交通事故、故障，停在紧急停车带或者应急车道或者无应急车道路段的最右侧车道内，车辆驾驶人、乘车人下车并立即转移到右侧路肩上或者应急车道内，驾驶人在应急车道内（无应急车道路段在最右侧车道路边1米以内）去来车方向设置警告标志，后续来车在应急车道或者无应急车道路段的最右侧车道内碰撞驾驶人、乘车人造成交通事故。在此情形下，一般适用《道路交通安全法》第 68 条“车上人员应当迅速转移到右侧路肩上或者应急车道内”的规定，认定驾驶人、乘车人属于依法避险行为，不承担交通事故责任。

（2）车辆发生交通事故、故障，停在左侧或者中间车道内，车辆驾驶人、乘车人下车转移到右侧路肩上或者应急车道内，驾驶人在行车道内（无应急车道路段在最右侧车道路边 1 米以外）去来车方向设置警告标志，后续来车在行车道内碰撞驾驶人、乘车人造成交通事故。在此情形下，一般适用《道路交通安全法》第 68 条“车上人员应当迅速转移到右侧路肩上或者应急车道内”的规定和第 38 条“车辆、行人在没有交通信号的道路上，应当在确保安全、畅通的原则下通行”的规定，如后续来车超速、未采取必要处置措施，认定驾驶人、乘车人属于依法避险行为，不承担交通事故责任。如后续来车未超速，并已经采取了必要处置措施，驾驶人、乘车人是在车辆临近时突然横穿车行道，则认定驾驶人、乘车人属于依法避险行为，但有过错，承担交通事故次要责任或者同等责任。

（3）车辆发生交通事故、故障，停在路内，车辆驾驶人、乘车人下车在行车道内围观，后续来车在行车道内碰撞驾驶人、乘车人造成交通事故。在此情形下，一般适用《道路交通安全法》第 68 条“车上人员应当迅速转移到右侧路肩上或者应急车道内”的规定和第 38 条“车辆、行人在没有交通信号的道路上，应当在确保安全、畅通的原则下通行”的规定。如后续来车未超速，并已经采取了必要处置措施，则认定驾驶人、乘车人有严重过错，承担交通事故主要责任或者全部责任。如被撞车下人员为路外（非驾驶人、乘车人）进入高速公路围观人员，则适用《道路交通安全法》第 67 条“行人不得进入高速公路”的规定，认定路外进入高速公路围观人员有严重过错，承担交通事故全部责任。

（4）因前方交通事故、交通管制、堵塞等造成车辆停车排队，后续来车因车辆制动失效，或者驾驶人疲劳驾驶、未采取处置措施，碰撞排队等候车辆和车下人员造成交通事故。在此情形下，一般适用《道路交通安全法》第 21 条“驾驶人不得驾驶安全设施不全或者机件不符合技术标准等具有安全隐患的机动车”和第 22 条“驾驶人过度疲劳影响安全驾驶的，不得驾驶机动车”等相关规定，认定后续来车驾驶人严重违法，承担交通事故全部责任。

351. 公安机关交通管理部门制作交通事故认定书的时限是如何规定的?

答：一般情况下，公安机关交通管理部门应当自现场调查之日起10日内制作道路交通事故认定书。交通肇事逃逸案件在查获交通肇事车辆和驾驶人后10日内制作道路交通事故认定书。对需要进行检验、鉴定的，应当在检验报告、鉴定意见确定之日起5日内制作道路交通事故认定书。

352. 未查获交通肇事逃逸人和车辆，当事人要求出具交通事故认定书的，应该怎么办?

答：交通肇事逃逸案件尚未侦破，受害一方当事人要求出具道路交通事故认定书的，公安机关交通管理部门应当在接到当事人书面申请后10日内，确定各方当事人责任，制作道路交通事故认定书，并送达受害方当事人。道路交通事故认定书应当载明事故发生的时间、地点、受害人情况及调查得到的事实，以及受害方当事人的责任。

交通肇事逃逸案件侦破后，已经按照前款规定制作道路交通事故认定书的，应当按照规定重新确定责任，制作道路交通事故认定书，分别送达当事人。重新制作的道路交通事故认定书应当注明撤销原道路交通事故认定书。

353. 公安机关交通管理部门在作出交通事故认定前是否应向当事人公开调查取得的证据?

答：对于财产损失事故和伤人事故，公安机关交通管理部门在认定事故责任前一般可以不公开调查取得的证据。

只有发生死亡事故以及复杂、疑难的伤人事故后，公安机关交通管理部门才应当在制作道路交通事故认定书前，召集各方当事人到场，公开调查取得证据。公开证据应当由2名以上办案交通警察主持，参加证据公开的人员每方不得超过3人。证人要求保密或者涉及国家秘密、商业秘密以及个人隐私的，按照有关法律法规的规定执行。当事人不到场的，公安机关交通管理部门应当予以记录。

354. 在死亡事故中，公安机关交通管理部门通知当事人到场以便公开证据时，当事人不到场的，公安机关交通管理部门是否应另行通知，再次公开证据?

答：当事人确有正当理由无法到场的，公安机关交通管理部门应当另行通知公开证据的时间，而对于当事人无正当理由不到场的，不再另行通知并且再次公开证据，但是应当对当事人不在场予以记录。

355. 当事人在被公安机关羁押情形下，如何进行证据公开?

答：当事人被羁押的，可以通知其代理人在证据公开时到场，对证据进行查验核实；必要时也可以到当事人被羁押场所单独对其进行证据公开。

356. 存在召集当事人或者家属同时到场可能引起冲突的可能的，如何进行证据公开?

答：当事人或者家属情绪激动，存在召集当事人或者家属同时到场可能引起冲突的可能的，证据公开可以分时进行；通知当事人双方在不同的时间到场，进行证据公开。

357. 公安机关交通管理部门在制作交通事故认定书前公开证据的次数和时限如何规定?

答：根据交通事故处理程序规定，公开证据没有次数限制。当事人在公开证据时提供了新的证据或者公安机关交通管理部门获取了新的证据，可以再次公开调查所得证据；直到当事人或者公安机关交通管理部门没有新的证据需要提供公开时，公开证据程序结束，公安机关交通管理部门可以根据已调查并公开的证据对交通事故进行认定。

358. 在证据公开过程中，当事人提供新的证据的，交通事故认定的时限是否需要重新计算？

答：在证据公开过程中当事人提供新证据的，经公安机关交通管理部门负责人批准，交通警察应当按照有关要求开展补充调查。开展补充调查的，事故认定时限重新计算。

359. 当事人在交通事故认定书送达凭证上签字是否表示认可公安机关交通管理部门的认定意见？

答：当事人在交通事故认定书送达凭证上签字的法律效果是当事人已经收到交通事故认定书，并不表示当事人认可或者不认可，并不表示自愿承担相应的法律责任。

有些当事人存在误解，认为在送达凭证上签了字就表示认可公安机关交通管理部门作出的事故认定意见，自己就会承担不利的后果，因而拒绝在送达凭证上签字。实际上，要求当事人在送达凭证上签字只是为了证明公安机关交通管理部门于何时何地通过何人将事故认定书送达当事人，这与当事人是否认可事故认定意见无关。

360. 当事人拒绝在送达凭证上签字，公安机关交通管理部门是否就无法完成交通事故认定书送达？

答：当事人拒绝在事故认定书送达凭证上签字的，公安机关交通管理部门可以让在场的见证人签字，也可视为送达；如果现场没有见证人的，公安机关交通管理部门在送达凭证上注明当事人拒绝的情况也可视为送达。因此，当事人不在送达凭证上签字，公安机关交通管理部门依然可以将交通事故认定书送达当事人。

361. 公安机关交通管理部门如何确定交通事故认定书送达地址？

答：公安机关交通管理部门可以通过三种方式确定送达地址：

（1）受理道路交通事故案件后，应当及时要求当事人填写道路交通事故处理法律文书送达地址确认书，送达地址确认书应当要求当事人提供道路交通事故处理法律文书的详细送达地址、邮政编码以及受送达人的联系电话等。

（2）同意电子送达的，应当提供并确认接收法律文书的传真号、电子信箱、微信号等电子送达地址；道路交通事故认定书，损害赔偿调解协议书，处罚决定书不适用电子送达方式送达。

（3）当事人委托代理人的代理人确认的送达地址视为当事人的送达地址。

362. 交通事故认定书如何送达当事人？

答：交通事故认定书送达当事人的时间根据送达方式不同确定；根据《公安机关办理行政案件程序规定》第 36 条规定，送达法律文书，应当遵守下列规定：

（1）依照简易程序作出当场处罚决定的，应当将决定书当场交付被处罚人，并由被处罚人在备案的决定书上签名或者捺指印；被处罚人拒绝的，由办案人民警察在备案的决定书上注明；

（2）除依照简易程序作出当场处罚决定外，作出行政处罚决定和其他行政处理决定，应当在宣告后将决定书当场交付被处理人，并由被处理人在附卷的决定书上签名或者捺指印，即为送达；被处理人拒绝的，由办案人民警察在附卷的决定书上注明；被处理人不在场的，公安机关应当在作出决定的 7 日内将决定书送达被处理人，治安管理处罚决定应当在 2 日内送达。

送达法律文书应当首先采取直接送达方式，交给受送达人本人；受送达人不在的，可以交付其成年家属、所在单位的负责人员或者其居住地居（村）民委员会代收。受送达人本人或者代收人拒绝接收或者拒绝签名和捺指印的，送达人可以邀请其邻居或者其他见证人到场，说明情况，也可以对拒收情况进行录音录像，把文书留在受送达人处，在附卷的法律文书上注明拒绝的事由、送达日期，由送达人、见证人签名或者捺指印，即视为送达。

无法直接送达的，委托其他公安机关代为送达，或者邮寄送达。经受送达人同意，可以采用传真、互联网通讯工具等能够确认其收悉的方式送达。

经采取上述送达方式仍无法送达的，可以公告送达。公告的范围和方式应当便于公民知晓，公告期限不得少于60日。

363. 对于当事人或者证人要求保密的证据材料，其他当事人是否可以查阅、复制和摘录？

答：当事人收到道路交通事故认定书后，可以查阅、复制、摘录公安机关交通管理部门处理道路交通事故的证据材料，但证人要求保密或者涉及国家秘密、商业秘密以及个人隐私的，按照有关法律法规的规定执行：

对于证人要求保密的，应该不公开真实姓名、住址和工作单位等个人信息；只有不涉及国家秘密、商业秘密以及个人隐私的，可以查阅、复制和摘录证据材料内容。

对于一方当事人为阻止他方当事人知悉其相关证据而要求保密，且不涉及国家秘密、商业秘密以及个人隐私的证据材料内容，其他当事人也可以查阅、复制和摘录。

364. 由于事故当事人、关键证人处于抢救状态或者其他客观原因导致无法及时取证，现有证据不足以认定案件基本事实的，应该怎么办？

答：由于事故当事人、关键证人处于抢救状态或者因其他客观原因导致无法及时取证，现有证据不足以认定案件基本事实的，经上一级公安机关交通管理部门批准，道路交通事故认定的时限可中止计算，并书面告知各方当事人或者其代理人，但中止的时间最长不得超过60日。

当中止认定的原因消失，或者中止期满受伤人员仍然无法接受调查的，公安机关交通管理部门应当在5日内，根据已经调查取得的证据制作道路交通事故认定书或者出具道路交通事故证明。

365. 哪些交通事故当事人可以申请快速处理？

答：道路交通事故基本事实及成因清楚，当事人无异议以及当事人不涉嫌交通肇事、危险驾驶犯罪的伤人事故，各方当事人一致书面申请快速处理的，经县级以上公安机关交通管理部门负责人批准，可以根据已经取得的证据，自当事人申请之日起 5 日内制作道路交通事故认定书。

366. 交通事故基本事实无法查清、成因无法判定的，公安机关交通管理部门应当出具交通事故证明，对于交通肇事逃逸案件是否适用？

答：交通肇事逃逸事故责任认定应适用《道路交通安全法实施条例》第 92 条和《道路交通事故处理程序规定》第 66 条的规定。对于非逃逸的道路交通事故基本事实无法查清、成因无法判定的，公安机关交通管理部门应当出具道路交通事故证明，载明道路交通事故发生的时间、地点、当事人情况及调查得到的事实，分别送达当事人，并告知申请复核、调解和提起民事诉讼的权利、期限。

367. 交通肇事逃逸案件在侦破之前，公安机关交通管理部门已经应交通事故损害赔偿当事人的请求出具了交通事故认定书，但是，经过侦查，交通肇事逃逸案件被侦破，此时公安机关交通管理部门是否还要出具交通事故认定书，原来出具的交通事故认定书怎么处理？

答：交通肇事逃逸案件尚未侦破，受害一方当事人要求出具道路交通事故认定书的，公安机关交通管理部门应当在接到当事人书面申请后 10 日内，根据规定确定各方当事人责任，制作道路交通事故认定书，并送达受害方当事人。道路交通事故认定书应当载明事故发生的时间、地点、受害人情况及调查得到的事实，以及受害方当事人的责任。

交通肇事逃逸案件侦破后，已经按照规定制作道路交通事故认定书的，应当按照规定重新确定责任，制作道路交通事故认定书，分别送达各方当事人。重新制作的道路交通事故认定书除应当载明相关的内容外，还应当注明撤销原道路交通事故认定书。

368. 交通事故中当事人的身份尚未查明的，是否可以出具交通事故认定或者证明？

答：对尚未查明身份的当事人，公安机关交通管理部门应当在道路交通事故认定书或者道路交通事故证明中予以注明，待身份信息查明以后，制作书面补充说明送达各方当事人。

369. 持有“学习驾驶证明”的人在道路上学车时发生交通事故，交通事故责任如何认定?

答：根据《道路交通安全法实施条例》第20条第2款的规定，在道路上学习驾驶，应当按照公安机关交通管理部门指定的路线、时间进行。在道路上学习机动车驾驶技能应当使用教练车，在教练员随车指导下进行，与教学无关的人员不得乘坐教练车。学员在学习驾驶中有道路交通安全违法行为或者造成交通事故的，由教练员承担责任。

在驾校学习的学员，仅仅持有学习驾驶证，不是正式合法的驾驶人，不能享有合法驾驶人权益，也不承担驾驶人的责任；只能在教练员的指导下进行学习、练习驾驶技能，因此如果学员在学习车辆驾驶过程中违反道路交通安全法律、法规，造成交通事故的，应当由教练员承担事故责任。对于造成的损害赔偿责任，应该由驾校承担，但是学员和教练员有重大过失或者故意的，可以向其追偿。

370. 驾驶人在实习期间单独驾驶机动车上高速行驶发生交通事故应该如何认定事故责任?

答：驾驶人在实习期内驾驶机动车上高速公路行驶，应当由持相应或者更高准驾车型驾驶证3年以上的驾驶人陪同。在增加准驾车型后的实习期内，驾驶原准驾车型的机动车时不受上述限制。实习期单独驾驶机动车上高速行驶发生交通事故的，公安机关交通管理部门应该根据当事人行为或者过错严重程度进行责任认定，客观评价实习期驾驶行为、驾驶能力对交通事故发生的作用；对于实习期单独驾驶上高速行驶的行为应该按照机动车驾驶人违反道路交通安全法律、法规关于道路通行规定，处警告或者20元以上200元以下罚款。

371. 对于非道路车辆上道路行驶发生道路交通事故时，应该如何认定?

答：以动力驱动的非道路车辆是指并非为在道路上行驶和使用而设计和制造，主要用于封闭道路和场所作业施工或者娱乐休闲，按照规定不能办理注册登记、由动力驱动（牵引）的车辆，如叉车、场地观光游览车、全地形车、电动滑板车、平衡车等。

对叉车等以动力驱动的非道路车辆，上道路行驶发生道路交通事故时，符合《道路交通安全法》中机动车的定义，应认定为机动车，无须确定其车辆类型。

第二节　复核（372—394）

372. 当事人对公安机关交通管理部门的交通事故认定不服时，是否可以通过行政复议或行政诉讼进行救济？

答：根据《道路交通安全法》第 73 条的规定，公安机关交通管理部门制作的交通事故认定书，作为处理交通事故的证据使用。因此，交通事故认定行为不属于具体行政行为，当事人不能向人民法院提起行政诉讼，同时也不能向上级公安机关交通管理部门提起行政复议。

373. 当事人对交通事故认定不服，应该如何进行救济？

答：当事人对交通事故认定不服可以通过以下几种途径进行救济：

一是申请复核。当事人对道路交通事故认定或者出具道路交通事故证明有异议的，可以自道路交通事故认定书或者道路交通事故证明送达之日起 3 日内提出书面复核申请。

二是对涉嫌构成交通肇事犯罪的交通事故在审查起诉阶段，当事人及辩护人可以要求人民检察院对交通事故认定书进行审查，排除适用交通事故认定意见。

三是对于涉嫌构成交通肇事犯罪的交通事故在法庭调查阶段，当事人及辩护人可以要求人民法院对交通事故认定书进行当庭质证，对其真实性、可靠性进行审查。

四是当事人可以对交通事故中违法行为的行政处罚申请行政复议或者提起行政诉讼。上级公安机关交通管理部门或者人民法院如果认为原办案单位认定的当事人的违法行为不存在或定性错误，撤销了该行政处罚决定；而如果该违法行为作为交通事故发生的原因必然影响到交通事故认定意见，原办案单位必须撤销原交通事故认定意见，根据行政复议结论或行政诉讼判决对交通安全违法行为的重新认定，撤销或者重新作出行政处罚决定，同时根据交通违法行为的作用及过错程度分析重新制作交通事故认定书。

374. 交通事故认定复核设立有何必要性?

答：交通事故认定复核是在交通事故认定制度确立后一项重大制度安排，具有重大的现实意义。《道路交通安全法》实施以后确立了我国交通事故处理的新体制，其中一项重大变革就是取消了交通事故责任重新认定制度，明确将交通事故认定书作为证据使用，弱化道路交通事故认定的行政色彩。

从立法的原意来看，将对于交通事故认定书内容的审查（证据审查）交由司法机关进行。然而，交通事故认定是公安机关交通管理部门一项很复杂的专门性业务，它涉及道路安全工程、车辆检验、痕迹检验、车速鉴定、法医鉴定、路况鉴定等一系列专业技术知识；同时又要根据法律对于交通事故责任的认定标准，结合交通事故事实进行分析；总体来说，交通事故认定是科学技术知识和法律知识的综合应用，具有相当的复杂性和专业性。在我国实行职业法官裁判制度，法官多是精通法律的专门人员，但是对交通行业知识特别是对于涉及交通事故的技术知识却并非内行。我国目前的教育体制下，法官、检察官大多出自法律专业，交通事故涉及的大量技术性专业知识比较缺乏，法官对于交通事故认定的审查，无异于“外行审查内行”，这种审查制度使得审查结果难以保障。在很多地方，甚至出现了根本不审查或根本没有能力审查而直接适用交通警察的认定的情况，导致审查机制形同虚设。

实践中，交通事故认定审查工作不尽如人意，客观上也影响了交通事故的公正处理，当事人怨声载道。其中的原因既有制度的缺陷，也有体制的不畅。主要表现在以下几个方面：

一是未进入司法程序的交通事故案件缺乏交通事故认定的审查机制，导致错误的交通事故认定书作为行政程序的证据。

二是进入司法程序的交通事故案件，虽然法律赋予人民检察院和人民法院进行审查，但是由于交通事故的特殊性，检察机关和人民法院对交通事故认定审查力度明显偏弱，甚至不审查。

三是交通事故认定书作为一种特殊的证据，由于其形成过程的特殊性，使得检察机关和人民法院的审查具有先天的难度。

因此，强化公安机关内部的审查力度，同时客观上给予当事人合理的救济途径，是合理的和必要的。

2007 年 6 月公安部交管局出台《服务群众十六项措施》，其中第 14 项对交通事故认定的复核程序进行了明确，作为交通事故认定的内部审查纠错机制。2009 年 1 月 1 日实施的《道路交通事故处理程序规定》（公安部令第 104 号）首次将复核作为交通事故处理程序的专节进行规范，正式确立了交通事故认定复核制度。

375. 当事人可以向哪些部门提出复核申请?

答：当事人可以向作出道路交通事故认定的公安机关交通管理部门提出复核审请，也可以直接向上一级公安机关交通管理部门提出。

复核申请人通过作出道路交通事故认定的公安机关交通管理部门提出复核申请的，作出道路交通事故认定的公安机关交通管理部门应当自收到复核申请之日起 2 日内将复核申请连同道路交通事故有关材料移送上一级公安机关交通管理部门。

复核申请人直接向上一级公安机关交通管理部门提出复核申请的，上一级公安机关交通管理部门应当通知作出道路交通事故认定的公安机关交通管理部门自收到通知之日起 5 日内提交案卷材料。

376. 复核申请应当载明复核请求及其理由和主要证据，复核申请应该载明的“主要证据”指的是什么?

答：认定当事人是否存在过错，对确定当事人过错大小有重要影响的证据；既包括公安机关交通管理部门收集的证据，也包括当事人或者代理人依法收集的证据。

377. 如何理解《道路交通事故处理程序规定》第71条中“同一事故的复核以一次为限”?

答：对于同一事故，一方当事人在规定期限内提出复核申请的，上级公安机关交通管理部门进行了复核，得出复核结论，当事人仍然存在异议，不能再次提出申请复核；其他各方当事人不能以自己没有提出复核申请为由，要求再次进行复核。只要当事人之一提出复核，上一级公安机关交通管理部门进行了复核，未提出复核的当事人不能再次提出复核。

378. 同一交通事故的不同当事人，交通事故认定书或者交通事故证明的送达日期不同，送达之日起3日的申请复核期限是以最后一个被送达当事人的送达之日开始起算，还是按每个当事人的送达之日开始分别起算?

答：法律不保护躺在权利上睡觉的人。期限的设置是为了督促当事人及时行使自己的合法权益，为了充分保障每个当事人的申请权利，应该以每个当事人事故认定书送达该人之日起开始起算，分别计算申请复核期限。不同的当事人可能由于送达的日期不同而申请复核起算日不同。

379. 接到复核申请的公安机关交通管理部门是否需要审查决定受理?

答：交通事故复核依申请启动，当事人及其法定代理人对道路交通事故认定或者出具道路交通事故证明有异议的，可以由本人或者其法定代理人、委托代理人申请复核。

只要当事人在法定期限内申请复核，上一级公安机关交通管理部门均应该受理并对交通事故认定书内容进行审查。除当事人逾期提交复核申请的情形外，上一级公安机关收到复核申请之日即为受理之日。

380. 在什么情形下公安机关交通管理部门可以不予受理当事人的复核申请?

答：当事人对道路交通事故认定或者出具道路交通事故证明有异议的，可以自道路交通事故认定书或者道路交通事故证明送达之日起3日内提出书面复核申请。当事人逾期提交复核申请的，不予受理，并书面通知申请人。

381. 上一级公安机关交通管理部门受理复核后应对哪些内容进行审查?

答：上一级公安机关交通管理部门对于交通事故认定的复核应当进行全面审查，即对交通事故认定的整个过程进行审核，主要包括：

（1）道路交通事故事实是否清楚，证据是否确实充分，适用法律是否正确，责任划分是否公正。

交通事故认定的证明标准就是要求事实清楚、证据确实充分，审查时就应从这两方面进行审核；对于交通违法行为的认定，就要从法律适用的角度进行审查，主要审查当事人的行为是否违法，违反了哪些规定，适用的法律条款是否正确。

审查交通事故责任认定是否正确，要看对《道路交通安全法》《道路交通安全法实施条例》《道路交通事故处理程序规定》中关于交通事故当事人责任的划分标准的运用是否正确，是否存在明显错误，导致划分缺乏公正；在实践过程中，由于相关的法律法规对交通事故当事人责任的认定标准比较笼统、抽象，缺乏具体的细则，同时由于交通事故形态多种多样，使得交通事故责任划分的主观性非常强，往往出现仁者见仁，智者见智的情况，不同的人员认定会出现很大的差异。

（2）道路交通事故调查和认定的程序是否合法。

对于交通事故调查程序的合法性进行审查就是对交通事故认定书的证据能力的审查；证据只有合法才能具有法律效力。没有法律效力的证据就不能用来认定事故事实、分析事故成因和认定事故责任，否则，交通事故认定书就没有法律效力，不能作为处理交通事故的证据。证据的合法性标准包括以下内容：

一是证据主体合法。交通事故证据的主体必须符合有关法律规定。第一是指提供证据的人必须具有法定主体资格。例如，不具备证人资格的人提供的证言，不具备鉴定人资格的人作出的鉴定意见都不符合证据的合法性标准。第二是指收集证据的人必须具有法定的主体资格。例如，不具有交通事故处理资格的交通民警绘制的事故现场图、制作的现场勘查笔录是不合法的。

二是证据形式合法。交通事故证据的形式必须符合有关法律的规定。讯问笔录上所列项目应当按照规定填写齐全。办案人员、翻译人员应当在讯问笔录上签名。如果讯问笔录上办案人员没有签名，即为形式不合法。现场勘验笔录应当由参加勘验的人员、当事人或者见证人签名。如果交通事故现场勘查笔录上无当事人或见证人的签名，也没有注明，则该勘查笔录因形式不合法而不能用作证据。

三是证据收集程序合法。交通事故证据的收集程序或提取方法必须符合法律的有关规定。

（3）出具道路交通事故证明的理由是否充分，事故成因是否确属无法查清。

这是对道路交通事故证明理由的审查，同时也是对公安机关交通管理部门处理道路交通事故工作的直接监督，防止公安机关交通管理部门怠于行使职权而损害当事人的合法权益。

382. 公安机关交通管理部门受理复核申请后，如何进行审查？

答：以书面审查为原则，由复核人员根据原办案单位提供的案件材料对交通事故认定书内容进行复核；但是当事人提出要求或者公安机关交通管理部门认为有必要时，可以召集各方当事人到场，听取各方当事人的意见。

办理复核案件的交通警察不得少于 2 人。由于复核案件往往具有较大的争议，当事人对公安机关交通管理部门的认定不服，可能是原办案单位存在证据调查不充分、法律适用不当、程序违法等问题，也可能是当事人对相关事实认识错误；需要上一级公安机关交通管理部门指派具有中级以上交通事故处理资格的交通警察对案件进行复核。2 人办理可以通过相互协作、监督保证办案质量，保证公正。

383. 公安机关交通管理部门办理复核案件时，可以设立复核委员会，应该如何设立？

答：公安机关交通管理部门办理复核案件时，可以设立复核委员会。复核委员会实行一案一设，由 5 人至 9 人组成，成员人数应当为单数。复核委员会成员应当包括办理复核案件的交通警察，其他成员可以由以下人员担任：

（1）具备高级事故处理资格证的交通警察；

（2）交通工程、检验鉴定、事故调查、危化品管理、法律等领域的专业人员；

（3）法官、检察官代表；

（4）公安机关警务督察、刑侦、法制、信访等部门的警察；

（5）人大代表、政协委员；

（6）人民调解委员会、律师协会、保险行业的代表；

（7）其他专业人员。

与案件具有利害关系的人员、原办案单位人员，不得担任复核委员会成员。省级和设区的市公安机关交通管理部门可以设立案件复核委员会专业人员库。

384. 复核委员会应该如何复核案件?

答：复核委员会复核案件时应当由办理复核案件的交通警察主持，共同研究形成复核意见。

复核委员会应当针对申请人提出的复核请求、理由、主要证据和新证据等对案件进行复核。复核案件形成的复核意见应当提交公安机关交通管理部门负责人审批，批准后以公安机关交通管理部门的名义作出复核结论，不能以复核委员会的名义作出复核结论。

385. 当事人在公安机关交通管理部门复核审查期间，是否可以要求当面提出意见?

答：复核原则上采取书面审查方式，如果当事人认为需要继续向复核机关补充申请复核意见或证据的，可以向复核机关提出要求，并充分说明需要面谈的必要性。公安机关交通管理部门如果认为有必要与当事人进行面谈进一步听取意见或收集证据的，可以召集各方当事人到场，听取各方当事人的意见。

386. 公安机关交通管理部门是否只对当事人复核申请中提到的问题进行审查?

答：公安机关交通管理部门应当全面审查，不仅限于当事人提出的复核范围。公安机关交通管理部门对案件复核审查时，并不仅仅围绕当事人复核申请中提到的问题，而是对道路交通事故认定的全面审查，包括事实、证据、程序及责任划分等各个方面，如果审查中遇到当事人未提到的问题导致交通事故认定错误的，公安机关交通管理部门仍然会作出复核结论，责令原办案单位重新调查、认定。

387. 复核审查期间，申请人向公安机关交通管理部门提出撤销复核申请的，如何处理?

答：复核审查期间，申请人提出撤销复核申请的，公安机关交通管理部门应当终止复核，并书面通知各方当事人。

388. 受理复核申请后，任何一方当事人就该事故向人民法院提起诉讼并经人民法院受理，或者人民检察院对交通肇事犯罪嫌疑人作出批准逮捕决定的，公安机关交通管理部门是否终止复核?

答：不终止复核。

受理复核申请后，任何一方当事人就该事故向人民法院提起诉讼并经人民法院受理的，公安机关交通管理部门应当将受理当事人复核申请的有关情况告知相关人民法院。

受理复核申请后，人民检察院对交通肇事犯罪嫌疑人作出批准逮捕决定的，公安机关交通管理部门应当将受理当事人复核申请的有关情况告知相关人民检察院。

一般情况下，应该由原办案单位告知受案的人民法院、人民检察院。公安机关交通管理部门应当在作出复核结论后 3 日内将复核结论书面告知相关人民法院、人民检察院。

389. 上一级公安机关交通管理部门经过复核，认为原事故认定事实清楚、证据确凿、适用法律正确、调查及认定程序合法，但责任划分不公正，上一级公安机关交通管理部门能否直接重新划分责任？

答：上一级公安机关交通管理部门不能直接作出重新划分责任的交通事故认定。根据《道路交通事故处理程序规定》第 76 条第 3 款规定，上一级公安机关交通管理部门认为原道路交通事故认定有下列情形之一的，应当作出责令原办案单位重新调查、认定的复核结论：

（1）事实不清的；

（2）主要证据不足的；

（3）适用法律错误的；

（4）责任划分不公正的；

（5）调查及认定违反法定程序可能影响道路交通事故认定的。

390. 上一级公安机关交通管理部门经过复核，认为交通事故认定的调查及认定程序违法，应该如何处理？

答：上一级公安机关交通管理部门应该对程序违法进行审查，根据不同的情节分别处理：

如果程序违法行为属于侵犯当事人程序保障利益、执法本身的不规范等如询问调查时没有表明执法身份、未履行告知程序等，对事故认定的事实认定、责任划分等实体权利影响不大，认定为调查及认定程序存在瑕疵，上一级公安机关交通管理部门在责令原办案单位补正或者作出合理解释后，可以作出维持原道路交通事故认定的复核结论。

如果程序违法问题已经严重危害当事人的实体权益，侵害当事人的基本权利，可能影响道路交通事故认定的，上一级公安机关交通管理部门应当作出责令原办案单位重新调查、认定的复核结论。

391. 上一级公安机关交通管理部门审查原交通事故证明后，应该如何处理？

答：上一级公安机关交通管理部门审查原道路交通事故证明后，按下列规定处理：

（1）认为事故成因确属无法查清，应当作出维持原道路交通事故证明的复核结论；

（2）认为事故成因仍需进一步调查的，应当作出责令原办案单位重新调查、认定的复核结论。

392. 上一级公安机关交通管理部门在作出复核结论后，应该如何送达当事人?

答：上一级公安机关交通管理部门应当在作出复核结论后3日内将复核结论送达各方当事人。送达方式依据《公安机关办理行政案件程序规定》第36条规定办理。

公安机关交通管理部门认为必要的，应当召集各方当事人，当场宣布复核结论，当场将复核结论书面送达当事人。

393. 原交通事故认定被撤销后，原办案单位如何作出新的交通事故认定书?

答：上一级公安机关交通管理部门作出责令原办案单位重新调查、认定的复核结论的，应当制作《重新调查、认定意见书》，载明责令重新调查、认定的事实、理由以及重新调查、认定的指导意见。《重新调查、认定意见书》应当随同复核结论一并送达原办案单位。原办案单位应当在规定时限内重新调查、认定，并对《重新调查、认定意见书》中指出的问题进行核查、整改，在规定时限内重新制作道路交通事故认定书或道路交通事故证明。重新制作的道路交通事故认定书或道路交通事故证明应当另行编号，并注明撤销原道路交通事故认定书或者道路交通事故证明。

原办案单位应当在10日内重新调查，重新作出道路交通事故认定，撤销原道路交通事故认定书或者原道路交通事故证明。

重新调查需要检验、鉴定的，原办案单位应当在检验报告、鉴定意见确定之日起5日内，重新作出道路交通事故认定。

原办案部门重新调查、认定后，应当制作道路交通事故重新调查报告，随同重新制作的道路交通事故认定书或者道路交通事故证明一并报上一级公安机关交通管理部门备案。

394. 当事人申请复核，上级公安机关交通管理部门作出责令重新调查、认定的复核结论；原办案单位重新调查，重新作出交通事故认定，另一方当事人对重新制作的交通事故认定书存在异议，是否还可以继续申请复核？

答：同一事故复核以一次为限。如果对原办案单位重新制作的道路交通事故认定书仍然存在异议，当事人不能提出复核申请；没有对原交通事故认定提出复核的当事人也不能提出申请；当事人可以通过其他途径进行救济。

第五章　交通事故法律责任

第一节　行政责任（395—432）

395. 交通事故当事人承担行政责任有哪些方式？

答：交通事故当事人承担行政责任的主要方式是行政处罚。根据《道路交通安全法》第88条的规定，对道路交通安全违法行为的处罚种类包括：警告、罚款、暂扣或者吊销机动车驾驶证、拘留。

其他方式还包括降低资质等级，限制申领驾驶证、终生禁止申领驾驶证，责令消除隐患等。

持有大型客车、牵引车、城市公交车、中型客车、大型货车驾驶证的驾驶人发生交通事故造成人员死亡，承担同等以上责任，未构成犯罪的，车辆管理所应当注销其最高准驾车型驾驶资格，并通知机动车驾驶人在30日内办理降级换证业务。

醉酒驾驶机动车或者饮酒后驾驶营运机动车依法被吊销机动车驾驶证未满5年的；醉酒驾驶营运机动车依法被吊销机动车驾驶证未满10年的；不得申请机动车驾驶证。

饮酒后或者醉酒驾驶机动车发生重大交通事故构成犯罪的；依法追究刑事责任，并由公安机关交通管理部门吊销机动车驾驶证，终生不得重新取得机动车驾驶证。

对6个月内发生2次以上特大交通事故负有主要责任或者全部责任的专业运输单位，由公安机关交通管理部门责令消除安全隐患，未消除安全隐患的机动车，禁止上道路行驶。

396. 对哪些交通事故当事人的违法行为可以不给予行政处罚?

答：不满 14 周岁的未成年人有违法行为的，不予行政处罚，责令监护人加以管教；精神病人、智力残疾人在不能辨认或者不能控制自己行为时有违法行为的，不予行政处罚，但应当责令其监护人严加看管和治疗。

违法行为轻微并及时改正，没有造成危害后果的，不予行政处罚；初次违法且危害后果轻微并及时改正的，可以不予行政处罚；当事人有证据足以证明没有主观过错的，不予行政处罚。法律、行政法规另有规定的，从其规定。对当事人的违法行为依法不予行政处罚的，行政机关应当对当事人进行教育。

违法行为在 2 年内未被发现的，不再给予行政处罚。

397. 已经涉嫌交通肇事犯罪的当事人是否还要给予行政处罚?

答：违法行为构成犯罪，应当依法追究刑事责任，不得以行政处罚代替刑事处罚。违法行为构成犯罪的，行政机关必须将案件移送司法机关，依法追究刑事责任，涉嫌交通肇事犯罪的当事人一般不再给予行政处罚。已经处罚的，违法行为构成犯罪，人民法院判处拘役或者有期徒刑时，行政机关已经给予当事人行政拘留并执行的，应当依法折抵相应刑期。违法行为构成犯罪，人民法院判处罚金时，行政机关已经给予当事人罚款的，应当折抵相应罚金。

但是根据《道路交通安全法》规定，构成犯罪应当依法吊销机动车驾驶证，公安机关交通管理部门依法吊销被确定构成犯罪的行为人的机动车驾驶证。

398. 对交通事故当事人进行行政处罚时，不同的处罚分别由哪一级公安机关交通管理部门或者公安机关作出决定?

答：对违反道路交通安全管理行为人处以警告、罚款或者暂扣机动车驾驶证处罚的，由县级以上公安机关交通管理部门作出处罚决定。

对违法行为人处以吊销机动车驾驶证处罚的，由设区的市公安机关交通管理部门作出处罚决定。

对违反道路交通安全管理行为人处以行政拘留处罚的，由县、市公安局、公安分局或者相当于县一级的公安机关作出处罚决定。

399. 交通事故当事人有哪些行为会被处以行政拘留处罚?

答：交通事故当事人在事故发生时或者发生后有以下几种行为的，可以被处以行政拘留处罚：

因饮酒后驾驶机动车被处罚，再次饮酒后驾驶机动车的；未取得机动车驾驶证、机动车驾驶证被吊销或者机动车驾驶证被暂扣期间驾驶机动车的；造成交通事故后逃逸，尚不构成犯罪的；违反交通管制的规定强行通行，不听劝阻的；强迫机动车驾驶人违反道路交通安全法律、法规和机动车安全驾驶要求驾驶机动车，造成交通事故，尚不构成犯罪的；非法拦截、扣留机动车辆，不听劝阻，造成交通严重阻塞或者较大财产损失的；故意损毁、移动、涂改交通设施，造成危害后果，尚不构成犯罪的。

400. 哪些交通事故机动车驾驶人应该被吊销机动车驾驶证?

答：根据《道路交通安全法》的规定，吊销交通事故机动车驾驶人驾驶证有三种情况：

一是饮酒后或者醉酒驾驶机动车发生重大交通事故，构成犯罪的，依法追究刑事责任，并由公安机关交通管理部门吊销机动车驾驶证，终生不得重新取得机动车驾驶证。

二是违反道路交通安全法律、法规的规定，发生重大交通事故，构成犯罪的，依法追究刑事责任，并由公安机关交通管理部门吊销机动车驾驶证。

三是造成交通事故后逃逸的，构成犯罪，由公安机关交通管理部门吊销机动车驾驶证，且终生不得重新取得机动车驾驶证。

401. 对因指使交通肇事驾驶人逃逸被以交通肇事罪共犯追究刑事责任的人员，是否应当被吊销机动车驾驶证并终生禁驾?

答：《道路交通安全法》第 101 条第 1 款规定：“违反道路交通安全法

律、法规的规定，发生重大交通事故，构成犯罪的，依法追究刑事责任，并由公安机关交通部门吊销机动车驾驶证”；第 2 款规定：“造成交通事故后逃逸的，由公安机关交通管理部门吊销机动车驾驶证，且终生不得重新取得机动车驾驶证”。根据上述规定，吊销机动车驾驶证，且终生禁驾，应当是违反道路交通法律、法规，交通肇事逃逸的行为人。对于指使肇事人逃逸的，可依法追究责任，但本人不具有交通肇事行为，不宜给予“吊销机动车驾驶证”或者“终生禁驾”的处罚。

402. 公安机关交通管理部门可以处以行政拘留却不送拘留所执行的情形有哪些？

答：依据《公安机关办理行政案件程序规定》，已满 14 周岁不满 16 周岁的；已满 16 周岁不满 18 周岁，初次违反治安管理的；70 周岁以上的；怀孕或者哺乳自己不满 1 周岁的婴儿的应当给予行政拘留处罚的，不执行行政拘留处罚。

403. 公安机关交通管理部门发现交通事故车辆存在哪些情形可以予以扣留？

答：有下列情形之一的，公安机关交通管理部门有权依法扣留车辆：

（1）上道路行驶的机动车未悬挂机动车号牌，未放置检验合格标志、保险标志，或者未随车携带机动车行驶证、驾驶证的；

（2）有伪造、变造或者使用伪造、变造的机动车登记证书、号牌、行驶证、检验合格标志、保险标志、驾驶证或者使用其他车辆的机动车登记证书、号牌、行驶证、检验合格标志、保险标志嫌疑的；

（3）未按照国家规定投保机动车交通事故责任强制保险的；

（4）公路客运车辆或者货运机动车超载的；

（5）机动车有被盗抢嫌疑的；

（6）机动车有拼装或者达到报废标准嫌疑的；

（7）未申领《剧毒化学品公路运输通行证》通过公路运输剧毒化学品的。

对发生道路交通事故，因收集证据需要的，可以依法扣留事故车辆。

404. 交通事故当事人不服行政拘留处罚提起行政复议或行政诉讼的，申请暂缓执行的，公安机关交通管理部门应该怎么办？

答：当事人不服行政拘留处罚决定，申请行政复议或者提起行政诉讼的，可以向作出行政拘留决定的公安机关交通管理部门提出暂缓执行行政拘留的申请；口头提出申请的，公安机关交通管理部门的人民警察应当予以记录，并由申请人签名或者捺指印。公安机关交通管理部门按照以下要求处理：

（1）处理时限要求：被处罚人在行政拘留执行期间，提出暂缓执行行政拘留申请的，拘留所应当立即将申请转交作出行政拘留决定的公安机关交通管理部门。公安机关交通管理部门应当在收到被处罚人提出暂缓执行行政拘留申请之时起 24 小时内作出决定。

（2）作出处理决定：公安机关交通管理部门认为暂缓执行行政拘留不致发生社会性危险，且被处罚人或者其近亲属提出符合条件的担保人，或者按每日行政拘留 200 元的标准缴纳保证金的，应当作出暂缓执行行政拘留的决定；认为不宜暂缓执行的，应当告知申请人。

（3）释放被处罚人：被处罚人已送达拘留所执行的，公安机关交通管理部门应当立即将暂缓执行行政拘留决定送达拘留所，拘留所应当立即释放被处罚人。

405. 被给予行政拘留的交通事故当事人，申请暂缓行政拘留的保证金缴纳标准是多少？

答：被处罚人不服行政拘留处罚决定，申请行政复议、提起行政诉讼的，可以向公安机关提出暂缓执行行政拘留的申请。公安机关认为暂缓执行行政拘留不致发生社会性危险的，由被处罚人或者其近亲属提出符合规定条件的担保人，或者按每日行政拘留 200 元的标准缴纳保证金的，行政拘留的处罚决定暂缓执行。

406. 公安机关交通管理部门是否有权扣留事故车辆和车上所载货物？

答：根据《道路交通事故处理程序规定》第 39 条第 1 款的规定，因收集证据的需要，公安机关交通管理部门可以扣留事故车辆，并开具行政强制措施凭证。扣留的车辆应当妥善保管。根据《道路交通事故处理程序规定》第 39 条第 2 款的规定，公安机关交通管理部门不得扣留事故车辆所载货物。对所载货物在核实重量、体积及货物损失后，通知机动车驾驶人或者货物所有人自行处理。无法通知当事人或者当事人不自行处理的，按照《公安机关办理行政案件程序规定》的有关规定办理。

407. 公安机关交通管理部门能否指定停车场停放被扣留的事故车辆?

答：根据《道路交通事故处理程序规定》第 39 条第 3 款的规定，严禁公安机关交通管理部门指定停车场停放扣留的事故车辆。

因扣留车辆发生的费用由作出决定的公安机关交通管理部门承担，但公安机关交通管理部门通知当事人领取，当事人逾期未领取产生的停车费用由当事人自行承担。

408. 哪些交通事故当事人应该被终生禁驾?

答：根据交通安全法律法规的规定，以下两种情形交通事故当事人会被终生禁驾：第一，违反道路交通安全法律、法规的规定，发生重大交通事故，构成犯罪的，依法追究刑事责任，并由公安机关交通管理部门吊销机动车驾驶证。造成交通事故后逃逸的，由公安机关交通管理部门吊销机动车驾驶证，且终生不得重新取得机动车驾驶证。交通肇事逃逸终生禁驾必须同时满足以下三个条件：一是违反道路交通安全法律、法规的规定发生重大交通事故；二是构成犯罪；三是造成交通事故后实施了逃逸行为，其目的是故意逃避法律追究，逃离事故现场。

第二，饮酒后或者醉酒驾驶机动车发生重大交通事故，构成犯罪的；依法追究刑事责任，并由公安机关交通管理部门吊销机动车驾驶证，终生不得重新取得机动车驾驶证。

409. 交通事故当事人被给予行政拘留，为暂缓执行行政拘留作担保的担保人应当具备哪些条件?

答：担保人应当符合下列条件：

(1) 与本案无牵连；

（2）享有政治权利，人身自由未受到限制或者剥夺；

（3）在当地有常住户口和固定住所；

（4）有能力履行担保义务。

410. 因发生交通事故被吊销机动车驾驶证的，多长时间以后才能重新申领驾驶证？

答：除被终生禁止申领驾驶证外，醉酒驾驶机动车或者饮酒后驾驶营运机动车依法被吊销机动车驾驶证满 5 年，醉酒驾驶营运机动车依法被吊销机动车驾驶证满 10 年；因其他情形依法被吊销机动车驾驶证满 2 年，才能重新申请驾驶证。

411. 对交通事故中同一人的多个违法行为怎样进行处罚？

答：对交通事故中当事人的所有违法行为都要依法进行处罚，可以使用一张审批表和告知笔录，但应按照要求包括所有的违法行为，并且在告知程序上必须符合《道路交通安全违法行为处理程序规定》中关于告知的规定。

412. 交通事故当事人对哪些行政处罚有权要求听证？

答：公安机关交通管理部门在作出下列行政处罚决定之前，应当告知有交通违法行为的当事人有要求举行听证的权利：

（1）责令停产停业；

（2）吊销驾驶证；

（3）较大数额罚款；

（4）法律、法规和规章规定违法嫌疑人可以要求举行听证的其他情形。

其中第 3 项所称“较大数额罚款”，根据公安部《关于行政处罚听证范围中“较大数额罚款”数额的通知》规定，是指对个人处以 2000 元以上罚款的，对违反边防出入境管理法律、法规、规章的个人处以 6000 元以上罚款的；对法人或者其他组织处以 10000 元以上罚款。

对依据地方性法规或者地方政府规章作出的罚款处罚，适用听证的罚款数额按照各地制定的标准执行。

413. 当事人应当怎样申请行政处罚听证?

答：公安机关交通管理部门在提出处罚意见后，同时告知当事人拟作出的行政处罚和有要求举行听证的权利。当事人要求听证的，应当在公安机关交通管理部门告知后3日内提出申请。

414. 当事人对拟作出的行政处罚不服申请听证的，公安机关交通管理部门应当如何处理?

答：当事人对拟作出的行政处罚不服申请听证的，公安机关交通管理部门应当按照以下程序及时处理：

（1）公安机关交通管理部门收到听证申请后，应当在2日内决定是否受理。认为听证申请人的要求不符合听证条件，决定不予受理的，应当制作不予受理听证通知书，告知听证申请人。逾期不通知听证申请人的，视为受理。听证由公安机关交通管理部门的法制部门组织实施。

（2）公安机关交通管理部门受理听证后，应当在举行听证的7日前将举行听证通知书送达听证申请人，并将举行听证的时间、地点通知其他听证参加人。

（3）听证应当在公安机关交通管理部门收到听证申请之日起10日内举行。除涉及国家秘密、商业秘密、个人隐私的行政案件外，听证公开举行。听证人员应当就行政案件的事实、证据、程序、适用法律等方面全面听取当事人陈述和申辩。

（4）听证申请人不能按期参加听证的，可以申请延期，是否准许，由听证主持人决定。

（5）听证设听证主持人1名，负责组织听证；记录员1名，负责制作听证笔录。必要时，可以设听证员1名至2名，协助听证主持人进行听证。听证主持人由公安机关负责人指定。

415. 参与交通事故处理或者对违法行为开具行政处罚决定书的交通警察能否作为该案件听证会的主持人?

答：公安机关交通管理部门在举行听证时，开具处罚决定的交通警察和处理该事故的交通警察不能参与听证活动，包括担任听证的主持人、听证员或者记录员。

416. 哪些人可以参加交通事故行政处罚听证会?

答：可以参加交通事故当事人行政处罚听证会的人员包括：

（1）当事人及其代理人；

（2）办理本案的交通警察；

（3）证人；

（4）鉴定人、翻译人员；

（5）其他有关人员。

与听证案件处理结果有直接利害关系的其他公民、法人或者其他组织，作为第三人申请参加听证的，应当允许。为查明案情，必要时，听证主持人也可以通知其他方当事人参加听证。

417. 公安机关交通管理部门能否因为当事人申请听证而加重拟作出的行政处罚?

答：要求公安机关交通管理部门举行听证是公民行使正当权利的体现，依法举行听证是公安机关交通管理部门的职责；因此公安机关交通管理部门不会因当事人提出听证要求而加重处罚，相反可能根据听证的意见减轻拟作出的行政处罚。

418. 可以减轻交通事故当事人行政处罚的情形有哪些?

答：当事人有下列情形之一的，应当从轻、减轻处罚或者不予处罚：

（1）主动消除或者减轻违法行为危害后果，并取得被侵害人谅解的；

（2）受他人胁迫或者诱骗的；

（3）有立功表现的；

（4）主动投案，向公安机关如实陈述自己的违法行为的；

（5）其他依法应当从轻、减轻或者不予行政处罚的。

419. 应当从重处罚交通事故当事人的情形有哪些？

答：对于下列情形，公安机关交通管理部门应当对当事人从重处罚：

（1）有较严重后果的；

（2）教唆、胁迫、诱骗他人实施交通违法行为的；

（3）对报案人、控告人、举报人、证人等打击报复的；

（4）1 年内因交通安全违法行为受到 2 次以上行政处罚的。

420. 交通事故当事人不讲真实姓名，公安机关交通管理部门能否对其进行行政处罚？

答：对于不讲真实姓名的交通事故当事人，如果公安机关交通管理部门经过调查，发现该人有交通违法行为，可以按其自报的姓名、贴附照片作出处罚决定，并在相关法律文书中注明。

421.《道路交通安全法》规定，对 6 个月内发生 2 次以上特大交通事故负有主要责任或者全部责任的专业运输单位，由公安机关交通管理部门责令消除安全隐患，未消除安全隐患的机动车，禁止上道路行驶；其中“特大交通事故”应该如何认定？

答：《道路交通安全法》对于第 102 条中所称的“特大交通事故”没有明确解释，但是《道路交通事故处理程序规定》第 83 条进行了细化规定，专业运输单位 6 个月内 2 次发生 1 次死亡 3 人以上事故，且单位或者车辆驾驶人对事故承担全部责任或者主要责任的，专业运输单位所在地的公安机关交通管理部门应当报经设区的市公安机关交通管理部门批准后，作出责令限期消除安全隐患的决定，禁止未消除安全隐患的机动车上道路行驶，并通报道路交通事故发生地及运输单位所在地的人民政府有关行政管理部门。因此，对于《道路交通安全法》第 102 条中所称的“特大交通事故”就是指“1 次死亡 3 人以上事故”。

422. 交通事故当事人被行政处罚后死亡或者单位组织终止，谁有权申请复议？

答：当事人被处罚后，如果对处罚决定有异议，可以申请行政复议。但如果有权申请行政复议的当事人死亡，其近亲属可以申请行政复议；有权申请行政复议的法人或者其他组织终止的，承受其权利的法人或者其他组织可以申请行政复议。

423. 公安机关交通管理部门给予交通事故一方当事人行政处罚，另一方当事人认为行政处罚偏轻，是否有权申请行政复议或者提起行政诉讼？

答：对一方当事人的处罚，另一方当事人如果认为处罚偏轻，不能申请行政复议或者提起行政讼诉。公安机关交通管理部门给予交通事故一方当事人行政处罚是行政权力的行使，具有自由裁量权，与另一方当事人没有利害关系。

424. 交通事故发生后肇事司机找人顶替，或指使他人作伪证，应当如何处理？

答：肇事司机、顶替者、作伪证的证人的行为属于伪造、隐匿、毁灭证据或者提供虚假证言、谎报案情，影响行政执法机关依法办案的违法行为，可以根据《治安管理处罚法》的规定处以5日以上10日以下行政拘留，并处200元以上500元以下罚款。

425. 《道路交通安全法》第101条第1款规定的“重大交通事故”，应如何认定？

答：《道路交通安全法》第101条第1款规定，违反道路交通安全法律、法规的规定，发生重大交通事故，构成犯罪的，依法追究刑事责任，并由公安机关交通管理部门吊销机车驾驶证。其中“重大交通事故”一般应当认为是死亡1人以上或直接经济损失无能力赔付数额达到30万元以上的交通事故；但是根据《最高人民法院关于审理交通肇事刑事案件具体应用法律若干问题的解释》第2条第2款对于存在6种特别情形，造成1人重伤，构成交通肇事犯罪的也属于“重大交通事故”。

《最高人民法院关于审理交通肇事刑事案件具体应用法律若干问题的解释》第 2 条第 2 款规定，交通肇事致 1 人以上重伤，负事故全部或者主要责任，并具有下列情形之一的，以交通肇事罪定罪处罚：

（1）酒后、吸食毒品后驾驶机动车辆的；

（2）无驾驶资格驾驶机动车辆的；

（3）明知是安全装置不全或者安全机件失灵的机动车辆而驾驶的；

（4）明知是无牌证或者已报废的机动车辆而驾驶的；

（5）严重超载驾驶的；

（6）为逃避法律追究逃离事故现场的。

426.《道路交通安全法》第 101 条规定，发生重大交通事故，构成犯罪的，吊销机动车驾驶证。应如何理解执行?

答：吊销机动车驾驶证必须同时满足“发生重大交通事故”和“构成犯罪”两个条件；重大交通事故的标准之一就是构成犯罪，但是构成的犯罪不仅仅是交通肇事罪，还包括交通事故中当事人可能涉及的故意伤人罪、故意伤害罪、故意杀人罪等刑事犯罪。“构成犯罪”中的犯罪就是指交通肇事当事人可能触犯的所有刑事犯罪。

427. 无驾驶证驾驶车辆发生交通事故后逃逸的当事人，被追究刑事责任的，是否也要被终生禁驾?

答：《道路交通安全法》第 101 条规定，违反道路交通安全法律、法规的规定，发生重大交通事故，构成犯罪的，依法追究刑事责任，并由公安机关交通管理部门吊销机动车驾驶证。造成交通事故后逃逸的，由公安机关交通管理部门吊销驾驶证，且终生不得重新取得机动车驾驶证。终生禁驾并非以当事人具有驾驶证为前提，同时无证驾驶包括从未申领驾驶证和驾驶证已被吊销两种情形；从文义解释和体系解释的角度看，终生禁驾是对造成重大交通事故后逃逸的行为的否定性评价，因此无驾驶证驾驶车辆发生交通事故后逃逸的当事人，被追究刑事责任的也要被终生禁驾。

428. 发生交通事故后，检察院对机动车驾驶人作出不起诉决定，公安机关交通管理部门能否依据《道路交通安全法》第101条第1款的规定，对机动车驾驶人作出吊销驾驶证的处罚？

答：对驾驶人发生重大交通事故尚不构成犯罪或者人民检察机关不起诉的，由于当事人的行为不构成犯罪，公安机关交通管理部门不能依据《道路交通安全法》第101条的规定吊销驾驶人的机动车驾驶证。但是，如果驾驶人发生重大交通事故时，同时具有其他应当吊销机动车驾驶证情形的，公安机关交通管理部门可以依法直接吊销其机动车驾驶证。

429.《最高人民法院关于审理交通肇事刑事案件具体应用法律若干问题的解释》第7条和第5条中以交通肇事罪论处的单位主管人员、机动车辆的所有人或者承包人能否依照《道路交通安全法》第101条吊销驾驶证？

答：《道路交通安全法》第101条规定，违反道路交通安全法律、法规的规定，发生重大交通事故，构成犯罪的，依法追究刑事责任，并由公安机关交通管理部门吊销机动车驾驶证。《最高人民法院关于审理交通肇事刑事案件具体应用法律若干问题的解释》第7条规定，单位主管人员、机动车辆所有人或者机动车辆承包人指使、强令他人违章驾驶造成重大交通事故，具有本解释第2条规定情形之一的，以交通肇事罪定罪处罚。吊销机动车驾驶证是对交通事故肇事人员交通安全违法行为的处罚；而以交通肇事罪论处的单位主管人员、机动车辆的所有人或者承包人没有直接参与交通活动中，因此不应当被吊销驾驶证。

430.《最高人民法院关于审理交通肇事刑事案件具体应用法律若干问题的解释》第5条中以交通肇事罪论处的乘车人能否依照《道路交通安全法》第101条吊销驾驶证？

答：《最高人民法院关于审理交通肇事刑事案件具体应用法律若干问题的解释》第5条规定了乘车人指使肇事人逃逸，致使被害人因得不到救助而死亡的，以交通肇事罪的共犯论处。《道路交通安全法》第101条规定，违反道路交通安全法律、法规的规定，发生重大交通事故，构成犯罪的，依法追究刑事责任，并由公安机关交通管理部门吊销机动车驾驶证。乘车人在发生交通事故时在现场教唆逃逸的行为，导致危害后果扩大，因未承担相应的行为责任，对于前期交通事故发生中的法律责任没有承担的依据，因此不应该吊销驾驶证。

431. 当事人将机动车交给无驾驶证或驾驶证被吊销、暂扣的人驾驶并造成交通事故，当事人应该承担什么责任?

答：行政责任方面，根据《道路交通安全法》第 99 条第 1 款第 2 项、第 2 款的有关规定，当事人将机动车交给未取得机动车驾驶证或者机动车驾驶证被吊销、暂扣的人驾驶的，当事人应被处以 200 元以上 2000 元以下的罚款，并可以并处吊销机动车驾驶证。

民事责任方面，当事人知道或者应当知道驾驶人无驾驶资格或者未取得相应驾驶资格的，应当认定当事人有过错，承担相应的民事赔偿责任。

432. 交通事故当事人对交通警察检验体内酒精含量的行为不服，是否有权申请行政复议或者提起行政诉讼?

答：检验体内酒精行为是我国法律明确规定的行政强制措施。《道路交通安全法实施条例》第 105 条规定：“机动车驾驶人有饮酒、醉酒、服用国家管制的精神药品或者麻醉药品嫌疑的，应当接受测试、检验。”《道路交通安全违法行为处理程序规定》第 24 条第 4 项规定，“公安机关交通管理部门及其交通警察在执法过程中，依法可以采取下列行政强制措施：……（四）检验体内酒精、国家管制的精神药品、麻醉药品含量”。对涉嫌饮酒后或醉酒驾驶机动车的行为人进行的强制检验血液中酒精含量的行为，是公安机关判定案件能否进入刑事立案的基础性调查行为，属于公安机关为了固定证据所实施的行政强制措施，检验体内酒精行为不属于依照刑事诉讼法明确授权实施的行为，当事人有权申请行政复议或者提起行政诉讼。

第二节 刑事责任（433—450）

433. 交通肇事罪的犯罪构成是什么？

答：交通肇事罪是指违反道路交通管理法规，因而发生重大交通事故，致人重伤、死亡或者使公私财产遭受重大损失的行为。构成交通肇事罪应当满足下列四个要件：

（1）主体。主体包括车辆驾驶人、行人、乘车人以及与交通有关活动的人员。只要年满 16 周岁的具有刑事责任能力，从事交通运输的人员或其他人员都可以成为本罪的主体。

（2）客体。客体是公共交通安全，即不特定的多人的生命、健康或者重大公私财产及生产、生活的安全。

（3）主观方面。犯罪嫌疑人的主观方面是过失，过失是指对交通安全违法行为造成的后果的过失，而不是对交通安全违法行为的过失。在本罪中，犯罪嫌疑人的交通安全违法行为可能是过失，也可能是故意的；行为人明知违反交通安全管理法律法规而故意违法或者过失违反交通安全法规，从而导致危害后果的发生。

（4）客观方面。客观方面表现为违反道路交通运输管理法规，因而发生重大交通事故，致人重伤、死亡或者公私财产遭受到重大损失的行为。

434. 在哪些情形下交通事故的责任人构成交通肇事罪？

答：《最高人民法院关于审理交通肇事刑事案件具体应用法律若干问题的解释》第 2 条规定，死亡事故和伤人事故当事人均可以构成交通肇事犯罪：

（1）交通肇事具有下列情形之一的，构成交通肇事罪，应处 3 年以下有期徒刑或者拘役：

①死亡 1 人或者重伤 3 人以上，负事故全部或者主要责任的。

②死亡 3 人以上，负事故同等责任的。

③造成公共财产或者他人财产直接损失，负事故全部或者主要责任，

无能力赔偿数额在 30 万元以上的。

（2）交通肇事致 1 人以上重伤，负事故全部或者主要责任，并具有下列情形之一的，以交通肇事罪定罪处罚：

①酒后、吸食毒品后驾驶机动车辆的。

②无驾驶资格驾驶机动车辆的。

③明知是安全装置不全或者安全机件失灵的机动车辆而驾驶的。

④明知是无牌证或者已报废的机动车辆而驾驶的。

⑤严重超载驾驶的。

⑥为逃避法律追究逃离事故现场的。

435. 构成交通肇事罪的主体是否只能是交通事故当事人?

答：根据《最高人民法院关于审理交通肇事刑事案件具体应用法律若干问题的解释》规定，一般情况下交通事故中负全部责任、主要责任或者同等责任的当事人是交通肇事罪的主体，应当承担刑事责任。交通肇事后，单位主管人员、机动车辆所有人、承包人或者乘车人指使肇事人逃逸，致使被害人因得不到救助而死亡的，以交通肇事罪的共犯论处。单位主管人员、机动车辆所有人或者机动车辆承包人指使、强令他人违章驾驶造成重大交通事故，以交通肇事罪定罪处罚。因此，除了交通事故的当事人，单位主管人员、机动车辆所有人、承包人或者乘车人在特定情形下也可以构成交通肇事犯罪，成为交通肇事罪的主体。

436. 在道路范围以外驾驶机动车辆过失致人重伤或者死亡的，是否应当追究刑事责任?

答：根据《最高人民法院关于审理交通肇事刑事案件具体应用法律若干问题的解释》第 8 条第 1 款的规定，在实行公共交通管理的范围内发生重大交通事故的，依照刑法第 133 条和该解释的有关规定办理。行为人驾驶机动车发生交通事故是否构成交通肇事罪取决于车辆行驶区域是否属于交通肇事罪中的“公共交通道路范围”内的道路，一般而言，机关、企事业单位、厂矿、学校、封闭的住宅小区等内部道路不属于公共交通管理范围。该解释第 8 条第 2 款的规定，在公共交通管理的范围外，驾驶机动车辆或者使用其他交通工具致人伤亡或者致使公共财产或者他人财产遭受重大损失，构成犯罪的，分别依照刑法第134条（重大责任事故罪和强令违章冒险作业罪）、第135条（重大劳动安全事故罪）、第233条（过失致人死亡罪）等规定定罪处罚。根据上述法律规定，在道路范围以外驾驶机动车辆过失致人重伤或者死亡的，应当按照重大责任事故罪和强令违章冒险作业罪、重大劳动安全事故罪、过失致人死亡罪等罪名追究刑事责任。

437. 造成公共财产或者他人财产直接损失，负事故全部或者主要责任，赔偿数额在30万元以上，通过保险理赔后，未赔偿数额在30万元以下，机动车驾驶人是否应当承担刑事责任？

答：按照《最高人民法院关于审理交通肇事刑事案件具体应用法律若干问题的解释》第2条第1款“交通肇事具有下列情形之一的，处三年以下有期徒刑或者拘役：……（三）造成公共财产或者他人财产直接损失，负事故全部或者主要责任，无能力赔偿数额在三十万元以上的”的规定；如果通过保险赔付等方式对他人或者公私财产的损失进行了赔偿，有效降低了危害后果，认为对社会的危害性已经达不到追究刑事的条件，不追究机动车驾驶人的刑事责任。

438. 《刑法》第133条规定，交通运输肇事后逃逸或者有其他特别恶劣情节的，处3年以上7年以下有期徒刑；如何理解刑法第133条规定的“交通运输肇事后逃逸”？

答：根据《最高人民法院关于审理交通肇事刑事案件具体应用法律若干问题的解释》，“交通运输肇事后逃逸”，是指行为人具有该解释第2条第1款和第2款第1项至第5项规定的情形之一，在发生交通事故后，为逃避法律追究而逃跑的行为。该解释第2条第1款和第2款第1项至第5项规定的情形已经构成交通肇事犯罪，当事人又逃逸的，属于“交通运输肇事后逃逸”，在量刑上提升量刑档次，属于加重量刑的情节。

439. 交通事故后受伤人员在医院抢救1个月或者更长时间后死亡，负主要责任的机动车驾驶人是否应当承担刑事责任？

答：交通事故后受伤人员在医院抢救一个月后死亡，由于受伤之后经历的时间较长，该事故应该被认定为伤人事故，不能认为是死亡事故，机动车驾驶人的行为与死亡结果之间的因果关系中断，不应当承担刑事责任。

440.《刑法》第133条规定，交通运输肇事后逃逸或者有其他特别恶劣情节的，处3年以上7年以下有期徒刑；如何理解刑法第133条规定的“有其他特别恶劣情节”？

答：根据《最高人民法院关于审理交通肇事刑事案件具体应用法律若干问题的解释》第4条的规定，交通肇事具有下列情形之一的，属于“有其他特别恶劣情节”，处3年以上7年以下有期徒刑：

（1）死亡2人以上或者重伤5人以上，负事故全部或者主要责任的；

（2）死亡6人以上，负事故同等责任的；

（3）造成公共财产或者他人财产直接损失，负事故全部或者主要责任，无能力赔偿数额在60万元以上的。

441. 当事人驾驶机动车发生单方交通事故，造成本人重伤且负事故全部责任，是否应当承担刑事责任？

答：交通肇事犯罪属于危害公共安全罪的类罪，犯罪客体为不特定多数人的人身安全或者公私财产的安全，不特定多数人不包括自己。当事人单方事故造成1人受重伤的，但由于受伤的是自己，没有危害到其他人的人身安全，可以视为未危害公共安全，公安机关交通管理部门不能追究其刑事责任。

442. 负主要以上责任的当事人在发生交通事故后，当事人之间达成民事赔偿协议，主动进行了赔偿，是否还要追究责任人的刑事责任？

答：是否还要追究责任人的刑事责任根据事故的类型分别进行判定：

对于财产损失事故，由于进行赔偿，未赔偿部分未达到入罪的标准，责任人不构成犯罪，不应当追究责任人的刑事责任。如果是死亡事故或者伤人事故（重伤）涉嫌构成犯罪的，即使责任人进行了赔偿也应当依法追究责任人的刑事责任，但是，当事人积极主动赔偿受害人的损害，法院在量刑的时候可以酌情减轻。

443. 单位主管人员、机动车辆所有人或者机动车辆承包人指使、强令他人违章驾驶造成重大交通事故，应当如何定罪处理？

答：根据《最高人民法院关于审理交通肇事刑事案件具体应用法律若干问题的解释》第7条的规定，单位主管人员、机动车辆所有人或者机动车辆承包人指使、强令他人违章驾驶造成重大交通事故，以交通肇事罪定罪处罚。

444. 交通事故发生后，当事人藏匿受害人致其重伤或者死亡的，应当如何认定其行为？

答：根据《最高人民法院关于审理交通肇事刑事案件具体应用法律若干问题的解释》第6条规定，行为人在交通肇事后为逃避法律追究，将被害人带离事故现场后隐藏或者遗弃，致使被害人无法得到救助而死亡或者严重残疾的，应当分别依照刑法第232条（故意杀人的，处死刑、无期徒刑或者10年以上有期徒刑；情节较轻的，处3年以上10年以下有期徒刑）、第234条第2款（犯故意伤害罪，致人重伤的，处3年以上10年以下有期徒刑；致人死亡或者以特别残忍手段致人重伤造成严重残疾的，处10年以上有期徒刑、无期徒刑或者死刑）的规定，以故意杀人罪或者故意伤害罪定罪处罚。

445. 交通事故发生后，单位主管、机动车所有人、承包人或者乘车人指使驾驶人驾车逃逸，导致受害人死亡，应当如何定罪？

答：根据《最高人民法院关于审理交通肇事刑事案件具体应用法律若干问题的解释》第5条第2款的规定，交通肇事后，单位主管人员、机动车辆所有人、承包人或者乘车人指使肇事人逃逸，致使被害人因得不到救助而死亡的，以交通肇事罪的共犯论处。

446. 发生重大交通事故后，碰巧路过现场的人员教唆肇事驾驶人逃逸是否构成交通肇事罪共犯?

答：发生重大交通事故后，碰巧路过现场的人员教唆肇事驾驶人逃逸的，根据罪刑法定原则，结合相关司法解释，没有将现场人员作为交通肇事罪共犯的主体，因此不构成交通肇事罪的共犯。但是，其行为应该受到道德的谴责。

447.《刑法》第133条规定“因逃逸致人死亡的，处7年以上有期徒刑”，这其中的“因逃逸致人死亡”应如何理解?

答：根据《最高人民法院关于审理交通肇事刑事案件具体应用法律若干问题的解释》第5条的规定，“因逃逸致人死亡”，是指行为人在交通肇事后为逃避法律追究而逃跑、致使被害人因得不到救助而死亡的情形。具体是指交通肇事致受害人重伤后，如果肇事人及时进行抢救并通知医疗急救部门，受害人能得到及时救治不会死亡，但是行为人逃逸，导致死亡结果发生。

448. 交通事故发生后机动车驾驶人逃逸涉嫌构成犯罪，机动车所有人或者管理人明知下落却拒不提供，其行为是否涉嫌包庇犯罪?

答：包庇应限于向公安机关提供虚假证明妨碍对犯罪嫌疑人的调查，是一种积极作为行为；而机动车所有人或者管理人明知下落却拒不提供的行为是一种消极行为，不认定为包庇行为；只能通过思想动员工作，进行法制教育，明确刑事政策，鼓励其提供线索，积极同犯罪作斗争。

449. 交通肇事犯罪在什么情形下转化为以危险方法危害公共安全罪?

答：应该认定为以危险方法危害公共安全罪的主要有以下两种情形：一是道路上，行为人交通肇事逃逸，在逃跑过程中置不特定的多数人的死活于不顾，连续撞人撞车，造成多人伤亡的严重后果。二是行为人明知酒后驾车违法，醉酒驾车会危害公共安全，依然醉酒驾车，特别是在肇事后继续驾车冲撞，造成重大伤亡，行为人主观上对持续发生的危害结果持放任态度，且有危害公共安全的故意。

450. 不满16周岁的未成年人驾驶机动车发生交通事故致人死亡，应当怎样处理?

答：根据我国《刑法》第17条规定，已满16周岁的人犯罪，应当负刑事责任。已满14周岁不满16周岁的人，犯故意杀人、故意伤害致人重伤或者死亡、强奸、抢劫、贩卖毒品、放火、爆炸、投放危险物质罪的，应当负刑事责任。

已满14周岁不满18周岁的人犯罪，应当从轻或者减轻处罚。未满16周岁的未成年人对交通肇事罪、过失致人死亡罪不负刑事责任。未成年人的父母作为法定监护人要对其行为承担民事赔偿责任。

第三节　民事责任（451—516）

451. 交通事故民事责任归责原则有哪些?

答：归责原则是行为人因其行为致他人损害的事实发生以后，应依何种根据使其负责；体现了法律的价值判断，即法律应以行为人的过错还是应以已经发生的损害结果为价值判断标准，而使行为人承担责任。交通事故民事责任归责原则主要有过错原则和无过错原则。对于部分意外事故适用公平原则分担损失。过错责任原则在归责原则中处于主导地位，而无过错责任仅是一种特例；公平原则是对过错责任的补充。

过错责任原则以过错作为价值判断标准，判断行为人对其造成的损害应否承担侵权责任的归责原则。按过错责任原则，行为人仅在有过错的情况下才承担民事责任，没有过错，就不承担民事责任。

无过错责任原则即使行为人没有过错，在法律有明确规定时，也要对行为之损害结果承担侵权责任。过错不是责任要件，有损害即有责任；但加害人证明受害人有过错，只能减轻责任。

公平原则适用于加害人和受害人都没有过错，在损害事实已经发生的情况下，以公平考虑作为价值判断标准，根据实际情况和可能，由双方当事人公平地分担损失的归责原则。

452. 如何确定交通事故当事人的民事赔偿责任？

答：根据《道路交通安全法》第76条规定，机动车发生交通事故造成人身伤亡、财产损失的，由保险公司在机动车第三者责任强制保险责任限额范围内予以赔偿；不足的部分，按照下列规定承担赔偿责任：

（1）机动车之间发生交通事故的，由有过错的一方承担赔偿责任；双方都有过错的，按照各自过错的比例分担责任。

（2）机动车与非机动车驾驶人、行人之间发生交通事故，非机动车驾驶人、行人没有过错的，由机动车一方承担赔偿责任；有证据证明非机动车驾驶人、行人有过错的，根据过错程度适当减轻机动车一方的赔偿责任；机动车一方没有过错的，承担不超过10%的赔偿责任。

交通事故的损失是由非机动车驾驶人、行人故意碰撞机动车造成的，机动车一方不承担赔偿责任。

453. 不同类型的交通事故按照什么原则确定民事赔偿责任？

答：根据当事人交通参与方式和交通事故发生的原因不同，不同类型的交通事故按照下表的原则确定民事赔偿责任：

原因 类型	过错交通事故	意外交通事故
机动车之间	过错原则	公平原则
机动车与非机动车、行人之间	无过错原则	无过错原则
非机动车与非机动车、行人之间	过错原则	公平原则

454. 机动车与非机动车、行人之间发生的意外交通事故，机动车一方是否应当适用公平原则分担损失？

答：《道路交通安全法》第76条关于交通事故民事赔偿责任的分担规

定并没有涉及意外交通事故，而《民法典》第1186条规定受害人和行为人对损害的发生都没有过错的，依照法律的规定由双方分担损失；这是公平分担损失原则的法律依据。但是公平原则作为补充，在不能适用过错原则和无过错原则的情形下才能适用。机动车与非机动车、行人之间发生的交通事故，机动车一方按照无过错原则承担赔偿责任，不区分是过错或是意外造成的事故。

455. 什么是人身损害赔偿标准城乡一体化？

答：2019年4月，中共中央、国务院发布《关于建立健全城乡融合发展体制机制和政策体系的意见》明确提出，改革人身损害制度，统一城乡居民赔偿标准。2019年9月，最高人民法院印发《关于授权开展人身损害赔偿标准城乡统一试点的通知》，授权各省、自治区、直辖市高级人民法院及新疆维吾尔自治区生产建设兵团分院根据各省具体情况在辖区内开展人身损害赔偿纠纷案件统一城乡居民赔偿标准试点工作。人身损害赔偿标准城乡一体化的内容：在民事诉讼中，对各类人身损害赔偿纠纷案件（含海事案件），不再区分城镇居民和农村居民，统一按照城镇居民赔偿标准计算相关项目赔偿数额。审理人身损害赔偿案件不再区分城镇居民和农村居民，统一按照城镇居民赔偿标准计算人身损害的死亡金、残疾赔偿金及被扶养人生活费。

在交通事故损害赔偿的计算中，人身损害的死亡赔偿金、伤残赔偿金、丧葬费以及被扶养人生活费等统一按照城镇居民赔偿标准计算。

456. 交通事故当事人承担民事责任有哪些方式？

答：根据《民法典》第179条规定，承担民事责任的方式主要有：停止侵害；排除妨碍；消除危险；返还财产；恢复原状；修理、重作、更换；继续履行；赔偿损失；支付违约金；消除影响、恢复名誉；赔礼道歉。法律规定惩罚性赔偿的，依照其规定。承担民事责任的方式，可以单独适用，也可以合并适用。机动车交通事故当事人承担民事责任的主要方式有停止侵害、恢复原状、修理、赔偿损失等方式。

457. 交通事故中当事人免除或者减轻民事赔偿责任的事由有哪些?

答：交通事故中当事人免除或者减轻民事赔偿责任的事由主要包括以下情形：

（1）交通事故的损失是由非机动车驾驶人、行人故意碰撞机动车造成的，机动车一方不承担赔偿责任。例如，非机动车驾驶人、行人出于自杀或者非法谋取保险赔偿等目的故意造成交通事故的，机动车一方完全免责，一切后果均由造成该交通事故的非机动车驾驶人、行人承担。

（2）损失是由于不可抗力造成的，交通事故当事人不承担民事赔偿责任；不可抗力是法定的免责事由。

（3）机动车之间、非机动车之间、非机动车与行人之间的意外交通事故，交通事故当事人不承担民事赔偿责任，而是根据公平原则分担损失。

（4）第三人过失或饲养的动物造成的交通事故，交通事故当事人不承担民事赔偿责任。

（5）好意同乘发生的交通事故；根据《民法典》第 1217 条的规定，非营运机动车发生交通事故造成无偿搭乘人损害，属于该机动车一方责任的，应当减轻其赔偿责任，但是机动车使用人有故意或者重大过失的除外。

458. 高速公路上的遗撒物造成道路交通事故，高速公路管理方有过错，是否应当承担交通事故赔偿责任?

答：高速公路上的遗撒物造成道路交通事故，高速公路管理方有过错，可以作为交通事故一方当事人根据过错承担相应的赔偿责任。

459. 未成年人从高速公路护网缺损处进入高速公路，与正常行驶的车辆发生交通事故，高速公路管理单位是否应当承担民事赔偿责任?

答：高速公路管理单位应当对高速公路及其公共设施及时巡查，对发现的安全隐患及时消除，对损坏的交通设施要及时修复或更换，确保其高速公路符合安全要求。如果高速公路管理单位疏于管理，未尽到监管职责，没有对高速公路护网破损处进行及时修复，构成不作为行为，未成年人进入高速公路发生交通事故的，高速公路管理单位应根据过错承担相应的赔偿责任。

460. 行人违法进入高速公路被正常行驶的机动车撞死或撞伤，机动车驾驶人是否可以免除民事赔偿责任？

答：机动车驾驶人如果没有其他过错，行人承担交通事故的全部责任；但是机动车驾驶人并不能免除民事赔偿责任，应承担不超过10%的赔偿责任。

461. 当事人之间就机动车买卖达成协议并交付，尚未办理过户手续，买方驾车发生交通事故，卖方是否承担损害赔偿责任？

答：根据《民法典》第1210条的规定，当事人之间已经以买卖或者其他方式转让并交付机动车但是未办理登记，发生交通事故造成损害，属于该机动车一方责任的，由受让人承担赔偿责任。根据《最高人民法院关于审理道路交通事故损害赔偿案件适用法律若干问题的解释》第2条的规定，被多次转让但未办理转移登记的机动车发生交通事故造成损害，属于该机动车一方责任，当事人请求由最后一次转让并交付的受让人承担赔偿责任的，人民法院应予支持。

462. 机动车在交强险合同有效期内发生改装、使用性质改变等导致危险程度增加的情形，发生交通事故后，保险公司能否拒绝理赔？

答：保险公司不能拒绝理赔。保险公司在其责任范围内仍承担责任，而对由于车辆改装后增加的风险所造成的损失，保险公司是不承担责任的，但是被保险人应当及时通知保险公司，并办理批改手续，按照重新核定后的保险费标准补足当期保险费的，保险公司应承担责任。

463. 机动车驾驶人与登记车主不是一个人，发生交通事故后怎样承担民事赔偿责任？

答：首先由交强险在保险限额内优先承担，不足的部分，原则上由机动车使用人来承担，但是登记车主有过错的除外；有下列情形之一的认定登记车主有过错：

（1）知道或者应当知道机动车存在缺陷，且该缺陷是交通事故发生原因之一的；

（2）知道或者应当知道驾驶人无驾驶资格或者未取得相应驾驶资格的；

（3）知道或者应当知道驾驶人因饮酒、服用国家管制的精神药品或者麻醉药品，或者患有妨碍安全驾驶机动车的疾病等依法不能驾驶机动车的；

（4）其他应当认定机动车所有人或者管理人有过错的。

464. 多次转让但未办理过户登记的机动车发生交通事故，由谁承担赔偿责任？

答：由实际支配车辆运行或者取得运行利益的买方承担损害赔偿责任，原登记所有人不应再承担损害赔偿责任；当事人也可以请求由最后一次转让并交付的受让人承担赔偿责任。

拼装车、已达到报废标准的机动车或者依法禁止行驶的其他机动车被多次转让，并发生交通事故造成损害，当事人可以请求所有的转让人和受让人承担连带责任。

465. 分期付款买卖的机动车发生交通事故，由谁承担赔偿责任？

答：采取分期付款方式购车，出卖方在购买方付清全部车款前保留车辆所有权的，购买方以自己名义与他人订立货物运输合同并使用该车运输时，因交通事故造成他人财产损失的，出卖方不承担民事责任。

466. 套牌机动车发生交通事故造成损害，由谁承担赔偿责任？

答：套牌机动车发生交通事故造成损害，属于该机动车一方责任，由套牌机动车的所有人或者管理人承担赔偿责任；被套牌机动车所有人或者管理人同意套牌的，应当与套牌机动车的所有人或者管理人承担连带责任。

467. 接受机动车驾驶培训的人员，在培训活动中驾驶机动车发生交通事故造成损害，由谁承担赔偿责任？

答：接受机动车驾驶培训的人员，在培训活动中驾驶机动车发生交通事故造成损害，属于该机动车一方责任，驾驶培训单位承担赔偿责任。

468. 机动车试乘过程中发生交通事故造成试乘人损害，由谁承担赔偿责任？

答：机动车试乘过程中发生交通事故造成试乘人损害，试乘服务者承担赔偿责任。试乘人有过错的，应当减轻提供试乘服务者的赔偿责任。

469. 因道路管理维护缺陷导致机动车发生交通事故造成损害，由谁承担赔偿责任？

答：因道路管理维护缺陷导致机动车发生交通事故造成损害，当事人可以请求道路管理者承担相应赔偿责任。但道路管理者能够证明已经依照法律、法规、规章的规定，或者按照国家标准、行业标准、地方标准的要求尽到安全防护、警示等管理维护义务的除外。

470. 依法不得进入高速公路的车辆、行人进入高速公路发生交通事故造成自身损害，由谁承担赔偿责任？

答：依法不得进入高速公路的车辆、行人，进入高速公路发生交通事故造成自身损害，当事人请求高速公路管理者承担赔偿责任的，适用《民法典》第1243条的规定。

根据《民法典》第1243条规定，未经许可进入高度危险活动区域或者高度危险物存放区域受到损害，管理人能够证明已经采取足够安全措施并尽到充分警示义务的，可以减轻或者不承担责任。

471. 未按照法律、法规、规章或者国家标准、行业标准、地方标准的强制性规定设计、施工，致使道路存在缺陷并造成交通事故，建设单位和施工单位是否承担损害赔偿责任？

答：未按照法律、法规、规章或者国家标准、行业标准、地方标准的强制性规定设计、施工，致使道路存在缺陷并造成交通事故，建设单位与施工单位承担相应赔偿责任。

472. 机动车存在产品缺陷导致交通事故造成损害，生产者和销售者是否应当承担赔偿责任？

答：因产品存在缺陷造成他人损害的，被侵权人可以向产品的生产者请求赔偿，也可以向产品的销售者请求赔偿。产品缺陷由生产者造成的，销售者赔偿后，有权向生产者追偿。因销售者的过错使产品存在缺陷的，生产者赔偿后，有权向销售者追偿。

因运输者、仓储者等第三人的过错使产品存在缺陷，造成他人损害的，产品的生产者、销售者赔偿后，有权向第三人追偿。

473. 多辆机动车发生交通事故造成第三人损害，当事人请求多个侵权人承担赔偿责任的，赔偿责任应当如何分担？

答：多辆机动车发生交通事故造成第三人损害，损失超出各机动车交强险责任限额之和的，由各保险公司在各自责任限额范围内承担赔偿责任；损失未超出各机动车交强险责任限额之和，由各保险公司按照其责任限额与责任限额之和的比例承担赔偿责任。

多辆机动车发生交通事故造成第三人损害，其中部分机动车未投保交强险的，先由已承保交强险的保险公司在责任限额范围内予以赔偿。保险公司可以就超出其应承担的部分向未投保交强险的投保义务人或者侵权人行使追偿权。

474. 同时投保交强险和商业第三者责任险的机动车发生交通事故造成损害，保险公司和侵权人如何承担赔偿责任？

答：机动车发生交通事故造成损害，属于该机动车一方责任的，先由承保机动车强制保险的保险人在强制保险责任限额范围内予以赔偿；不足部分，由承保机动车商业保险的保险人按照保险合同的约定予以赔偿；仍然不足或者没有投保机动车商业保险的，由侵权人赔偿。

475. 投保人允许的驾驶人驾驶机动车致使投保人遭受损害，承保交强险的保险公司是否应当承担赔偿责任？

答：投保人允许的驾驶人驾驶机动车致使投保人遭受损害，当事人可以请求承保交强险的保险公司在责任限额范围内予以赔偿，但投保人为本车上人员的除外。

476. 交通事故诱发孕妇流产，如何对孕妇和胎儿进行赔偿？

答：根据《民法典》规定，自然人从出生时起到死亡时止，具有民事权利能力，依法享有民事权利，承担民事义务。胎儿没有出生，不具有民事权利；交通事故赔偿义务人可不对胎儿进行赔偿；但是，对于孕妇而言，胎儿是其身体的一部分，流产是对其身体健康权的侵害，同时由于孕妇对于胎儿的特殊情感，孕妇可以要求交通事故赔偿义务人对其人身损害和精神损害进行赔偿。

477. 交通事故诱发疾病，疾病导致死亡，承保交强险的保险公司是否应该赔偿？

答：受害人因交通事故诱发身体自身疾病导致死亡，保险公司应对被害人的全部损失在交强险限额内承担赔偿责任。因为受害人因道路交通事故造成伤残或死亡的损害结果虽有其自身疾病的因素，但交强险责任是一种法定赔偿责任，相关的法律、法规并未规定在确定交强险责任时应考虑损伤参与度。被害人身体存在疾病不是法律规定的过错，受害人对于损害的发生或者扩大没有过错，不存在减轻或者免除肇事方赔偿责任的法定情形，保险公司应对被害人的全部损失在交强险限额内承担赔偿责任。

478. 非医保用药费用，商业第三者责任险保险公司是否应该赔偿？

答：保险公司应当赔偿非医保用药部分费用。虽然保险公司在商业第三者责任险的保险条款中约定："保险人按照国家基本医疗保险的标准核定医疗费用的赔偿金额。"作为格式条款，根据《保险法》采用保险人提供的格式条款订立的保险合同中免除保险人依法应承担的义务或者加重投保人、被保险人责任的条款无效；对保险合同中免除保险人责任的条款，保险人在订立合同时应当在投保单、保险单或者其他保险凭证上作出足以引起投保人注意的提示，并对该条款的内容以书面或者口头形式向投保人作出明确说明；未作提示或者明确说明的，该条款不产生效力。被保险人的医疗费可以根据医疗机构出具的医药费、住院费等收款凭证，结合病历和诊断证明等相关证据确定，并未限定仅仅包括医保用药费用。

商业第三者责任险设立的目的就在于保障受伤者依法得到赔偿，属于商业性质的保险，与国家基本医疗保险的社会福利性不同，不能完全按照国家基本医疗保险标准赔偿。保险公司应当赔偿被保险人的非医保用药部分费用。

479. 未投保交强险的机动车发生交通事故造成损害，投保义务人如何承担责任？

答：未依法投保交强险的机动车发生交通事故造成损害，当事人可以请求投保义务人在交强险责任限额范围内予以赔偿。投保义务人和侵权人不是同一人的，当事人可以请求投保义务人和侵权人在交强险责任限额范围内承担相应责任。

480. 受雇驾驶人驾驶机动车发生交通事故由谁承担赔偿责任？

答：受雇驾驶人发生交通事故，负有交通事故责任的，可以分为两种情形：

（1）驾驶人发生交通事故时处于执行职务状态时，应由雇主承担赔偿责任，即在受雇驾驶员执行职务致交通事故时，仅由雇主对外承担责任。

雇员如果有重大过失或故意的，雇主在承担赔偿责任后可以向雇员追偿。

（2）受雇驾驶人发生交通事故时处于非执行职务状态时，由受雇驾驶员承担赔偿责任，在其无力赔偿时，由雇主承担垫付责任。

481. 机动车所有权在交强险合同有效期内发生变动，发生交通事故后，保险公司能否以该机动车未办理交强险合同变更手续为由免除赔偿责任？

答：根据《最高人民法院关于审理道路交通事故损害赔偿案件适用法律若干问题的解释》第20条第1款的规定，机动车所有权在交强险合同有效期内发生变动，保险公司在交通事故发生后，以该机动车未办理交强险合同变更手续为由主张免除赔偿责任的，人民法院不予支持。

482. 租赁、借用机动车发生交通事故由谁承担赔偿责任？

答：根据《民法典》第1209条的规定，因租赁、借用等情形机动车所有人、管理人与使用人不是同一人时，发生交通事故造成损害，属于该机动车一方责任的，由机动车使用人承担赔偿责任；机动车所有人、管理人对损害的发生有过错的，承担相应的赔偿责任。

483. 机动车在送交修理或保管期间发生交通事故由谁承担赔偿责任？

答：机动车在送交修理或保管期间，车辆所有人失去了对车辆的运行支配权，也并不因此取得运行利益，保管人或者修理人成为运行支配者，如果在机动车交付修理或保管期间发生交通事故，应由修理人或者保管人承担赔偿责任。

484. 司机未经车主同意擅自用车发生交通事故由谁承担赔偿责任？

答：根据《民法典》第1212条的规定，未经允许驾驶他人机动车，发生交通事故造成损害，属于该机动车一方责任的，由机动车使用人承担赔偿责任；机动车所有人、管理人对损害的发生有过错的，承担相应的赔偿责任。

485. 挂靠车辆发生交通事故由谁承担赔偿责任？

答：根据《民法典》第 1211 条的规定，以挂靠形式从事道路运输经营活动的机动车，发生交通事故造成损害，属于该机动车一方责任的，由挂靠人和被挂靠人承担连带责任。

486. 拼装车或报废车发生交通事故由谁承担赔偿责任？

答：根据《民法典》第 1214 条规定，以买卖或者其他方式转让拼装或者已经达到报废标准的机动车，发生交通事故造成损害的，由转让人和受让人承担连带责任。

487. 盗窃、抢劫或者抢夺的机动车发生交通事故造成损害的，由谁承担赔偿责任？

答：根据《民法典》第 1215 条规定，盗窃、抢劫或者抢夺的机动车发生交通事故造成损害的，由盗窃人、抢劫人或者抢夺人承担赔偿责任。盗窃人、抢劫人或者抢夺人与机动车使用人不是同一人，发生交通事故造成损害，属于该机动车一方责任的，由盗窃人、抢劫人或者抢夺人与机动车使用人承担连带责任。保险人在机动车强制保险责任限额范围内垫付抢救费用的，有权向交通事故责任人追偿。

488. 机动车驾驶人发生交通事故后逃逸，对于受害人如何进行赔偿或者救济？

答：根据《民法典》第 1216 条规定，机动车驾驶人发生交通事故后逃逸，该机动车参加强制保险的，由保险人在机动车强制保险责任限额范围内予以赔偿；机动车不明、该机动车未参加强制保险或者抢救费用超过机动车强制保险责任限额，需要支付被侵权人人身伤亡的抢救、丧葬等费用的，由道路交通事故社会救助基金垫付。道路交通事故社会救助基金垫付后，其管理机构有权向交通事故责任人追偿。

489. 免费搭乘他人的车辆发生事故，搭乘车辆的驾驶人是否承担对免费搭乘人的赔偿?

答：免费搭乘他人属于好意搭乘；对于非营运机动车发生交通事故造成无偿搭乘人损害，属于该机动车一方责任的，应当减轻其赔偿责任，但是机动车使用人有故意或者重大过失的除外。

490. 免票、持优待票搭乘公共交通车辆，发生交通事故后，是否可以要求承运人赔偿?

答：根据《民法典》第823条规定，承运人应当对运输过程中旅客的伤亡承担赔偿责任；但是，伤亡是旅客自身健康原因造成的或者承运人证明伤亡是旅客故意、重大过失造成的除外。前款规定适用于按照规定免票、持优待票或者经承运人许可搭乘的无票旅客。

491. 帮工人在帮工过程中发生交通事故受到损害的，由谁来承担赔偿责任?

答：根据《最高人民法院关于审理人身损害赔偿案件适用法律若干问题的解释》第5条规定，帮工人因第三人侵权遭受人身损害的，由第三人承担赔偿责任。第三人不能确定或者没有赔偿能力的，可以由被帮工人予以适当补偿。帮工人自身遭受损害的人身损害赔偿责任的情形：

（1）被帮工人承担赔偿责任。被帮工人未明确拒绝帮工，帮工人为被帮工人提供帮工时造成损害，应当由被帮工人承担赔偿责任。这种责任不能追偿，由被帮工人终局地承担。

如果帮工人在帮工活动中受到人身损害，是由于帮工人在帮工活动中的故意或重大过失致帮工人人身损害的，应当减轻被帮工人的赔偿责任。

（2）被帮工人不承担赔偿责任，但在受益范围内承担补偿责任。被帮工人明确拒绝帮工的，但帮工人仍提供帮工造成了损害，被帮工人原则上不承担赔偿责任，但是在受益范围内予以适当补偿。

（3）第三人承担赔偿责任的情形。基于第三人侵权性质的要求，第三人造成帮工活动中的帮工人人身损害，原则上应当由第三人直接承担人身损害赔偿责任。这种侵权责任，包括一般侵权责任和特殊侵权责任，根据具体的案情，第三人的责任性质，可以是过错责任，可以是推定过错责任，也可能是无过错责任。

（4）帮工人遭受第三人侵害，被帮工人承担补偿责任的情形。帮工人在帮工中受到第三人损害，原则上应由第三人承担赔偿责任。但是，如果造成帮工活动中的帮工人人身损害的侵权第三人无法确定或没有赔偿能力，被帮工人对帮工人承担适当补偿责任。

492. 帮工人在帮工过程中发生交通事故致人损害的，由谁来承担赔偿责任？

答：一般情况下，帮工人在帮工活动中发生交通事故致人损害的，由被帮工人承担赔偿责任。帮工人基于“情分”等原因为被帮工人无偿提供劳务的，此时被帮工人是受益人，帮工活动的结果是被帮工人获得利益。据此，帮工人在帮工活动中致人损害的，应当由被帮工人承担赔偿责任。

但是，被帮工人明确拒绝帮工的，不承担责任。帮工人是应被帮工人请求参加帮工活动的，只有被帮工人明确拒绝帮工，帮工人仍坚持参加帮工活动的情况下，被帮工人才不承担责任。

如果被帮工人存在故意或重大过失的，赔偿权利人可以请求帮工人和被帮工人承担连带责任的。被帮工人在帮工活动中受益是有限的，不能要求被帮工人对帮工人的所有侵权行为都承担赔偿责任，如帮工人自身对侵权行为存在故意或重大过失的，应当与被帮工人共同对受害人承担连带赔偿责任。

493. 网约车发生交通事故导致乘客伤亡，由谁承担赔偿责任？

答：根据《网络预约出租汽车经营服务管理暂行办法》规定，网约车平台公司承担承运人责任；根据《民法典》客运合同的相关规定，承运人应对运输过程中旅客的伤亡承担损害赔偿责任。因此，乘客损失由平台公司、司机、车主承担共同赔偿责任。

494. 车辆驾驶人因躲避饲养的动物造成交通事故，由谁来承担赔偿责任?

答：根据《民法典》第1245条规定，饲养的动物造成他人损害的，动物饲养人或者管理人应当承担侵权责任；但是，能够证明损害是因被侵权人故意或者重大过失造成的，可以不承担或者减轻责任。饲养动物的所有人、管理人应当按规定采取安全措施，避免影响交通安全。如果饲养的动物在道路上穿行影响交通安全，车辆驾驶人为躲避饲养的动物造成交通事故，饲养动物的所有人、管理人应该承担赔偿，如果能够证明车辆驾驶人故意或者重大过失造成损害的，可以不承担或者减轻赔偿；因第三人的过错致使动物造成他人损害的，被侵权人可以向动物饲养人或者管理人请求赔偿，也可以向第三人请求赔偿。动物饲养人或者管理人赔偿后，有权向第三人追偿。

495. 如果是为了躲避野生动物而发生的交通事故，由谁来承担民事赔偿责任?

答：躲避野生动物而发生的交通事故，如果机动车一方没有过错的，按照交通意外事故处理；如果机动车一方有过错的，按照单方事故认定处理。两种情形造成的损失均由机动车一方承担责任。

496. 非监护人指使未成年人驾驶机动车发生交通事故致他人损害的，由谁承担民事赔偿责任?

答：非监护人在未得到未成年人监护人同意的情况下，指使未成年人驾驶机动车发生交通事故致他人损害，指使人明知未成年人驾驶机动车行为违法，仍指使其驾驶机动车，指使人应当承担赔偿责任，未成年人不承担赔偿；但是未成年人监护人知道或者应该知道未成年人受人指使驾驶机动车而未制止的，应该与指使人承担连带赔偿责任。

497. 营运车辆发生交通事故，对于营运车辆修复期间的车辆停运损失，相关责任人是否进行赔偿?

答：营运车辆修复期间的车辆停运损失属于交通事故间接损失。根据《最高人民法院关于交通事故中的财产损失是否包括被损车辆停运损失问题的批复》规定，如果营运车辆所有人、管理人以受损车辆从事货物运输或者旅客运输经营活动，要求赔偿受损车辆修复期间的停运损失的，交通事故责任者应当予以赔偿。

498. 投保义务人在交通事故后向第三人承担赔偿责任，能否请求违法拒绝承保、拖延承保或者违法解除交强险合同的保险公司承担赔偿责任?

答：根据《最高人民法院关于审理道路交通事故损害赔偿案件适用法律若干问题的解释》第 17 条的规定，具有从事交强险业务资格的保险公司违法拒绝承保、拖延承保或者违法解除交强险合同，投保义务人在向第三人承担赔偿责任后，请求该保险公司在交强险责任限额范围内承担相应赔偿责任的，人民法院应予支持。

499. 多辆机动车发生交通事故造成第三人损害，承保保险公司如何承担赔偿责任?

答：根据《最高人民法院关于审理道路交通事故损害赔偿案件适用法律若干问题的解释》第 18 条第 1 款的规定，多辆机动车发生交通事故造成第三人损害，损失超出各机动车交强险责任限额之和的，由各保险公司在各自责任限额范围内承担赔偿责任；损失未超出各机动车交强险责任限额之和，当事人请求由各保险公司按照其责任限额与责任限额之和的比例承担赔偿责任的，人民法院应予支持。

500. 依法分别投保交强险的牵引车和挂车连接使用时发生交通事故造成第三人损害，保险公司如何承担赔偿责任?

答：根据《最高人民法院关于审理道路交通事故损害赔偿案件适用法律若干问题的解释》第 18 条第 2 款的规定，依法分别投保交强险的牵引车和挂车连接使用时发生交通事故造成第三人损害，当事人请求由各保险公司在各自的责任限额范围内平均赔偿的，人民法院应予支持。牵引车和挂车连接使用时发生交通事故，挂车与机动车连接成为机动车的一部分，因此牵引车与挂车在交通事故中的责任承担是一致的。牵引车和挂车分别构成了一份交强险的保险标的，连接在一起共同作用造成了交通事故，因此有充分的理由要求保险公司在两份交强险合同约定的赔偿责任限额内对受害人予以赔偿。

501. 同一交通事故的多个被侵权人同时起诉的，人民法院应当如何确定赔偿数额？

答：根据《最高人民法院关于审理道路交通事故损害赔偿案件适用法律若干问题的解释》第19条的规定，同一交通事故的多个被侵权人同时起诉的，人民法院应当按照各被侵权人的损失比例确定交强险的赔偿数额。

502. 驾驶人故意制造交通事故，保险公司是否承担赔偿责任？

答：根据《最高人民法院关于审理道路交通事故损害赔偿案件适用法律若干问题的解释》第15条第1款第3项的规定，驾驶人故意制造交通事故的，导致第三人人身损害的，当事人请求保险公司在交强险责任限额范围内予以赔偿，人民法院应予支持；保险公司在赔偿范围内向侵权人主张追偿权的，人民法院应予支持。追偿权的诉讼时效期间自保险公司实际赔偿之日起计算。

503. 行为人非因法定职责、法定义务或约定义务，为保护国家、社会公共利益或者他人的人身、财产安全，实施阻止不法侵害者交通肇事逃逸的行为，造成不法侵害人损害，是否需要承担民事赔偿责任？

答：行为人的行为属于正当防卫，即使造成不法侵害人损害，只要在必要的限度范围内，不承担赔偿责任；但是明显超过必要限度造成重大损害的，应当负刑事责任，但是应当减轻或者免除处罚。

504. 当事人因乘坐超市、房产销售公司等单位提供的免费班车时发生交通事故受伤，由谁来承担赔偿责任?

答：超市、房产销售公司等单位应当承担赔偿责任。免费班车是超市、房产销售公司为增加客户消费的商业目的推出的一种营销模式。开通“免费班车”不以运输为目的，当事人乘坐免费班车无须支付费用。商家提供免费班车的费用列入运营成本，班车应该视为商家经营场所的延伸部分。“免费”不等同于“免责”。当事人乘坐班车并未支付费用，单位也并非从事旅客运输的专门公司，但是单位与乘车的当事人实际上已经形成了客运合同关系，单位作为承运人应当保障消费者在乘车过程中的人身和财产安全；当事人搭乘免费班车受伤，有权向商家提出损害赔偿请求。当事人既可以基于侵权行为向商家提出损害赔偿请求，也可以基于合同关系向商家提出违约赔偿请求。虽然有些单位与汽车公司签订了租车合同，是其内部对责任分担的约定，单位不能据此拒绝对受伤乘客的赔偿。当然，当事人也可以直接向事故责任方要求赔偿。

505. 发生交通事故导致当事人死亡，事故处理过程中出生的子女能否作为被扶养人获得民事赔偿?

答：在人身损害赔偿纠纷中，被扶养人的范围应以“与被侵权人具有法定身份关系，形成法定扶养义务”为原则来确定，不能仅以侵权行为发生时实际存在的人员计算。根据《最高人民法院关于审理人身损害赔偿案件适用法律若干问题的解释》第 17 条第 2 款规定，“被扶养人是指受害人依法应当承担扶养义务的未成年人或者丧失劳动能力又无其他生活来源的成年近亲属”。被扶养人生活费是对受害人死亡或者因伤致残后劳动能力减损或丧失的财产赔偿，这种财产赔偿既包括当下已经发生的，也包括将来必然发生的。被扶养人范围是以法定扶养义务确定的，法定义务的来源是基于当事人之间特定的身份关系。在事故发生时当事人未出生的子女不具有民事权利主体资格，但是当事人的子女在诉讼时效内出生并提起诉讼，已经成为当事人的实际被扶养人，依法应当获得被扶养人生活费赔偿。

506. 交通事故中死者的死亡赔偿金能否作为死者的遗产加以分割?

答：根据《民法典》第1122条的规定，遗产是自然人死亡时遗留的个人合法财产。依照法律规定或者根据其性质不得继承的遗产，不得继承。死亡赔偿金是受害人死亡后赔偿义务人支付受害人近亲属或法定继承人的财产损失，是对死者亲属的精神损害赔偿。因此死亡赔偿金是死者亲属的财产，不属于遗产。所以交通事故中死亡赔偿金不可以作为死者的遗产加以分割处理。

根据《最高人民法院关于空难死亡赔偿金能否作为遗产处理的复函》（〔2004〕民一他字第26号）的规定，空难死亡赔偿金是基于死者死亡对死者近亲属所支付的赔偿。获得空难死亡赔偿金的权利人是死者近亲属，而非死者。故空难死亡赔偿金不宜认定为遗产。司法实践中，当事人请求分割死亡赔偿金的，应扣除已实际支付的丧葬费用。死亡赔偿金的分配应优先照顾被扶养人的利益，剩余部分通常参照《继承法》的分配原则，即先由第一顺序继承人分配，没有第一顺序继承人的再由第二顺序继承人分配。对于继承人以外的依靠被继承人扶养的缺乏劳动能力又没有生活来源的人或者继承人以外的对被继承人扶养较多的人，可以适当分给他们一定的死亡赔偿金。

507. 交通事故当事人已经获得交通事故民事赔偿，是否还可以申请工伤保险补偿?

答：根据《最高人民法院关于因第三人造成工伤的职工或其亲属在获得民事赔偿后是否还可以获得工伤保险补偿问题的答复》（〔2006〕行他字第12号）的规定，“因第三人造成工伤的职工或其近亲属，从第三人处获得民事赔偿后，可以按照《工伤保险条例》第三十七条的规定，向工伤保险机构申请工伤保险待遇补偿”。即在交通事故和工伤发生竞合的情况之下，既可以享受工伤待遇又有权向肇事司机索赔。相对于民事赔偿而言，工伤保险具有的特殊优点是工伤保险实行无过错责任，不考虑劳动者是否有过错，只要发生工伤，工伤保险经办机构就应给予全额赔偿。如果劳动者遭受工伤是由于第三人的侵权行为造成的，第三人不能免除民事赔偿责任。例如，职工因工出差遇到交通事故，工伤职工依法享受工伤保险待遇，但对交通肇事负有责任的第三人仍应当承担民事赔偿责任。

508. 当事人无驾驶证驾驶摩托车上班途中发生交通事故受伤致残，能否认定为工伤？

答：当事人在下班途中发生交通事故死亡，适用《工伤保险条例》第14条第1款第6项“在上下班途中，受到非本人主要责任的交通事故或者城市轨道交通、客运轮渡、火车事故受伤的”应认定为工伤的规定。工伤认定实行无过错原则，即使劳动者在主观上存在一定程度的过错，也不影响工伤认定结果。根据《工伤保险条例》第16条规定，故意犯罪的；醉酒或者吸毒的；自残或者自杀的不得认定为工伤或者视同工伤。因此，无证驾驶不在排除工伤之列，所以当事人无证驾驶摩托车不能成为不予认定工伤的理由。

509. 交通事故被侵权人或者近亲属能否请求交强险保险公司优先承担精神抚慰金？

答：根据《最高人民法院关于审理道路交通事故损害赔偿案件适用法律若干问题的解释》第13条第2款的规定，被侵权人或者其近亲属请求承保交强险的保险公司优先赔偿精神损害的，人民法院应予支持。

510. 驾驶人醉酒、服用违禁品发生交通事故后，保险公司是否应承担保险责任？

答：根据《最高人民法院关于审理道路交通事故损害赔偿案件适用法律若干问题的解释》第15条第1款第2项的规定，醉酒、服用国家管制的精神药品或者麻醉药品后驾驶机动车发生交通事故导致第三人人身损害的，当事人请求保险公司在交强险责任限额范围内予以赔偿，人民法院应予支持；保险公司在赔偿范围内向侵权人主张追偿权的，人民法院应予支持。追偿权的诉讼时效期间自保险公司实际赔偿之日起计算。

511. 驾驶人无照驾驶发生交通事故后，保险公司是否应承担赔偿责任?

答：根据《最高人民法院关于审理道路交通事故损害赔偿案件适用法律若干问题的解释》第 15 条第 1 款第 1 项的规定，驾驶人未取得驾驶资格或者未取得相应驾驶资格导致第三人人身损害，当事人请求保险公司在交强险责任限额范围内予以赔偿，人民法院应予支持；保险公司在赔偿范围内向侵权人主张追偿权的，人民法院应予支持。追偿权的诉讼时效期间自保险公司实际赔偿之日起计算。

512. 军人持军队驾驶证驾驶民用车辆发生交通事故，保险公司在交强险和商业三者险范围内如何予以赔偿?

答：机动车驾驶证业务的管理部门为设区的市或者相当于同级的公安机关交通管理部门车辆管理所负责，军队驾驶证的管理部门非地方政府的公安交通管理部门，而是军队或武装警察部队内部的相关管理部门。如果持有军队驾驶证的军人退役之后要换取地方机动车驾驶证，根据《公安部机动车驾驶证申领和使用规定》，需要履行许多必要的手续；因此军人持军队驾驶证驾驶民用车辆的行为构成无证驾驶行为，根据最高院司法解释，受害人就其遭受的人身损害请求保险公司在交强险责任限额范围内予以赔偿的，人民法院应予支持，保险公司赔偿后在其赔偿范围内对侵权人享有追偿权；而对于受害人遭受的财产损失，不属于交强险的赔偿范围。

513. 公安机关交通管理部门未能作出交通事故认定的，人民法院如何确定各方当事人的民事责任?

答：机动车发生交通事故，公安机关交通管理部门作出的交通事故认定书是人民法院确定事故发生的事实、原因并认定事故责任的重要证据。对于公安机关交通管理部门认为事实不清，双方的过错无法判明，也无法确定事故责任的，人民法院应当审查现场勘验笔录等交通事故案件的全部相关证据，按照《道路交通安全法》以及《道路交通安全法实施条例》的相关规定，综合运用逻辑推理和日常生活经验，对交通事故发生的事实以及各方当事人有无过错进行判断并作出认定，以确定各方当事人的民事责任。

514. 没有投保交强险的车辆，与行人发生交通事故后，是否按照双方在交通事故中的责任承担赔偿责任？

答：根据《道路交通安全法》第 17 条规定，国家实行机动车第三者责任强制保险制度。这一规定表明，机动车的所有人具有法定的义务投保交强险，目的在于发生交通事故后，承办交强险的保险公司能够依据保险合同的约定，及时赔付受害人所受到的人身、财产损失，保护受害第三者的权益。该法第 76 条的规定："机动车发生交通事故造成人身伤亡、财产损失的，由保险公司在机动车第三者责任强制保险责任限额范围内予以赔偿；不足的部分，按照下列规定承担赔偿责任……"该规定明确了机动车在已投保交强险的情形下的责任负担方式，即发生交通事故后，首先由承保交强险的保险公司在责任限额内承担赔偿责任。限额之外的损失按照交通事故双方当事人的责任程度负担相应的赔偿责任。如果车辆所有人未投保交强险即是违反了法定义务，要承担相应的法律责任。这种法律责任就是《道路交通安全法》规定的交强险限额内的赔偿责任。这种责任的承担与机动车是否具有过错无关，只要事故发生，就要赔偿。对于限额之外的部分，则按照事故责任的认定确定赔偿数额。简言之，就是在题述的情形下，先由肇事机动车一方承担本应由保险公司赔偿的限额，其余的损失再按交通事故双方当事人的责任程度分担赔偿数额。

515. 在道路交通事故损害赔偿纠纷案件中，机动车交通事故责任强制保险中的分项限额能否突破？

答：机动车发生交通事故后，受害人请求承保机动车第三者责任强制保险的保险公司对超出机动车第三者责任强制保险分项限额范围的损失予以赔偿的，人民法院不予支持。

516. 出租车在运营中，与一货车相撞致使乘客受伤，货车负全责。乘客起诉货车，要求其承担损害赔偿责任，法院判决货车方赔偿5万元。但在执行时，货车方无力支付全部赔偿款，只支付了2万元。在此情况下，乘客能否以出租车方违约为由，要求出租车方承担违约责任？

答：在这起交通事故之中涉及两个法律关系，人身损害赔偿关系和运输合同关系。这两个法律关系涉及的当事人不同，人身损害赔偿关系发生在乘客与货车方之间，而运输合同关系发生在乘客与出租车方之间；法律关系的性质不同，乘客与货车方之间是侵权法律关系，乘客与出租车方之前是运输合同关系；诉讼标的不同，乘客与货车方的诉讼标的是要求损害赔偿，乘客与出租车之间的诉讼标的是要求承担违约责任。基于上述不同，三方当事人之间可以形成两个独立的诉讼，不能产生“一事不再理”的法律后果。如果乘客分别提起两个诉讼，不违反《民事诉讼法》第108条的规定。但应注意，《民法典》所确立的损害赔偿原则是填补原则，即有损害才有赔偿，且损害实际发生多少，赔偿就赔付多少。这起交通事故给乘客造成的损失是5万元，并且生效的民事判决已经对该损失的赔偿义务主体和数额作出了判决，在法律意义上，乘客的损害已经得到了赔偿。如果乘客再提起违约诉讼，其诉讼请求的赔偿额不应包括其侵权诉讼中已经判赔的数额，否则，其诉讼请求不会被支持。

第六章　交通事故受伤人员鉴定与评定

第一节　人体损伤程度鉴定（517—522）

517. 什么是人体损伤程度鉴定？

答：各种致伤因素所引起的人体组织器官结构破坏或者功能障碍称为人体损伤；由于外作用力大小、严重程度以及个体差异等原因，人体损伤的状态、级别不同，需要对人体损伤程度进行分级、评价，这就是人体损伤程度鉴定。

最高人民法院、最高人民检察院、公安部、国家安全部、司法部为进一步加强人体损伤程度鉴定标准化、规范化工作于 2013 年 8 月 30 日发布《人体损伤程度鉴定标准》，自 2014 年 1 月 1 日起施行。

518. 在交通事故处理中，人体损伤程度鉴定的作用是什么？

答：交通事故处理中进行人体损伤程度鉴定，主要是为了确定交通事故的损害后果，确定案件的性质以及适用的处理程序，具体有以下几种情况：

一是对于经鉴定，当事人伤势轻微，各方当事人一致同意可以适用简易程序处理，涉嫌构成交通肇事、危险驾驶犯罪嫌疑的除外。

二是肇事人员负事故主要或者全部责任，经鉴定受害当事人 3 人以上构成重伤，肇事人员涉嫌构成交通肇事犯罪，或者受害当事人 1 人重伤，具有以下 6 种行为的，涉嫌构成交通肇事犯罪：

（1）酒后、吸食毒品后驾驶机动车辆的；

（2）无驾驶资格驾驶机动车辆的；

（3）明知是安全装置不全或者安全机件失灵的机动车辆而驾驶的；

（4）明知是无牌证或者已报废的机动车辆而驾驶的；

（5）严重超载驾驶的；

（6）为逃避法律追究逃离事故现场的。

519. 人体损伤程度鉴定是如何分级的?

答：人体损伤程度分三个等级：重伤、轻伤、轻微伤。

重伤是指使人肢体残废、毁人容貌、丧失听觉、丧失视觉、丧失其他器官功能或者其他对于人身健康有重大伤害的损伤，包括重伤一级和重伤二级。

轻伤是指使人肢体或者容貌损害，听觉、视觉或者其他器官功能部分障碍或者其他对于人身健康有中度伤害的损伤，包括轻伤一级和轻伤二级。

轻微伤是指各种致伤因素所致的原发性损伤，造成组织器官结构轻微损害或者轻微功能障碍。

520. 人体损伤程度鉴定的原则是什么?

答：遵循实事求是的原则，坚持以致伤因素对人体直接造成的原发性损伤及由损伤引起的并发症或者后遗症为依据，全面分析，综合鉴定。

对于以原发性损伤及其并发症作为鉴定依据的，鉴定时应以损伤当时伤情为主，损伤的后果为辅，综合鉴定。

对于以容貌损害或者组织器官功能障碍作为鉴定依据的，鉴定时应以损伤的后果为主，损伤当时伤情为辅，综合鉴定。

521. 人体损伤程度鉴定的时机是什么?

答：可以分为三种情况：

一是以原发性损伤为主要鉴定依据的，伤后即可进行鉴定；以损伤所致的并发症为主要鉴定依据的，在伤情稳定后进行鉴定。

二是以容貌损害或者组织器官功能障碍为主要鉴定依据的，在损伤90日后进行鉴定；在特殊情况下可以根据原发性损伤及其并发症出具鉴定意见，但须对有可能出现的后遗症加以说明，必要时应进行复检并予以补充鉴定。

三是疑难、复杂的损伤，在临床治疗终结或者伤情稳定后进行鉴定。

522. 在人体损伤程度鉴定中，伤病关系处理的原则是什么？

答：损伤为主要作用的，既往伤/病为次要或者轻微作用的，应依据《人体损伤程度鉴定标准》相应条款进行鉴定。

损伤与既往伤/病共同作用的，即二者作用相当的，应依据《人体损伤程度鉴定标准》相应条款适度降低损伤程度等级，即等级为重伤一级和重伤二级的，可视具体情况鉴定为轻伤一级或者轻伤二级，等级为轻伤一级和轻伤二级的，均鉴定为轻微伤。

既往伤/病为主要作用的，即损伤为次要或者轻微作用的，不宜进行损伤程度鉴定，只说明因果关系。

第二节　人身损害后续诊疗项目评定（523—531）

523. 什么是人身损害后期诊疗项目？

答：后续诊疗项目是指原始损害的病情稳定或针对原始损害的治疗结束后，伤者仍遗留系统、器官或组织的功能障碍，为降低这些功能障碍而必需的后期治疗、康复以及残疾辅助器具配置等项目。一般包括二次手术、继续用药、康复、残疾辅助器具等。

524. 在交通事故处理中，人身损害后期诊疗项目评定的主要目的和意义是什么？

答：在交通事故处理中，对于人身损害后期诊疗，当事人双方往往存在争议，对后续治疗的必要性和可行性双方也存在不同的意见，这些涉及后续赔偿费用的承担，为了避免过度医疗与浪费，同时保护双方当事人的合法权益，有必要对人身损害后期诊疗的项目进行评价、评估，给出专业性的意见。以司法部司法鉴定管理局2015年11月20日发布实施的《人身损害后续诊疗项目评定指南》（SF/Z JD0103008—2015）作为标准。

525. 什么是康复及医疗康复?

答：康复是指综合、协调地应用医学的、社会的、教育的、职业的措施，以减轻伤残者的身心和社会功能障碍，使其最终能重返社会。

医疗康复是指通过应用医学的方法和手段帮助伤残者实现全面康复的目标，主要包括药物、手术、物理等治疗方法。康复主要指应用医学手段的康复治疗。医疗康复期因伤情不同各异，原则上不超过2年。

526. 什么是残疾辅助器具?

答：辅助器具是指能够有效地防止、补偿或代偿、减轻或消除损伤、活动限制和参与限制，提高、维持或改善伤残者功能的任何产品、器械、设备或技术系统。通俗地说，凡是能够有效减轻残疾影响，提高伤残者生活质量和社会参与能力的都可称为辅助器具。其主要作用：

（1）功能代偿的作用；

（2）功能补偿的作用；

（3）支撑和稳定的作用；

（4）预防/矫正畸形的作用；

（5）促进和改善功能的作用。

527. 什么是医疗依赖?

答：医疗依赖是指因伤、病致残，并在医疗期满后，仍然不能脱离药物或其他医疗手段治疗者。如外伤性癫痫者需长期进行抗癫痫药物治疗等。医疗依赖分为一般医疗依赖和特殊医疗依赖。

528. 人身损害后期诊疗项目评定的基本原则是什么?

答：应以人身损害受伤人员的伤情、临床诊疗规范、后续诊疗项目为依据，实事求是地确定评定项目。

对于规范中尚未规定的内容，而又确需给予后续诊疗的，依实际情况并结合临床、康复医生的建议，加以评定、确认。

529. 人身损害后期诊疗项目评定的时机是什么？

答：应以外伤直接所致的机体损伤或确因损伤所致的并发症，经过诊断、治疗达到临床医学一般原则所承认的症状及体征基本稳定为准。一般在具备伤残评定条件后进行，即临床治疗期终结以后。

530. 评定人员的条件及评定的特殊要求有哪些？

答：评定人员需满足以下两者之一：

（1）法医学专业大学本科以上学历，具备主检法医师资格及相应业务技术能力；

（2）临床医学专业大学（含康复医学专业）本科以上学历，具备与评定内容相关的临床医学专业主治医师（满足卫生部关于执业医师的要求）以上资格及相应业务技术能力。

上述人员需同时满足司法鉴定政策法规中关于司法鉴定人资格的要求。

因后续诊疗项目评定专业性强，司法鉴定时需聘请相关临床专业的专家共同参与。

531. 对于评定需要引用的外部信息应该如何验证？

答：对于作为送检资料提供的伤后病历材料，鉴定人员应考虑对其可采性、可靠性进行验证；尤其病历材料中反映的信息可能影响鉴定意见的，则这种验证更为必要。

当需要利用鉴定机构以外的人员、设备或技术手段进行检测，且该检测对鉴定结果有重要影响时，应有程序性要求保证外部信息的完整性，并审核其可采用程度，有必要的还应加以验证。

第三节 受伤人员治疗终结时间评定（532—536）

532. 什么是治疗终结？

答：道路交通事故直接导致的损伤或损伤引发的并发症经过治疗，达到临床治愈或临床稳定。

临床治愈是道路交通事故直接导致的损伤或损伤引发的并发症经过治疗，症状和体征消失。

临床稳定是指道路交通事故直接导致的损伤或损伤引发的并发症经过治疗，症状和体征基本稳定。

533. 什么是治疗终结时间？

答：道路交通事故直接导致的损伤或损伤引发的并发症治疗终结所需要的时间。

534. 在交通事故处理中，受伤人员治疗终结时间评定解决什么争议？

答：在交通事故处理中，受伤人员与交通事故赔偿责任人就人身损伤治疗的时间产生争议，治疗时间是影响后续赔偿费用的重要因素，决定了医疗费、误工费、营养费等相关费用计算，治疗终结时间不能确定，将影响损害赔偿的解决，因此需要借助第三方专业人员进行评估、确定，保障交通事故各方当事人的合法权益，避免过度医疗。通过受伤人员治疗终结时间评定，解决是否可以结束治疗的争议，为医疗费用确定提供依据。

535. 交通事故受伤人员治疗终结时间评定的依据是什么？

答：依据公安部2013年10月11日发布，2013年12月1日实施的《道路交通事故受伤人员治疗终结时间》（GA/T 1088—2013）作为评定标准。

536. 受伤人员治疗终结时间评定的一般规则是什么？

答：道路交通事故受伤人员治疗终结时间应按照实际治疗终结时间认

定。治疗终结时间难以认定或有争议的，可按照《道路交通事故受伤人员治疗终结时间》（GA/T 1088—2013）认定。

遇有标准以外的损伤时，应根据损伤所需的实际治疗终结时间，或比照标准相类似损伤所需的治疗终结时间确定治疗终结时间。对于多处损伤或不同器官损伤，以损伤部位对应最长的治疗终结时间为治疗终结时间。

第四节　“三期评定”评定（537—543）

537. 什么是“三期评定”？

答：误工期、护理期和营养期俗称“三期”。三期评定是指运用专门知识，确定人身损害误工期、护理期和营养期的过程。目的是依据相应的期限结合相关赔偿的标准进行具体赔偿费用的计算。

538. 什么是误工期？

答：人体损伤后经过诊断、治疗达到临床医学一般原则所承认的治愈（即临床症状和体征消失）或体征固定所需要的时间。

539. 什么是护理期？

答：人体损伤后，在医疗或者功能康复期间生活自理困难，全部或部分需要他人帮助的时间。

540. 什么是营养期？

答：人体损伤后，需要补充必要的营养物质，以提高治疗质量或者加速损伤康复的时间。

541. “三期评定”的标准是什么？

答：依据公安部于 2014 年 11 月 26 日发布、2014 年 11 月 26 日实施的《人身损害误工期、护理期、营养期评定规范》（GA/T 1193—2014）进行评定。

542. “三期评定”评定原则是什么?

答：人身损害误工期、护理期和营养期的确定应以原发性损伤及后果为依据，包括损伤当时的伤情、损伤后的并发症和后遗症等，并结合治疗方法及效果，全面分析个体的年龄、体质等因素，进行综合评定。

543. “三期评定”评定时机是什么?

答：评定时机应以外伤直接所致的损伤或确因损伤所致的并发症经过诊断、治疗达到临床医学一般原则所承认的症状及体征稳定为准。

第五节 人身损害护理依赖程度评定（544—552）

544. 什么是护理依赖?

答：护理依赖是指躯体残疾者和精神障碍者需经他人护理、帮助以维系日常生活的状态。护理依赖主要包括下列5项日常生活、活动能力指标：

（1）进食；

（2）床上活动；

（3）大小便；

（4）穿衣、洗漱；

（5）自我移动。

545. 人身损害护理的赔付比例如何确定?

答：在《人身损害护理依赖程度评定》规定中，将护理依赖程度分为三个等级：完全护理依赖、大部分护理依赖和部分护理依赖，赔付比例分别为：100%、80%和50%。但是由于受害人的护理依赖后果可能由多种原因造成或与多种因素（如原有疾病或者残疾等）有关，所以此时就要考虑“损害参与程度”这一因素，侵权人也仅仅对损害因素造成的后果承担责任。损伤参与度采用百分比表示，分为100%、75%、50%、25%、0五种。具体指数则需要结合案情具体情况具体分析。

546. 人身损害护理依赖程度评定解决什么问题?

答：受害人定残后的护理需要根据其护理依赖程度并结合配制残疾辅助器具的情况确定护理级别，从而确定护理费用。计算公式如下：

定残后的护理费=护理人员的收入状况×护理期限×护理人数（原则为1人）×护理依赖赔付指数

定残后的护理期限一般可确定为20年，但如果受害人年龄较大，可参照残疾赔偿金的计算方式，随着受害人年龄的增长而减少，即60岁以上的年龄每增加1岁减少1年，75岁以上的按5年计算。

547. 人身损害护理依赖程度评定的标准是什么?

答：人身损害护理依赖程度评定的标准依据国家标准《人身损害护理依赖程度评定（GB/T 31147—2014）》，由公安部提出并归口管理。

548. 人身损害护理依赖程度评定原则是什么?

答：护理依赖程度的评定应遵循实事求是的原则，以伤害因素对人体直接造成的损害及并发症导致日常活动能力或日常生活自理能力丧失为依据，综合评定。

549. 人身损害护理依赖程度评定要求是什么?

答：对被评定人应进行客观、全面、详细的查体，必要时应做相应的辅助检查。除被评定人主诉及其近亲属的陈述外，被评定人还应有客观临床体征，并与辅助检查、病历记载相符合。被评定人原有疾病或残疾需要护理依赖的，必要时确定本次损伤因素的参与度。

被评定人同时有躯体残疾和精神残疾的，应分别评定，按护理依赖程度较重的定级。

550. 人身损害护理依赖程度评定时机是什么?

答：躯体残疾者护理依赖程度评定，应在其治疗终结后进行。

精神障碍者护理依赖程度评定，应在其精神障碍至少经过1年以上治疗后进行。

551. 人身损害护理依赖程度如何表述?

答：护理依赖程度分为完全护理依赖、大部分护理依赖、部分护理依赖三级。护理依赖程度表述如下：

（1）护理依赖后果完全是由损害因素及其并发症、后遗症造成的，直接书写所需护理依赖的程度。例如，李某某需要完全护理依赖；张某某需要大部分护理依赖；赵某某需要部分护理依赖。

（2）护理依赖后果是由于损害因素及其并发症、后遗症与原有疾病或残疾共同造成的，必要时在所需护理依赖程度之后，加上损害因素所占损伤参与度的百分比。例如，李某某需要大部分护理依赖，损伤参与度为50%。表示该被评定人所需的大部分护理依赖，50%是由损害因素造成的。

（3）护理依赖后果完全是由于原有疾病或残疾造成的，损伤参与度为0，必要时说明损害因素与护理依赖无因果关系。

552. 人身损害护理依赖程度评定人条件是什么?

答：由取得主检法医师、精神专科主治医师以上职称或取得司法鉴定人资格的人员担任。

第六节　人体损伤致残程度分级（553—591）

553. 什么是残疾?

答：人体组织器官结构破坏或者功能障碍，以及个体在现代临床医疗条件下难以恢复的生活、工作、社会活动能力不同程度的降低或者丧失。

554. 致残等级如何划分?

答：人体损伤致残程度划分为十个等级，从一级（人体致残率100%）到十级（人体致残率10%），每级致残率相差10%。

555. 受伤人员的致残程度分级，依据的标准是什么？

答：受伤人员的致残程度分级依据的标准是2016年4月由最高人民法院、最高人民检察院、公安部、国家安全部、司法部联合发布的法律文件《人体损伤致残程度分级》，2017年1月1日起施行。

该文件取消《道路交通事故受伤人员伤残评定》标准，自2017年1月1日后所有交通事故案件、故意伤害案件、雇员损害等所有人身损害致伤的鉴定标准统一适用《人体损伤致残程度分级》，工伤除外。

556. 在交通事故中，人体损伤致残程度分级主要解决什么问题？

答：交通事故中人体损伤致残程度分级主要解决交通事故受伤致残人员的伤残等级，为伤残赔偿金的确定提供科学合理的计算依据，维护交通事故当事人双方的合法利益。

557. 当事人受伤后什么时候进行损伤致残程度分级评定最合适？

答：应在原发性损伤及其与之确有关联的并发症治疗终结或者临床治疗效果稳定后进行鉴定。

558. 当事人对治疗终结意见不一致时怎么办？

答：对治疗终结意见不一致时，可由办案机关组织有关专业人员进行鉴定，确定其治疗是否终结。

559. 哪些机构可以做人体损伤致残程度分级评定？

答：公安机关内设的法医鉴定中心以及其他合法的鉴定机构可以进行交通事故伤残评定，但是评定人必须具有法医学鉴定资格。评定工作可以在上述单位或机构进行，如果受伤人员行动不便，评定人员也可到受伤人员家中或医院进行评定。

560. 当事人对人体损伤致残程度分级评定意见不服怎么办？

答：当事人可以在接到伤残评定后3日内提出重新进行伤残评定，这里的当事人仅指交通事故中因伤致残的当事人，不包括另一方当事人。经县级公安机关交通管理部门负责人批准后，应当另行指派或委托专业技术人员、有资格的鉴定机构进行重新评定。申请重新评定以 1 次为限。

561. 交通事故受伤人员伤残评定的原则是什么？

答：应以损伤治疗后果或者结局为依据，客观评价组织器官缺失和/或功能障碍程度，科学分析损伤与残疾之间的因果关系，实事求是地进行鉴定。

受伤人员符合两处以上致残程度等级者，鉴定意见中应该分别写明各处的致残程度等级。

562. 在伤残评定过程中如何处理伤病关系？

答：当损伤与原有伤、病共存时，应分析损伤与残疾后果之间的因果关系。根据损伤在残疾后果中的作用力大小确定因果关系的不同形式，可依次分别表述为：完全作用、主要作用、同等作用、次要作用、轻微作用、没有作用。

除损伤“没有作用”以外，均应按照实际残情鉴定致残程度等级，同时说明损伤与残疾后果之间的因果关系；判定损伤“没有作用”的，不应进行致残程度鉴定。

563. 当事人如何申请伤残评定？

答：当事人因交通事故致残的，在治疗终结后，应当向公安机关交通管理部门提出伤残评定申请，由公安机关交通管理部门开具伤残评定委托书，当事人持委托书到法医鉴定中心等机构进行鉴定。

564. 致残程度分级与损伤程度鉴定有什么区别？

答：对受伤人员进行损伤程度鉴定和致残程度分级评定是两种不同的检验、鉴定类型，主要存在以下不同：

一是检验对象的所处阶段不同。损伤程度鉴定针对的是受伤人员致伤后严重程度评价，是对造成的损伤严重程度的鉴定，以及对损伤呈现的状态的鉴定；致残程度分级评定是对损伤造成结果的鉴定，是评价损伤经治疗后的状态的评价。

二是检验鉴定的目的不同。人体损伤程度鉴定意见分为重伤、轻伤、轻微伤，是办案机关作为案件性质判定、对犯罪嫌疑人定罪量刑的依据。致残程度分级评定是评价伤情治疗终结后是否留下终生的残疾及残疾的程度，分为 10 级，是作为当事人确定民事赔偿的依据。

三是检验鉴定依据的标准不同。致残程度分级依据《人体损伤致残程度分级》；而损伤程度鉴定依据的是《人体损伤程度鉴定标准》。

565. 交通事故致残程度评定根据是什么?

答：交通事故致残程度评定的根据：一是医院的诊断证明和病历；二是交通事故致残程度评定的标准《人体损伤致残程度分级》；三是评定人对受伤人员身体的检验结果。诊断证明和病历是医院提供的证明，证明伤者的客观情况。《人体损伤致残程度分级》不仅适用于交通事故案件，也适用于对故意伤害案件、雇员损害等人身损害致伤的鉴定，工伤除外。评定人员对受伤人员身份的检验结果，是评定人对受伤人员身体现状的检查，是作出评定结论的重要依据。

566. 交通事故受伤人员在什么时候进行伤残评定?

答：应在原发性损伤及其与之确有关联的并发症治疗终结或者临床治疗效果稳定后进行鉴定。

567. 交通事故致残等级的判断依据是什么?

答：依据人体组织器官结构破坏、功能障碍及其对医疗、护理的依赖程度，适当考虑由于残疾引起的社会交往和心理因素影响，综合判定致残程度等级。

568. 哪些机构可以做交通事故致残程度评定?

答：公安机关内设的法医鉴定中心以及其他具有鉴定资质的鉴定机构可以进行交通事故伤残程度评定，但是评定人必须具有法医学鉴定资格。

评定工作可以在上述单位或机构进行，如果受伤人员行动不便，评定人员也可到受伤人员家中或医院进行评定。

569. Ⅰ级（一级）伤残划分依据是什么?

答：一级残疾的划分依据是：

（1）组织器官缺失或者功能完全丧失，其他器官不能代偿；

（2）存在特殊医疗依赖；

（3）意识丧失；

（4）日常生活完全不能自理；

（5）社会交往完全丧失。

570. 哪些伤情构成致残程度一级?

答：构成一级伤残的伤情有以下几种：

1. 颅脑、脊髓及周围神经损伤

（1）持续性植物生存状态；

（2）精神障碍或者极重度智能减退，日常生活完全不能自理；

（3）四肢瘫（肌力三级以下）或者三肢瘫（肌力二级以下）；

（4）截瘫（肌力三级以下）伴重度排便功能障碍与重度排尿功能障碍。

2. 颈部及胸部损伤

（1）心功能不全，心功能Ⅳ级；

（2）严重器质性心律失常，心功能Ⅲ级；

（3）心脏移植术后，心功能Ⅲ级；

（4）心肺联合移植术后；

（5）肺移植术后呼吸困难（极重度）。

3. 腹部损伤

（1）原位肝移植术后肝衰竭晚期；

（2）双肾切除术后或者孤肾切除术后，需透析治疗维持生命；肾移植术后肾衰竭。

4. 脊柱、骨盆及四肢损伤

（1）三肢缺失（上肢肘关节以上，下肢膝关节以上）；

（2）二肢缺失（上肢肘关节以上，下肢膝关节以上），第三肢各大关节功能丧失均达75%；

（3）二肢缺失（上肢肘关节以上，下肢膝关节以上），第三肢任二大关节均强直固定或者功能丧失均达90%。

571. Ⅱ级（二级）伤残划分依据是什么？

答：二级残疾的划分依据是：

（1）组织器官严重缺损或者畸形，有严重功能障碍，其他器官难以代偿；

（2）存在特殊医疗依赖；

（3）日常生活大部分不能自理；

（4）各种活动严重受限，仅限于床上或者椅子上的活动；

（5）社会交往基本丧失。

572. 哪些伤情构成致残程度二级？

答：构成二级伤残的伤情有以下几种：

1. 颅脑、脊髓及周围神经损伤

精神障碍或者重度智能减退，日常生活随时需有人帮助；三肢瘫（肌力三级以下）；偏瘫（肌力二级以下）；截瘫（肌力二级以下）；非肢体瘫运动障碍（重度）。

2. 头面部损伤

容貌毁损（重度）；上颌骨或者下颌骨完全缺损；双眼球缺失或者萎缩；双眼盲目五级；双侧眼睑严重畸形（或者眼睑重度下垂，遮盖全部瞳孔），伴双眼盲目三级以上。

3. 颈部及胸部损伤

呼吸困难（极重度）；心脏移植术后；肺移植术后。

4. 腹部损伤

肝衰竭晚期；肾衰竭；小肠大部分切除术后，消化吸收功能丧失，完全依赖肠外营养。

5. 脊柱、骨盆及四肢损伤

双上肢肘关节以上缺失，或者一上肢肘关节以上缺失伴一下肢膝关节以上缺失；一肢缺失（上肢肘关节以上，下肢膝关节以上），其余任二肢体各有二大关节功能丧失均达75%；双上肢各大关节均强直固定或者功能丧失均达90%。

6. 体表及其他损伤

皮肤瘢痕形成达体表面积90%；重型再生障碍性贫血。

573. Ⅲ级伤残（三级）的划分依据是什么？

答：三级残疾的划分依据是：

（1）组织器官严重缺损或者畸形，有严重功能障碍；

（2）存在特殊医疗依赖；

（3）日常生活大部分或者部分不能自理；

（4）各种活动严重受限，仅限于室内的活动；

（5）社会交往极度困难。

574. 哪些伤情构成致残程度Ⅲ级（三级）？

答：构成三级伤残的伤情有以下几种：

1. 颅脑、脊髓及周围神经损伤

精神障碍或者重度智能减退，不能完全独立生活，需经常有人监护；完全感觉性失语或者混合性失语；截瘫（肌力三级以下）伴排便或者排尿功能障碍；双手全肌瘫（肌力二级以下），伴双腕关节功能丧失均达75%；重度排便功能障碍伴重度排尿功能障碍。

2. 头面部损伤

一眼球缺失、萎缩或者盲目五级，另一眼盲目三级；双眼盲目四级；双眼视野接近完全缺损，视野有效值≤4%（直径≤5°）；吞咽功能障碍，完全依赖胃管进食。

3. 颈部及胸部损伤

食管闭锁或者切除术后，摄食依赖胃造口或者空肠造口；心功能不全，心功能Ⅲ级。

4. 腹部损伤

全胰缺失；一侧肾切除术后，另一侧肾功能重度下降；小肠大部分切除术后，消化吸收功能严重障碍，大部分依赖肠外营养。

5. 盆部及会阴部损伤

未成年人双侧卵巢缺失或者萎缩，完全丧失功能；未成年人双侧睾丸缺失或者萎缩，完全丧失功能；阴茎接近完全缺失（残留长度≤1.0cm）。

6. 脊柱、骨盆及四肢损伤

二肢缺失（上肢腕关节以上，下肢膝关节以上）；一肢缺失（上肢腕关节以上，下肢膝关节以上），另一肢各大关节均强直固定或者功能丧失均达90%；双上肢各大关节功能丧失均达75%；双下肢各大关节均强直固定或者功能丧失均达90%；一上肢与一下肢各大关节均强直固定或者功能丧失均达90%。

575. Ⅳ级（四级）伤残划分依据是什么？

答：四级残疾的划分依据是：

（1）组织器官严重缺损或者畸形，有重度功能障碍；

（2）存在特殊医疗依赖或者一般医疗依赖；

（3）日常生活能力严重受限，间或需要帮助；

（4）各种活动严重受限，仅限于居住范围内的活动；

（5）社会交往困难。

576. 哪些伤情构成致残程度Ⅳ级（四级）？

答：构成Ⅳ级伤残的伤情有以下几种：

1. 颅脑、脊髓及周围神经损伤

精神障碍或者中度智能减退，日常生活能力严重受限，间或需要帮助；外伤性癫痫（重度）；偏瘫（肌力三级以下）；截瘫（肌力三级以下）；阴茎器质性勃起障碍（重度）。

2. 头面部损伤

符合容貌毁损（重度）标准之三项者；上颌骨或者下颌骨缺损达1/2；一眼球缺失、萎缩或者盲目五级，另一眼重度视力损害；双眼盲目三级；

双眼视野极度缺损，视野有效值≤8%（直径≤10°）；双耳听力障碍≥91dB HL。

3. 颈部及胸部损伤

严重器质性心律失常，心功能Ⅱ级；一侧全肺切除术后；呼吸困难（重度）。

4. 腹部损伤

肝切除2/3以上；肝衰竭中期；胰腺大部分切除，胰岛素依赖；

肾功能重度下降；双侧肾上腺缺失；永久性回肠造口。

5. 盆部及会阴部损伤

膀胱完全缺失或者切除术后，行永久性输尿管腹壁造瘘或者肠代膀胱并永久性造口。

6. 脊柱、骨盆及四肢损伤

一上肢腕关节以上缺失伴一下肢踝关节以上缺失，或者双下肢踝关节以上缺失；双下肢各大关节功能丧失均达75%；一上肢与一下肢各大关节功能丧失均达75%；手功能丧失分值达150分。

7. 体表及其他损伤

皮肤瘢痕形成达体表面积70%；放射性皮肤癌。

577. Ⅴ级（五级）伤残划分依据是什么?

答：Ⅴ级残疾的划分依据是：

（1）组织器官大部分缺损或者明显畸形，有中度（偏重）功能障碍；

（2）存在一般医疗依赖；

（3）日常生活能力部分受限，偶尔需要帮助；

（4）各种活动中度受限，仅限于就近的活动；

（5）社会交往严重受限。

578. 哪些伤情构成致残程度Ⅴ级（五级）?

答：构成Ⅴ级伤残的伤情有以下几种：

1. 颅脑、脊髓及周围神经损伤

精神障碍或者中度智能减退，日常生活能力明显受限，需要指导；完全运动性失语；完全性失用、失写、失读或者失认等；双侧完全性面瘫；四肢瘫（肌力四级以下）；单肢瘫（肌力二级以下）；非肢体瘫运动障碍（中度）；双手大部分肌瘫（肌力二级以下）；双足全肌瘫（肌力二级以下）；排便伴排尿功能障碍，其中一项达重度。

2. 头面部损伤

符合容貌毁损（重度）标准之二项者；一眼球缺失、萎缩或者盲目五级，另一眼中度视力损害；双眼重度视力损害；双眼视野重度缺损，视野有效值≤16%（直径≤20°）；一侧眼睑严重畸形（或者眼睑重度下垂，遮盖全部瞳孔），伴另一眼盲目三级以上；双耳听力障碍≥81dB HL；一耳听力障碍≥91dB HL，另一耳听力障碍≥61dB HL；舌根大部分缺损；咽或者咽后区损伤遗留吞咽功能障碍，只能吞咽流质食物。

3. 颈部及胸部损伤

未成年人甲状腺损伤致功能减退，药物依赖；甲状旁腺功能损害（重度）；食管狭窄，仅能进流质食物；食管损伤，肠代食管术后。

4. 腹部损伤

胰头合并十二指肠切除术后；一侧肾切除术后，另一侧肾功能中度下降；肾移植术后，肾功能基本正常；肾上腺皮质功能明显减退；全胃切除术后；小肠部分切除术后，消化吸收功能障碍，部分依赖肠外营养；全结肠缺失。

5. 盆部及会阴部损伤

永久性输尿管腹壁造口；尿瘘难以修复；直肠阴道瘘难以修复；阴道严重狭窄（仅可容纳一中指）；双侧睾丸缺失或者完全萎缩，丧失生殖功能；阴茎大部分缺失（残留长度≤3.0cm）。

6. 脊柱、骨盆及四肢损伤

一上肢肘关节以上缺失；一肢缺失（上肢腕关节以上，下肢膝关节以上），另一肢各大关节功能丧失均达50%或者其余肢体任二大关节功能丧失均达75%；手功能丧失分值≥120分。

579. Ⅵ级（六级）伤残划分依据是什么？

答：六级残疾的划分依据是：

（1）组织器官大部分缺损或者明显畸形，有中度功能障碍；

（2）存在一般医疗依赖；

（3）日常生活能力部分受限，但能部分代偿，条件性需要帮助；

（4）各种活动中度受限，活动能力降低；

（5）社会交往贫乏或者狭窄。

580. 哪些伤情构成致残程度Ⅵ级（六级）？

答：可以构成Ⅵ（六级）级伤残的伤情有以下几种：

1. 颅脑、脊髓及周围神经损伤

精神障碍或者中度智能减退，日常生活能力部分受限，但能部分代偿，部分日常生活需要帮助；外伤性癫痫（中度）；尿崩症（重度）；一侧完全性面瘫；三肢瘫（肌力四级以下）；截瘫（肌力四级以下）伴排便或者排尿功能障碍；双手部分肌瘫（肌力三级以下）；一手全肌瘫（肌力二级以下），伴相应腕关节功能丧失75%以上；双足全肌瘫（肌力三级以下）；阴茎器质性勃起障碍（中度）。

2. 头面部损伤

符合容貌毁损（中度）标准之四项者；面部中心区条状瘢痕形成（宽度达0.3cm），累计长度达20.0cm；面部片状细小瘢痕形成或者色素显著异常，累计达面部面积的80%；双侧眼睑严重畸形；一眼球缺失、萎缩或者盲目五级，另一眼视力≤0.5；一眼重度视力损害，另一眼中度视力损害；双眼视野中度缺损，视野有效值≤48%（直径≤60°）；双侧前庭平衡功能丧失，睁眼行走困难，不能并足站立；唇缺损或者畸形，累计相当于上唇2/3以上。

3. 颈部及胸部损伤

双侧喉返神经损伤，影响功能；一侧胸廓成形术后，切除6根以上肋骨；女性双侧乳房完全缺失；心脏瓣膜置换术后，心功能不全；心功能不全，心功能Ⅱ级；器质性心律失常安装永久性起搏器后；严重器质性心律失常；两肺叶切除术后。

4. 腹部损伤

肝切除 1/2 以上；肝衰竭早期；胰腺部分切除术后伴功能障碍，需药物治疗；肾功能中度下降；小肠部分切除术后，影响消化吸收功能，完全依赖肠内营养。

5. 盆部及会阴部损伤

双侧卵巢缺失或者萎缩，完全丧失功能；未成年人双侧卵巢萎缩，部分丧失功能；未成年人双侧睾丸萎缩，部分丧失功能；会阴部瘢痕挛缩伴阴道狭窄；睾丸或者附睾损伤，生殖功能重度损害；双侧输精管损伤难以修复；阴茎严重畸形，不能实施性交行为。

6. 脊柱、骨盆及四肢损伤

脊柱骨折后遗留 30°以上侧弯或者后凸畸形；一肢缺失（上肢腕关节以上，下肢膝关节以上）；双足跖跗关节以上缺失；手或者足功能丧失分值≥90 分。

7. 体表及其他损伤

皮肤瘢痕形成达体表面积 50%；非重型再生障碍性贫血。

581. Ⅶ级（七级）伤残划分依据是什么？

答：七级残疾的划分依据是：

（1）组织器官大部分缺损或者明显畸形，有中度（偏轻）功能障碍；

（2）存在一般医疗依赖，无护理依赖；

（3）日常生活有关的活动能力极重度受限；

（4）各种活动中度受限，短暂活动不受限，长时间活动受限；

（5）社会交往能力降低。

582. 哪些伤情构成致残程度Ⅶ级（七级）？

答：可以构成Ⅶ级（七级）伤残的伤情有以下几种：

1. 颅脑、脊髓及周围神经损伤

精神障碍或者轻度智能减退，日常生活有关的活动能力极重度受限；不完全感觉性失语；双侧大部分面瘫；偏瘫（肌力四级以下）；截瘫（肌力四级以下）；单肢瘫（肌力三级以下）；一手大部分肌瘫（肌力二级以下）；一足全肌瘫（肌力二级以下）；重度排便功能障碍或者重度排尿功能障碍。

2. 头面部损伤

面部中心区条状瘢痕形成（宽度达 0.3cm），累计长度达 15.0cm；面部片状细小瘢痕形成或者色素显著异常，累计达面部面积的 50%；双侧眼睑重度下垂，遮盖全部瞳孔；一眼球缺失或者萎缩；双眼中度视力损害；一眼盲目三级，另一眼视力≤0.5；双眼偏盲；一侧眼睑严重畸形（或者眼睑重度下垂，遮盖全部瞳孔）合并该眼盲目三级以上；一耳听力障碍≥81dB HL，另一耳听力障碍≥61dB HL；咽或者咽后区损伤遗留吞咽功能障碍，只能吞咽半流质食物；上颌骨或者下颌骨缺损达 1/4；上颌骨或者下颌骨部分缺损伴牙齿缺失 14 枚以上；颌面部软组织缺损，伴发涎漏。

3. 颈部及胸部损伤

甲状腺功能损害（重度）；甲状旁腺功能损害（中度）；食管狭窄，仅能进半流质食物；食管重建术后并发反流性食管炎；颏颈粘连（中度）；女性双侧乳房大部分缺失或者严重畸形；未成年或者育龄女性双侧乳头完全缺失；胸廓畸形，胸式呼吸受限；一肺叶切除，并肺段或者肺组织楔形切除术后。

4. 腹部损伤

肝切除 1/3 以上；一侧肾切除术后；胆道损伤胆肠吻合术后，反复发作逆行性胆道感染；未成年人脾切除术后；小肠部分（包括回盲部）切除术后；永久性结肠造口；肠瘘长期不愈（1 年以上）。

5. 盆部及会阴部损伤

永久性膀胱造口；膀胱部分切除术后合并轻度排尿功能障碍；原位肠代膀胱术后；子宫大部分切除术后；睾丸损伤，血睾酮降低，需药物替代治疗；未成年人一侧睾丸缺失或者严重萎缩；阴茎畸形，难以实施性交行为；尿道狭窄（重度）或者成形术后；肛管或者直肠损伤，排便功能重度障碍或者肛门失禁（重度）；会阴部瘢痕挛缩致肛门闭锁，结肠造口术后。

6. 脊柱、骨盆及四肢损伤

双下肢长度相差 8.0cm 以上；一下肢踝关节以上缺失；四肢任一大关

节（踝关节除外）强直固定于非功能位；四肢任二大关节（踝关节除外）功能丧失均达75%；一手除拇指外，余四指完全缺失；双足足弓结构完全破坏；手或者足功能丧失分值≥60分。

583. Ⅷ级（八级）伤残划分依据是什么？

答：八级残疾的划分依据是：

（1）组织器官部分缺损或者畸形，有轻度功能障碍，并造成明显影响；

（2）存在一般医疗依赖，无护理依赖；

（3）日常生活有关的活动能力重度受限；

（4）各种活动轻度受限，远距离活动受限；

（5）社会交往受约束。

584. 哪些伤情构成致残程度Ⅷ级（八级）？

答：可以构成Ⅷ级（八级）级伤残的伤情有以下几种：

1. 颅脑、脊髓及周围神经损伤

精神障碍或者轻度智能减退，日常生活有关的活动能力重度受限；不完全运动性失语；不完全性失用、失写、失读或者失认；尿崩症（中度）；一侧大部分面瘫，遗留眼睑闭合不全和口角歪斜；单肢瘫（肌力四级以下）；非肢体瘫运动障碍（轻度）；一手大部分肌瘫（肌力三级以下）；一足全肌瘫（肌力三级以下）；阴茎器质性勃起障碍（轻度）。

2. 头面部损伤

容貌毁损（中度）；符合容貌毁损（重度）标准之一项者；头皮完全缺损，难以修复；面部条状瘢痕形成，累计长度达30.0cm；面部中心区条状瘢痕形成（宽度达0.2cm），累计长度达15.0cm；面部块状增生性瘢痕形成，累计面积达15.0cm^2；面部中心区块状增生性瘢痕形成，单块面积达7.0cm^2或者多块累计面积达9.0cm^2；面部片状细小瘢痕形成或者色素异常，累计面积达100.0cm^2；一眼盲目四级；一眼视野接近完全缺损，视野有效值≤4%（直径≤5°）；双眼外伤性青光眼，经手术治疗；一侧眼睑严重畸形（或者眼睑重度下垂，遮盖全部瞳孔）合并该眼重度视力损害；

一耳听力障碍≥91dB HL；双耳听力障碍≥61dB HL；双侧鼻翼大部分缺损，或者鼻尖大部分缺损合并一侧鼻翼大部分缺损；舌体缺损达舌系带；唇缺损或者畸形，累计相当于上唇1/2以上；脑脊液漏经手术治疗后持续不愈；张口受限Ⅲ度；发声功能或者构音功能障碍（重度）；咽成形术后咽下运动异常。

3. 颈部及胸部损伤

甲状腺功能损害（中度）；颈总动脉或者颈内动脉严重狭窄支架置入或者血管移植术后；食管部分切除术后，并后遗胸腔胃；女性一侧乳房完全缺失；女性双侧乳房缺失或者毁损，累计范围相当于一侧乳房3/4以上；女性双侧乳头完全缺失；肋骨骨折12根以上并后遗6处畸形愈合；心脏或者大血管修补术后；一肺叶切除术后；胸廓成形术后，影响呼吸功能；呼吸困难（中度）。

4. 腹部损伤

腹壁缺损≥腹壁的1/4；成年人脾切除术后；胰腺部分切除术后；胃大部分切除术后；肠部分切除术后，影响消化吸收功能；胆道损伤，胆肠吻合术后；损伤致肾性高血压；肾功能轻度下降；一侧肾上腺缺失；肾上腺皮质功能轻度减退。

5. 盆部及会阴部损伤

尿管损伤行代替术或者改道术后；膀胱大部分切除术后；一侧输卵管和卵巢缺失；阴道狭窄；一侧睾丸缺失；睾丸或者附睾损伤，生殖功能轻度损害；阴茎冠状沟以上缺失；阴茎皮肤瘢痕形成，严重影响性交行为。

6. 脊柱、骨盆及四肢损伤

二椎体压缩性骨折（压缩程度均达1/3）；三个以上椎体骨折，经手术治疗后；女性骨盆骨折致骨产道变形，不能自然分娩；股骨头缺血性坏死，难以行关节假体置换术；四肢长骨开放性骨折并伴发慢性骨髓炎、大块死骨形成，长期不愈（1年以上）；双上肢长度相差8.0cm以上；双下肢长度相差6.0cm以上；四肢任一大关节（踝关节除外）功能丧失75%以上；一踝关节强直固定于非功能位；一肢体各大关节功能丧失均达50%；一手拇指缺失达近节指骨1/2以上并相应掌指关节强直固定；一足足弓结构完全破坏，另一足足弓结构部分破坏；手或者足功能丧失分值≥40分。

7. 体表及其他损伤

皮肤瘢痕形成达体表面积30%。

585. Ⅸ级（九级）伤残划分依据是什么?

答：九级残疾的划分依据是：

（1）组织器官部分缺损或者畸形，有轻度功能障碍，并造成较明显影响；

（2）无医疗依赖或者存在一般医疗依赖，无护理依赖；

（3）日常生活有关的活动能力中度受限；

（4）工作与学习能力下降；

（5）社会交往能力部分受限。

586. 哪些伤情构成致残程度Ⅸ级（九级）?

答：可以构成Ⅸ（九级）级伤残的伤情有以下几种：

1. 颅脑、脊髓及周围神经损伤

精神障碍或者轻度智能减退，日常生活有关的活动能力中度受限；外伤性癫痫（轻度）；脑叶部分切除术后；一侧部分面瘫，遗留眼睑闭合不全或者口角歪斜；一手部分肌瘫（肌力三级以下）；一足大部分肌瘫（肌力三级以下）；四肢重要神经损伤（上肢肘关节以上，下肢膝关节以上），遗留相应肌群肌力三级以下；严重影响阴茎勃起功能；轻度排便或者排尿功能障碍。

2. 头面部损伤

头皮瘢痕形成或者无毛发，达头皮面积50%；颅骨缺损面积25.0cm^{2}以上，不宜或者无法手术修补；容貌毁损（轻度）；面部条状瘢痕形成，累计长度达20.0cm；面部条状瘢痕形成（宽度达0.2cm），累计长度达10.0cm，其中至少5.0cm位于面部中心区；面部块状瘢痕形成，单块面积达7.0cm^2，或者多块累计面积达9.0cm^2；面部片状细小瘢痕形成或者色素异常，累计面积达30.0cm^2；一侧眼睑严重畸形；一侧眼睑重度下垂，遮盖全部瞳孔；双侧眼睑轻度畸形；双侧眼睑下垂，遮盖部分瞳孔；双眼泪器损伤均后遗溢泪；双眼角膜斑翳或者血管翳，累及瞳孔区；双眼角膜移植术后；双眼外伤性白内障；儿童人工晶体植入术后；一眼盲目三级；一眼重度视力损害，另一眼视力≤0.5；一眼视野极度缺损，视野有效值≤8%（直径≤10°）；双眼象限性视野缺损；一侧眼睑轻度畸形（或者眼睑下垂，遮盖部分瞳孔）合并该眼中度视力损害；一眼眶骨折后遗眼球内陷5mm以上；耳廓缺损或者畸形，累计相当于一侧耳廓；一耳听力障碍≥81dB HL；一耳听力障碍≥61dB HL，另一耳听力障碍≥41dB HL；一侧鼻翼或者鼻尖大部分缺损或者严重畸形；唇缺损或者畸形，露齿3枚以上（其中1枚露齿达1/2）；颌骨骨折，经牵引或者固定治疗后遗留功能障碍；上颌骨或者下颌骨部分缺损伴牙齿缺失或者折断7枚以上；张口受限Ⅱ度；发声功能或者构音功能障碍（轻度）。

3. 颈部及胸部损伤

颈前三角区瘢痕形成，累计面积达50.0cm²；甲状腺功能损害（轻度）；甲状旁腺功能损害（轻度）；气管或者支气管成形术后；食管吻合术后；食管腔内支架置入术后；食管损伤，影响吞咽功能；女性双侧乳房缺失或者毁损，累计范围相当于一侧乳房1/2以上；女性一侧乳房大部分缺失或者严重畸形；女性一侧乳头完全缺失或者双侧乳头部分缺失（或者畸形）；肋骨骨折12根以上，或者肋骨部分缺失4根以上；肋骨骨折8根以上并后遗4处畸形愈合；心功能不全，心功能Ⅰ级；冠状动脉移植术后；心脏室壁瘤；心脏异物存留或者取出术后；缩窄性心包炎；胸导管损伤；肺段或者肺组织楔形切除术后；肺脏异物存留或者取出术后。

4. 腹部损伤

肝部分切除术后；脾部分切除术后；外伤性胰腺假性囊肿术后；一侧肾部分切除术后；胃部分切除术后；肠部分切除术后；胆道损伤胆管外引流术后；胆囊切除术后；肠梗阻反复发作；膈肌修补术后遗留功能障碍（如膈肌麻痹或者膈疝）。

5. 盆部及会阴部损伤

膀胱部分切除术后；输尿管狭窄成形术后；输尿管狭窄行腔内扩张术或者腔内支架置入术后；一侧卵巢缺失或者丧失功能；一侧输卵管缺失或者丧失功能；子宫部分切除术后；一侧附睾缺失；一侧输精管损伤难以修复；尿道狭窄（轻度）；肛管或者直肠损伤，排便功能轻度障碍或者肛门失禁（轻度）。

6. 脊柱、骨盆及四肢损伤

一椎体粉碎性骨折，椎管内骨性占位；一椎体并相应附件骨折，经手术治疗后；二椎体压缩性骨折；骨盆两处以上骨折或者粉碎性骨折，严重畸形愈合；青少年四肢长骨骨骺粉碎性或者压缩性骨折；四肢任一大关节行关节假体置换术后；双上肢前臂旋转功能丧失均达75%；双上肢长度相差6.0cm以上；双下肢长度相差4.0cm以上；四肢任一大关节（踝关节除外）功能丧失50%以上；一踝关节功能丧失75%以上；一肢体各大关节功能丧失均达25%；双足拇趾功能丧失均达75%；一足5趾功能均完全丧失；双足跟骨粉碎性骨折畸形愈合；双足足弓结构部分破坏；一足足弓结构完全破坏；手或者足功能丧失分值≥25分。

7. 体表及其他损伤

皮肤瘢痕形成达体表面积10%。

587. X级（十级）伤残划分依据是什么？

答：十级残疾的划分依据是：

（1）组织器官部分缺损或者畸形，有轻度功能障碍，并造成一定影响；

（2）无医疗依赖或者存在一般医疗依赖，无护理依赖；

（3）日常生活有关的活动能力轻度受限；

（4）工作与学习能力受到一定影响；

（5）社会交往能力轻度受限。

588. 哪些伤情构成致残程度X级（十级）？

答：可以构成X级伤残的伤情有以下几种：

1. 颅脑、脊髓及周围神经损伤

精神障碍或者轻度智能减退，日常生活有关的活动能力轻度受限；颅脑损伤后遗脑软化灶形成，伴有神经系统症状或者体征；一侧部分面瘫；嗅觉功能完全丧失；尿崩症（轻度）；四肢重要神经损伤，遗留相应肌群肌力四级以下；影响阴茎勃起功能；开颅术后。

2. 头面部损伤

面颅骨部分缺损或者畸形，影响面容；头皮瘢痕形成或者无毛发，面积达40.0cm^2；面部条状瘢痕形成（宽度达0.2cm），累计长度达6.0cm，其中至少3.0cm位于面部中心区；面部条状瘢痕形成，累计长度达10.0cm；面部块状瘢痕形成，单块面积达3.0cm^2，或者多块累计面积达5.0cm^2；面部片状细小瘢痕形成或者色素异常，累计面积达10.0cm^2；一侧眼睑下垂，遮盖部分瞳孔；一侧眼睑轻度畸形；一侧睑球粘连影响眼球运动；一眼泪器损伤后遗溢泪；一眼眶骨折后遗眼球内陷2mm以上；复视或者斜视；一眼角膜斑翳或者血管翳，累及瞳孔区；一眼角膜移植术后；一眼外伤性青光眼，经手术治疗；一眼外伤性低眼压；一眼外伤后无虹膜；一眼外伤性白内障；一眼无晶体或者人工晶体植入术后；一眼中度视力损害；双眼视力≤0.5；一眼视野中度缺损，视野有效值≤48%（直径≤60°）；一耳听力障碍≥61dB HL；双耳听力障碍≥41dB HL；一侧前庭平衡功能丧失，伴听力减退；耳廓缺损或者畸形，累计相当于一侧耳廓的30%；鼻尖或者鼻翼部分缺损深达软骨；唇外翻或者小口畸形；唇缺损或者畸形，致露齿；舌部分缺损；牙齿缺失或者折断7枚以上；牙槽骨部分缺损，合并牙齿缺失或者折断4枚以上；张口受限Ⅰ度；咽或者咽后区损伤影响吞咽功能。

3. 颈部及胸部损伤

颏颈粘连畸形松解术后；颈前三角区瘢痕形成，累计面积达25.0cm^2；一侧喉返神经损伤，影响功能；器质性声音嘶哑；食管修补术后；女性一侧乳房部分缺失或者畸形；肋骨骨折6根以上，或者肋骨部分缺失2根以上；肋骨骨折4根以上并后遗2处畸形愈合；肺修补术后；呼吸困难（轻度）。

4. 腹部损伤

腹壁疝，难以手术修补；肝、脾或者胰腺修补术后；胃、肠或者胆道修补术后；膈肌修补术后。

5. 盆部及会阴部损伤

肾、输尿管或者膀胱修补术后；子宫或者卵巢修补术后；外阴或者阴道修补术后；睾丸破裂修补术后；一侧输精管破裂修复术后；尿道修补术后；会阴部瘢痕挛缩，肛管狭窄；阴茎头部分缺失。

6. 脊柱、骨盆及四肢损伤

枢椎齿状突骨折，影响功能；一椎体压缩性骨折（压缩程度达 1/3）或者粉碎性骨折；一椎体骨折经手术治疗后；四处以上横突、棘突或者椎弓根骨折，影响功能；骨盆两处以上骨折或者粉碎性骨折，畸形愈合；一侧髌骨切除；一侧膝关节交叉韧带、半月板伴侧副韧带撕裂伤经手术治疗后，影响功能；青少年四肢长骨骨折累及骨骺；一上肢前臂旋转功能丧失 75%以上；双上肢长度相差 4.0cm 以上；双下肢长度相差 2.0cm 以上；四肢任一大关节（踝关节除外）功能丧失 25%以上；一踝关节功能丧失 50%以上；下肢任一大关节骨折后遗创伤性关节炎；肢体重要血管循环障碍，影响功能；一手小指完全缺失并第 5 掌骨部分缺损；一足拇趾功能丧失 75%以上；一足 5 趾功能丧失均达 50%；双足拇趾功能丧失均达 50%；双足除拇趾外任何 4 趾功能均完全丧失；一足跟骨粉碎性骨折畸形愈合；一足足弓结构部分破坏；手或者足功能丧失分值≥10 分。

7. 体表及其他损伤

手部皮肤瘢痕形成或者植皮术后，范围达一手掌面积 50%；皮肤瘢痕形成达体表面积 4%；皮肤创面长期不愈超过 1 年，范围达体表面积 1%。

589. 对于致残程度分级中未列入的情形如何确定致残程度等级?

答：遇有致残程度分级系列中未列入的致残情形，可根据残疾的实际情况，依据致残程度等级划分依据，并比照最相似等级的条款，确定其致残程度等级。

590. 受伤人员符合两处以上伤残等级者，如何评定伤残等级?

答：受伤人员符合两处以上伤残等级者，应以伤残程度重的等级作为最终评定结论，但须分别写明各处的伤残等级。

591. 交通事故受伤人员在进行伤残评定时，对原有伤、病的如何处理?

答：交通事故受伤人员进行伤残评定时，应当首先排除原有伤情和疾病，再对因交通事故受伤导致的伤残进行评定等级。

第七章　交通事故损害赔偿

第一节　赔偿项目与标准（592—632）

592. 哪些交通事故造成的损害应该进行赔偿?

答：道路交通事故造成的损害分为人身损害和财产损失。人身损害赔偿依据《最高人民法院关于审理人身损害赔偿案件适用法律若干问题的解释》的规定，包括医疗费、误工费、护理费、交通费、住宿费、住院伙食补助费、必要的营养费、残疾赔偿金、残疾辅助器具费、被扶养人生活费，以及因康复护理、继续治疗实际发生的必要的康复费、护理费、后续治疗费、丧葬费、被扶养人生活费、死亡补偿费以及受害人亲属办理丧葬事宜支出的交通费、住宿费和误工损失、精神损害抚慰金等其他合理费用。

财产损失包括修复费用、折价赔偿部分费用、车辆残值减少部分费用、营运车辆停运损失费用等。

593. 交通事故仅致人受伤的赔偿项目包括哪些?

答：受害人遭受人身损害，没有造成伤残的，赔偿项目包括医疗费、误工费、护理费、交通费、住宿费、住院伙食补助费、必要的营养费。

594. 交通事故致人伤残的赔偿项目包括哪些?

答：受害人遭受人身损害，因伤致残的，赔偿项目除了包括医疗费、误工费、护理费、交通费、住宿费、住院伙食补助费、必要的营养费，还应赔偿残疾赔偿金、残疾辅助器具费、被扶养人生活费，以及因康复护理、继续治疗实际发生的必要的康复费、护理费、后续治疗费、精神损害抚慰金。

595. 交通事故致人死亡的赔偿项目包括哪些?

答：当事人死亡的，赔偿义务人除应当根据抢救治疗情况赔偿受害人生前产生的医疗费、误工费、护理费、交通费、住宿费、住院伙食补助费、必要的营养费外，还应当赔偿丧葬费、被扶养人生活费、死亡补偿费以及受害人亲属办理丧葬事宜支出的交通费、住宿费和误工损失、死者家属的精神损害抚慰金等其他合理费用。

596. 交通事故中受害人的医疗费用怎么计算?

答：医疗费是指受害人在遭受人身伤害之后接受医学上的检查、治疗与康复训练所必须支出的费用。医疗费主要分为以下三类：诊断检查费用，即为明确病员患病的种类、严重程度、预后情况等发生的诊断及检查的费用，如 CT、MRI、数字化摄影、各类实验室检查等费用。治疗费用，包括各类常规治疗、手术治疗等费用，用于治疗病症的药品和器材的费用等。为维持基本生活需要而发生的费用，如床位费、医院护理费等。医疗费不仅包括过去的医疗费用，如治疗费、医药费，也包括将来的医疗费用，如康复费、整容费以及其他后续治疗费。

医疗费要根据医疗机构出具的医药费、住院费等收款凭证，结合病历和诊断证明等相关证据确定。器官功能恢复训练所必要的康复费、适当的整容费以及其他后续治疗费，赔偿权利人可以待实际发生后再与赔偿义务人协商或另向人民法院起诉。但根据医疗证明或者鉴定意见确定必然发生的费用，可以与已经发生的医疗费一并予以赔偿。

其计算公式为：

医疗费=诊疗费+医药费+住院费+其他必要的支出

597. 交通事故中赔偿义务人对治疗的必要性和合理性有异议的，应该怎么办？

答：根据《最高人民法院关于审理人身损害赔偿案件适用法律若干问题的解释》第6条明确规定，赔偿义务人对治疗的必要性和合理性有异议的，应当承担相应的举证责任。赔偿义务人对治疗的必要性和合理性提出异议的，应当提供相应的证据，受伤当事人不用对自己治疗费用的合理性进行证明。

因为治疗的合理性和必要性属于医学专业性问题，因此，有关治疗的必要性和合理性问题可以借助鉴定部门的鉴定意见或该领域的专家意见。必要时，人民法院可以通过启动司法鉴定程序对医疗费的相关性、合理性和必要性予以审查。

598. 交通事故中有哪些医疗费是不用赔偿的？

答：下列情况下医疗费用不应当赔偿：

（1）非外伤用药，损伤后伤病共治；

（2）不合理使用抗生素，损伤案例中多需使用抗生素，部分伤者超剂量、超时限使用，轻微损伤使用高档抗生素，多种抗生素联合应用等；

（3）营养支持性用药，治疗损伤的同时大量使用营养支持性药物；

（4）轻度损伤后长时间治疗；

（5）部分纠纷当事人无明显损伤，但主诉症状重，即大量用药治疗；

（6）需安装假肢或其他代用品以及手术中需使用内固定时，违反规定使用高档进口物；

（7）许多伤者进行全面检查、重复检查，扩大医疗费用支出；

（8）不按规定住院和转院，使不合理开支扩大。

599. 交通事故中受害人的误工费怎么计算？

答：误工费根据受害人及其家属的误工时间和收入状况确定。误工时间根据受害人接受治疗的医疗机构出具的证明确定。受害人因伤致残持续误工的，误工时间可以计算至定残日前一天。受害人有固定收入的，误工费按照实际减少的收入计算。受害人无固定收入的，按照其最近 3 年的平均收入计算；受害人不能举证证明最近 3 年的平均收入状况的，可以参照受诉法院所在地相同或者相近行业上一年度职工的平均工资计算。

死者家属的误工时间根据死者家属实际参与事故调查处理所占用的时间确定，死者家属有固定收入的，误工费按照实际减少的收入计算；无固定收入的，按照其最近 3 年的平均收入计算；死者家属不能举证证明最近 3 年的平均收入状况的，可以参照交通事故发生地相同或者相近行业上一年度职工的平均工资计算。但要注意的是，在一起交通事故中计算误工费的死者家属人数不得超过 3 人。

误工费赔偿一般需要四种证明：劳动关系证明；工资收入证明；完税证明；医院的误工证明或者司法鉴定机构出具的误工期鉴定报告等证据。

其计算公式为：

误工费=误工收入（天/月/年）×误工时间

误工收入=受害人正常情况下的劳动收入-事故受伤后的劳动收入

600. 交通事故被害人超过退休年龄的能否获得误工费赔偿?

答：法律未对受害人获得误工费赔偿的年龄作出限制性规定，只要是受害人遭受侵害，客观上因侵害的发生导致误工造成其收入实际减少的，均有权要求侵害人赔偿误工费。误工费是因误工减少的收入，应视为耽误一切劳动或工作而减少的收入，包括耽误退休人员所从事的正常有偿劳动而减少的收入。因此，退休人员受伤后造成退休费用之外的其他劳动收入减少，属于“因误工减少的收入”，负赔偿义务的责任者应比照行业人员的收入标准予以赔偿。从现实的角度来看，退休人员依法从事社会劳动，可以带来退休费以外的劳动收入，被致伤治疗和全休期间，不能从事此前所从事的有偿社会劳动，势必会使退休费用外的其他直接收入减少。随着生活条件的改善，劳动者劳动能力的减弱和丧失的年龄必然大大迟延，到退休年龄时大多数人还可以正常从事劳动。退休人员有权接受用人单位聘用、返聘或者从事个体、私营企业经营，故以已超过法定退休年龄为由不予支持误工费与法不符。因此，如果超过法定退休年龄的受害人能提供证据充分证明其实际在从事劳动，并因受到损害导致本人或家庭收入减少的，要求赔偿实际减少的收入的误工费应当予以支持。若是农村的可以提供足够证明的，按从事农业生产对待；若是城镇返聘人员，按其提供的返聘合同和单位出具的证明，计算其实际减少的收入。

601. 交通事故中受害人的误工时间如何确定?

答：根据《最高人民法院关于审理人身损害赔偿案件适用法律若干问题的解释》第7条规定，误工时间根据受害人接受治疗的医疗机构出具的证明确定。受害人因伤致残持续误工的，误工时间可以计算至定残日前一天。对于受害人不构成伤残的，按医疗机构出具的证明确定误工时间是无任何争议的。

应该根据具体案情具体分析，合理确定受害人的误工时间。一般可以按照如下方法认定：非持续性的误工这种误工的时间，根据受害人接受治疗的医疗机构出具的证明确定；受害人因伤致残持续误工，这种误工的时间从受到伤害耽搁工作之日计算至定残之日的前一天；受害人因伤害死亡的，从侵权行为开始计算，至受害人死亡之时止（或有的因受害人死亡不计算误工费，因死亡赔偿金已补偿预期收入）。

602. 交通事故中受害人的护理费怎么计算?

答：护理费是指生活需要特殊照顾或无法自理的人，如住院病人，或在家因疾病日常生活不便，需要他人护理而支出的费用。护理费根据护理人员的收入状况和护理人数、护理期限确定。

护理费分为三类：一是受害人在治疗期间，需要他人帮助而支出的护理费；二是受害人在伤情治愈后的康复期间，需要他人帮助而支出的护理费；三是受害人因残疾而永久性丧失生活自理能力，需要他人的长期持续帮助而支出的护理费。

在受害人住院治疗期间，医院统一安排的医院护理的费用，因为已纳入医疗费的范围，因而不应列入护理费。护理人员有收入的，参照误工费的规定计算；护理人员没有收入或者雇佣护工的，参照当地护工从事同等级别护理的劳务报酬标准计算。护理人员原则上为1人，但医疗机构或者鉴定机构有明确意见的，可以参照确定护理人员人数。受害人定残后的护理，应当根据其护理依赖程度并结合配制残疾辅助器具的情况确定护理级别。

其计算公式为：

护理费=当地护工同等级别护理劳务报酬标准×护理天数

603. 交通事故中受害人的护理期限如何确定？

答：根据《最高人民法院关于审理人身损害赔偿案件适用法律若干问题的解释》第 8 条规定，护理期限应计算至受害人恢复生活自理能力时止。受害人因残疾不能恢复生活自理能力的，可以根据其年龄、健康状况等因素确定合理的护理期限，但最长不超过 20 年。

一般原则，计算到受害人恢复生活自理能力时为止；受害人因残疾不能恢复生活自理能力的，根据其年龄、健康状况等因素确定合理的护理期限，但是最长不超过 20 年。

如果受害人实际需要的护理期限超过了法院判决的期限，甚至超过了 20 年的最长期限，就超过期限的护理费，受害人有权再次请求赔偿。根据《最高人民法院关于审理人身损害赔偿案件适用法律若干问题的解释》第 19 条规定，超过确定的护理期限，赔偿权利人向人民法院起诉请求继续给付的，人民法院应当受理。经审理认定赔偿权利人确实需要继续护理的，人民法院应当判令赔偿义务人继续给付相关费用 5 年至 10 年。

如果受害人实际被护理的期限短于法院判决确定的期限（如受害人在此期限内康复已无须护理，或者在这个期限未满时受害人就死亡的），而赔偿义务人一次性已经支付了该期限内的全部护理费，受害人基于法院的判决一次性取得该笔护理费的，受害人或者其继承人不负返还的义务。

604. 交通事故中受害人的交通费怎么计算？

答：交通费指受害人及其必要的陪护人员因就医或者转院治疗所实际发生的用于交通的费用。受害人在遭受损害后，需要前往医疗机构治疗，并且有可能在治疗过程中转院治疗，由此产生的交通费用的支出，对于受害人来说，是一种财产损失，这一损失与加害人的加害行为存在相当因果关系，按照侵权法的理论，赔偿义务人对此应当承担赔偿责任。根据《最高人民法院关于审理人身损害赔偿案件适用法律若干问题的解释》第9条规定，交通费根据受害人及其必要的陪护人员因就医或者转院治疗实际发生的费用计算。交通费应当以正式票据为凭；有关凭据应当与就医地点、时间、人数、次数相符合。

其计算公式为：交通费=实际发生的交通费用

605. 交通事故受害人以外的人员支出的交通费用是否可以获得赔偿?

答：交通事故受害人以外的人员如参与事故处理的近亲属、陪护人员等的交通费可以要求赔偿。因为大多数情况下受害人到医院就诊需要他人陪护，近亲属处理交通事故也需要交通费用，这些人员的交通费用支出均是交通事故引发的后续行为，因此也应当获得赔偿，其赔偿时具体计算方式与受害人的交通费用计算方式相同。

606. 交通事故中受害人的住院伙食补助费怎么计算?

答：住院伙食补助费是指受害人遭受人身损害后，因其在医院治疗期间支出的伙食费用超过平时在家的伙食费用，而由加害人就其合理的超出部分予以赔偿的费用。根据《最高人民法院关于审理人身损害赔偿案件适用法律若干问题的解释》第10条规定，住院伙食补助费可以参照当地国家机关一般工作人员的出差伙食补助标准予以确定。

其计算公式为：

住院伙食补助费=当地国家机关工作人员出差伙食补助标准（元/天）×住院天数

607. 交通事故中受害人外地非住院治疗的住宿费和伙食费怎么计算?

答：受害人确有必要到外地治疗，因客观原因不能住院，受害人本人及其陪护人员实际发生的住宿费和伙食费，其合理部分应予赔偿。

（1）适用规定的前提条件是受害人“确有必要到外地治疗”，是赔偿义务人赔偿此笔费用的前提条件。对于是否有必要到外地治疗，赔偿权利人应提供充分的证据加以证明。例如，当地医疗机构出具的建议到外地治疗的书面文件，或者当地确实没有条件治疗而需要到外地治疗的证据等。

对此要从严审查，同时，允许赔偿义务人提出异议并提供相关证据。当地医院完全能够治疗的，而受害人决定到外地治疗，由此发生的住宿费等，赔偿义务人不予承担。

（2）不能住院的客观原因指受害人不能住院而在医院外住宿，必须因为医院已无病床等客观的情况引起，而不是受害人或其亲属等自身的原因造成。

（3）“合理部分”应视具体个案而定。对于受害人到外地治疗实际发生的住宿费和伙食费，赔偿义务人只赔偿合理部分。比如，要考虑不同地区之间的物价和消费水平。住宿费的赔偿标准，原则上按照公务员出差住宿标准，但是，由于实际的出差标准过低以及实际住宿标准过高的原因，赔偿标准可以适当高于公务员出差标准。

608. 交通事故中受害人必要的营养费怎么计算？

答：根据《最高人民法院关于审理人身损害赔偿案件适用法律若干问题的解释》第 11 条规定，营养费根据受害人伤残情况参照医疗机构的意见确定。原则上伙食补助费的赔偿期间是住院期间，即根据受害人住院期间这段时间计算伙食补助费，有多少天，再乘以当地国家机关一般工作人员每天的标准，就可以得出具体的伙食补助费。

其计算公式为：营养费=医疗机构建议费用

609. 交通事故中受害人残疾赔偿金怎么计算？

答：残疾赔偿金是指对受害人因人身遭受损害致残而丧失全部或者部分劳动能力的财产赔偿。由于人身损害造成的残疾受害人致使劳动能力部分丧失或者全部丧失，因而，受害人遭受人身损害以后，会减少或者丧失自己的收入。这种损失是人身损害的直接后果，是一种财产损失。对于这种财产损失，应当由赔偿义务人进行赔偿。

根据《最高人民法院关于审理人身损害赔偿案件适用法律若干问题的解释》第 12 条规定，残疾赔偿金根据受害人丧失劳动能力程度或者伤残等级，按照受诉法院所在地上一年度城镇居民人均可支配收入或者农村居民人均纯收入标准，自定残之日起按 20 年计算。但 60 周岁以上的，年龄每增加1岁减少1年；75周岁以上的，按5年计算。受害人因伤致残但实际收入没有减少，或者伤残等级较轻但造成职业妨害严重影响其劳动就业的，可以对残疾赔偿金作相应调整。

确定残疾赔偿金时，应当考虑丧失劳动能力程度或者伤残等级的因素。根据2019年5月5日发布的《中共中央国务院关于建立健全城乡融合发展体制机制和政策体系的意见》规定，要建立健全有利于城乡基本公共服务普惠共享的体制机制，改革人身损害赔偿制度，统一城乡居民赔偿标准，各地逐渐实施了城乡一体化的赔偿。

其计算公式为：

残疾赔偿金=事故责任人所在地上一年度城镇居民人均可支配收入或农村居民人均纯收入标准×赔偿年限×伤残系数

610. 交通事故中受害人的残疾辅助器具费怎么计算?

答：残疾辅助器具费是指因伤致残的受害人为补偿其遭受创伤的肢体器官功能、辅助其实现生活自理或者从事生产劳动而购买、配制的生活自助器具所需费用。这种费用支出的损失同侵害行为具有相当程度的因果关系，根据人身损害赔偿填补损害的功能，对于受害人的这种损失应当进行赔偿，以填补受害人的损失。残疾辅助器具费按照普通适用器具的合理费用标准计算。伤情有特殊需要的，可以参照辅助器具配制机构的意见确定相应的合理费用标准。辅助器具的更换周期和赔偿期限参照配制机构的意见确定。

其计算公式为：残疾辅助器具费=普通适用器具的合理费用

611. 如果超过确定的护理期限、辅助器具费给付年限或者残疾赔偿金给付年限，赔偿权利人仍需继续护理、配制辅助器具，或者没有劳动能力和生活来源的，赔偿权利人是否还可以要求继续赔偿?

答：超过确定的护理期限、辅助器具费给付年限或者残疾赔偿金给付年限，赔偿权利人向人民法院起诉请求继续给付护理费、辅助器具费或者残疾赔偿金的，人民法院应予受理。赔偿权利人确需继续护理、配制辅助器具，或者没有劳动能力和生活来源的，人民法院应当判令赔偿义务人继续给付相关费用 5 年至 10 年。

612. 交通事故的受害人没有过错，其身体状况对损害后果产生影响，是否可以减轻侵权人的赔偿责任？

答：交通事故的受害人在交通事故发生中没有过错，但是由于其本身特殊的身体条件或者潜在疾病对损害后果的扩大有作用的，不应该适当考虑其特定因素的参与度，其体质状况对损害后果的影响不属于可以减轻侵权人责任的法定情形。

613. 交通事故中受害人的死亡赔偿金怎么计算？

答：死亡赔偿金是指受害人因交通事故死亡，由责任人按照一定的标准给予死者家属的一定数量的赔偿。根据《最高人民法院关于审理人身损害赔偿案件适用法律若干问题的解释》（法释〔2020〕17 号）第 15 条的规定，死亡赔偿金按照受诉法院所在地上一年度城镇居民人均可支配收入或者农村居民人均纯收入标准，按 20 年计算。但 60 周岁以上的，年龄每增加 1 岁减少 1 年；75 周岁以上的，按 5 年计算。

赔偿权利人举证证明死者住所地或者经常居住地城镇居民人均可支配收入或者农村居民人均纯收入高于受诉人民法院所在地标准的，死亡赔偿金可以按照其住所地或者经常居住地的相关标准计算。根据 2019 年 5 月 5 日发布的《中共中央国务院关于建立健全城乡融合发展体制机制和政策体系的意见》，各地逐渐实施了城乡一体化的赔偿。

其计算公式为：

死亡赔偿金=事故责任人所在地上一年度城镇居民人均可支配收入或农村居民人均纯收入（或死者所在地城镇居民人均可支配收入或者农村居民人均纯收入）×20 年

614. 患有精神病的无劳动能力人在交通事故发生前一直未参加工作，现因交通事故致残，侵权人应否赔偿残疾赔偿金？

答：受害人因交通事故受伤害已经遭受了严重的肢体痛苦，且人的生命价值并无本质上的区别。法律对残疾赔偿金的赔偿并没有规定例外的情形。因此，残疾赔偿金的计算与受害人在交通事故前是否具有劳动能力并无必然联系，如受害人因交通事故受伤构成伤残等级的，对残疾赔偿金部分仍应予以支持。

615. 死亡赔偿金按当地农民人均年纯收入或者当地城镇居民可支配收入计算，目前开展的赔偿城乡一体化如何执行？

答：2019 年 4 月 15 日，中共中央、国务院公布《关于建立健全城乡融合发展体制机制和政策体系的意见》，该意见第 17 条明确规定“统筹城乡社会救助体系”“改革人身损害赔偿制度，统一城乡居民赔偿标准”对建立人身损害赔偿“同命同价”原则提出明确要求。2019 年 9 月 2 日，最高法下发《关于授权开展人身损害赔偿标准城乡统一试点的通知》（法明传〔2019〕513 号），授权各省、自治区、直辖市及新疆维吾尔自治区生产建设兵团分院根据各省具体情况在辖区内开展人身损害赔偿纠纷案件统一城乡居民赔偿标准试点工作。根据《最高人民法院关于审理人身损害赔偿案件适用法律若干问题的解释》（法释〔2020〕17 号）第 18 条的规定，赔偿权利人举证证明其住所地或者经常居住地城镇居民人均可支配收入或者农村居民人均纯收入高于受诉法院所在地标准的，残疾赔偿金或者死亡赔偿金可以按照其住所地或者经常居住地的相关标准计算。

616. 交通事故中受害人的丧葬费怎么计算？

答：根据《最高人民法院关于审理人身损害赔偿案件适用法律若干问题的解释》（法释〔2020〕17 号）第 14 条的规定，丧葬费按照受诉法院所在地上一年度职工月平均工资标准，以 6 个月总额计算。

其计算公式为：

丧葬费 = 事故责任人所在地上一年度职工月平均工资×6 个月

617. 交通事故中受害人的被扶养人生活费怎么计算？

答：根据《最高人民法院关于审理人身损害赔偿案件适用法律若干问题的解释》（法释〔2020〕17 号）第 17 条的规定，被扶养人生活费根据扶养人丧失劳动能力程度，按照受诉法院所在地上一年度城镇居民人均消费性支出和农村居民人均年生活消费支出标准计算。被扶养人为未成年人的，计算至18周岁；被扶养人无劳动能力又无其他生活来源的，计算20年。但60周岁以上的，年龄每增加1岁减少1年；75周岁以上的，按5年计算。被扶养人还有其他扶养人的，赔偿义务人只赔偿受害人依法应当负担的部分。被扶养人有数人的，年赔偿总额累计不超过上一年度城镇居民人均消费性支出额或者农村居民人均年生活消费支出额。

根据《最高人民法院关于审理人身损害赔偿案件适用法律若干问题的解释》（法释〔2020〕17号）第16条的规定，被扶养人生活费计入残疾赔偿金或者死亡赔偿金。就是按《最高人民法院关于审理人身损害赔偿案件适用法律若干问题的解释》规定计算出被扶养人生活费的数额，然后将该数额计入到残疾赔偿金或死亡赔偿金中，实际上扩大了残疾赔偿金和死亡赔偿金的范围。

其计算公式：

被扶养人生活费=事故责任人所在地上一年度城镇居民人均消费性支出或农村居民人均年生活消费性支出标准（或被扶养人住所地或者经常居住地城镇居民人均可支配收入或者农村居民人均纯收入）×扶养年限

618. 计算被扶养人生活费时，被扶养人是否是以法律上的扶养关系作为确定扶养人数的依据？

答：确定被扶养人人数时，要以“实际扶养”为判断标准，不以法律上的扶养关系为确定扶养人数的标准。“实际扶养”是客观实际进行扶养为必要条件，对于不定期的资助、帮助对象，不计入扶养人数。

619. 交通事故中受害人的精神损害抚慰金怎么计算？

答：根据《最高人民法院关于审理人身损害赔偿案件适用法律若干问题的解释》（法释〔2020〕17号）第23条的规定，精神损害抚慰金适用《最高人民法院关于确定民事侵权精神损害赔偿责任若干问题的解释》予以确定。

《最高人民法院关于确定民事侵权精神损害赔偿责任若干问题的解释》明确规定精神损害的赔偿数额根据以下因素确定：侵权人的过错程度，但是法律另有规定的除外；侵权行为的目的、方式、场合等具体情节；侵权行为所造成的后果；侵权人的获利情况；侵权人承担责任的经济能力；受理诉讼法院所在地的平均生活水平。

精神损害抚慰金的请求权，不得让与或者继承，但赔偿义务人已经以书面方式承诺给予金钱赔偿，或者赔偿权利人已经向人民法院起诉的除外。

620. 在交通事故民事损害的赔偿过程中，赔偿义务人已经赔偿了残疾赔偿金或者死亡赔偿金，赔偿权利人是否还可以要求赔偿精神损害赔偿抚慰金？

答：根据自2001年3月10日实施的《最高人民法院关于确定民事侵权精神损害赔偿责任若干问题的解释》第9条规定，精神损害抚慰金包括残疾赔偿金和死亡赔偿金；而2004年5月1日起实施的《最高人民法院关于审理人身损害赔偿案件适用法律若干问题的解释》将残疾赔偿金、死亡赔偿金作为两项独立的赔偿项目，不属于精神损害抚慰金；根据新法优于旧法的原则，也应当优先适用《最高人民法院关于人身损害赔偿案件适用法律若干问题的解释》。2020年12月29日修改的《最高人民法院关于审理人身损害赔偿案件适用法律若干问题的解释》（法释〔2020〕17号）第16条将"被扶养人生活费计入残疾赔偿金或者死亡赔偿金"；被扶养人生活费是死亡赔偿金、残疾赔偿金的一部分，被扶养人生活费是人身损害赔偿的范围，因此死亡赔偿金或残疾赔偿金属于物质损害赔偿金，是对因受害人死亡或伤残造成其家庭收入减少、蒙受经济损失的一种物质补偿；而精神损害抚慰金是为了填补、抚慰受害人家属因失去亲人遭受痛苦而对其进行的精神上的赔偿。

因此，赔偿义务人已经赔偿了残疾赔偿金或者死亡赔偿金，赔偿权利人对于造成的精神损害的，仍然可以要求赔偿精神损害赔偿抚慰金。

621. 交通事故中的直接财产损失怎么计算？

答：直接财产损失赔偿是指因交通事故损坏的车辆、物品、设施等，应当修复而不能修复的以及牲畜因伤失去使用价值或者死亡的，由相关事故责任人对上述直接的财产损失折价进行赔偿。直接的财产损失是受害人因交通事故受到人身侵害同时受到的财产侵害，在不能恢复原状的情形下，应该对该损失予以赔偿。司法实践中，直接财产损失难以确定时，人民法院可以委托评估机构进行财产损失评估。

622. 交通事故中的营运损失怎么计算？

答：车辆营运损失是指在道路交通事故中发生车辆的损害，如果受害人是以被损车辆用于货物运输或者旅客运输经营活动，则在被损车辆修复期间，受害人因无法进行正常的货物运输或者旅客运输经营而造成经济收入的减少，该损失由相关事故责任人进行的赔偿。根据《最高人民法院关于道路交通事故中的财产损失是否包括被损车辆停运损失问题的批复》规定，在交通事故损害赔偿案件中，如果受害人以被损车辆正用于货物运输或者旅客运输经营活动，要求赔偿被损车辆修复期间的停运损失的，交通事故责任者应当予以赔偿。

车辆营运损失，双方就申请鉴定达成一致后可在公安机关交通管理部门填写申请表格，到有评估权的机构进行鉴定。如果双方不能达成一致，则可以在向法院起诉后举证期限内向法院提交申请，由法院委托评估机构进行评估。

623. 交通事故后事故车辆即使修复，车辆也会贬值，对于贬值损失是否可以要求责任人进行赔偿？

答：交通事故后事故车辆修复后贬值，应该认定为交通事故造成的当事人财产损失，负有损害赔偿责任的当事人应当赔偿贬值部分，但贬值数额确定应由专业评估部门出具的评估意见确定。

624. 交通事故中的住宿费怎么计算？

答：交通事故处理中的住宿费是指交通事故受害人及其陪护亲属在来往医院进行诊疗、转院以及处理交通事故相关事宜的过程中所花费的住宿费用，由事故责任人按照一定标准给予一定的补偿。在司法实践中，住宿费一般以国家机关一般工作人员的出差住宿标准进行计算。

其计算公式为：

住宿费=国家机关一般工作人员出差住宿标准×住宿天数

625. 交通事故中受害人器官功能恢复训练所必要的康复费怎么解决?

答：人身损害赔偿中的康复费应仅指受害人为使遭受毁损的器官功能重新恢复而进行的训练费用，包括物理疗法、语言疗法、康复护理以及作业疗法中的功能训练所支付的费用。

根据《最高人民法院关于审理人身损害赔偿案件适用法律若干问题的解释》（法释〔2020〕17 号）第 6 条第 2 款的规定，医疗费用的赔偿数额，按照一审法庭辩论终结前实际发生的数额确定。器官功能恢复训练所必要的康复费、适当的整容以及其他后续治疗费，赔偿权利人可以待实际发生后另行起诉。

626. 交通事故中的整容费怎么计算?

答：根据《最高人民法院关于审理人身损害赔偿案件适用法律若干问题的解释》（法释〔2020〕17 号）第 6 条第 2 款的规定，医疗费用的赔偿数额，按照一审法庭辩论终结前实际发生的数额确定。器官功能恢复训练所必要的康复费、适当的整容以及其他后续治疗费，赔偿权利人可以待实际发生后另行起诉。但根据医疗证明或者鉴定结论确定必然发生的费用，可以与已经发生的医疗费一并予以赔偿。整容费是一种后续的治疗费，它并不与残疾赔偿金相冲突。实践中对于一些根据医院的遗嘱和相关鉴定机构的鉴定意见进行确定并支持的必然发生的费用，人民法院可以支持。对于一些不是必然发生、缺乏整容的必要性、合理性的情况，人民法院不予支持。

627. 交通事故中受害人的后续治疗费用怎么计算?

答：后续治疗费包含因后续治疗确需的医疗费，以及所产生的必需的护理费、误工费、交通费和住宿费等费用。根据《最高人民法院关于审理人身损害赔偿案件适用法律若干问题的解释》第 6 条第 2 款规定，医疗费的赔偿数额，按照一审法庭辩论终结前实际发生的数额确定。器官功能恢复训练所必要的康复费、适当的整容费以及其他后续治疗费，赔偿权利人可以待实际发生后另行起诉。但根据医疗证明或者鉴定结论确定必然发生的费用，可以与已经发生的医疗费一并予以赔偿。后续治疗费只存在于造成人体伤害，虽经治疗仍留有残疾的损害赔偿案件中。在司法实践中，法院认定后续治疗费用的方法主要有委托司法鉴定机构进行治疗费用评估和根据医疗机构的诊断证明或医生建议进行计算两种。

628. 交通事故中死亡事故受害人家属处理事故的合理性支出计算应注意哪些事项?

答：参加交通事故处理的当事人家属所需合理支出计算应注意以下几点：

（1）参加调解时当事人一方不得超过 3 人，因此在计算调解期间当事人一方费用时，一般按 3 人计算。

（2）当事人亲属参加交通事故处理的，其身份一般为法定代理人，因而一般指直系亲属，如子女、父母、姐妹、兄弟等。具有垂直血缘关系的是直系亲属，祖父母与孙子女、外祖父母与外孙子女、父母与子女互为直系亲属。

（3）参与交通事故处理的当事人亲属原则上一般为案发地、案发地附近或常住地的近亲属，如果需外地或国外亲属参加，应当事先同对方当事人进行协商并告知公安机关交通管理部门。

（4）当事人亲属无法参加交通事故处理的，可以委托代理人参加，委托代理人应当有一定的手续，表明委托权限和事由，其所需的误工费、交通费、住宿费不列入交通事故的赔偿项目中去，相关费用的解决由当事人亲属负责。

（5）当事人亲属参加交通事故处理，限定赔偿项目只有交通费、食宿费、误工费和精神损害抚慰金。

629. 对参加交通事故处理的当事人近亲属确定相关费用赔偿时，有哪些法律规定?

答：根据《最高人民法院关于审理人身损害赔偿案件适用法律若干问

题的解释》（法释〔2020〕17号）第1条第2款的规定，本条所称“赔偿权利人”是指因侵权行为或者其他致害原因直接遭受人身损害的受害人以及死亡受害人的近亲属。赔偿权利人既包括受害人也包括死亡受害人的近亲属。

交通事故导致受害人受伤、死亡的，赔偿义务人应当赔偿受害人近亲属支出的交通费、住宿费和误工损失等合理费用：

（1）交通费是指道路交通事故发生后，参加处理交通事故的当事人亲属因需到医院诊治、住院治疗以及处理交通事故相关事宜而发生乘车乘船等交通费用，由相关事故责任人按照一定标准根据受害人及其必要的陪护人员因就医或者转院治疗实际发生的费用计算。

（2）住宿费是指道路交通事故发生后，参加处理交通事故的当事人亲属在去往医院进行诊疗、转院以及处理交通事故相关事宜的过程中所发生的住宿费用，由相关事故责任人按照一定的标准对该项费用进行一定程度的赔偿。受害人确有必要到外地治疗，因客观原因不能住院，受害人本人及其陪护人员实际发生的住宿费和伙食费，其合理部分应予赔偿。

（3）误工费是指道路交通事故发生后，当事人的相关亲属需要参加交通事故的处理，无法正常参加工作或者从事日常的经营活动，因此而造成经济收入的减少，由负有责任的一方按照一定的标准对该项减少的收入给予的赔偿。

630. 当事人进行伤残等级评定或者财产损失评估产生的费用是否可以要求赔偿？

答：检验、鉴定费用由公安机关交通管理部门承担，但法律法规另有规定或者当事人自行委托伤残评定、财产损失评估的除外。当事人可以先行垫付相关费用，后在民事赔偿诉讼中要求责任人进行赔偿。

631. 在道路交通事故案件中，受害人一直未作伤残等级鉴定，并且每年都有新发生的治疗费用，此种情况应如何处理？

答：首先需要确定因伤治疗是否终结。是否治疗终结属客观性评定标准，双方当事人对治疗终结意见不一致时，任何一方都可以提起鉴定申请。如果相对方不进行必要的配合，则可以适用《最高人民法院关于民事诉讼证据的若干规定》（法释〔2001〕33 号）第 75 条关于“有证据证明一方当事人持有证据无正当理由拒不提供，如果对方当事人主张该证据的内容不利于证据持有人，可以推定该主张成立”的规定，认定治疗终结，进入伤残鉴定。可对伤残等级进行鉴定，确定伤残赔偿金，后续费用可以通过诊疗项目评定进行确定。

632. 当事人聘请律师所花费的费用能否要求赔偿？

答：根据《民法典》第 1181 条第 2 款规定，被侵权人死亡的，支付被侵权人医疗费、丧葬费等合理费用的人有权请求侵权人赔偿费用，但是侵权人已经支付该费用的除外。这里的其他合理费用，包括被侵权一方因聘请律师维权而支付的合理律师费。根据最高人民法院关于《进一步推进案件繁简分流优化司法资源配置的若干意见》（法发〔2016〕21 号）第 22 条意见关于引导当事人诚信理性诉讼的规定，“加大对虚假诉讼、恶意诉讼等非诚信诉讼行为的打击力度，充分发挥诉讼费用、律师费用调节当事人诉讼行为的杠杆作用，促使当事人选择适当方式解决纠纷。当事人存在滥用诉讼权利、拖延承担诉讼义务等明显不当行为，造成诉讼对方或第三人直接损失的，人民法院可以根据具体情况对无过错方依法提出的赔偿合理的律师费用等正当要求予以支持”。

第二节　调解（633—661）

633. 什么是交通事故赔偿权利人？

答：交通事故赔偿权利人是指在道路交通事故中因交通侵权行为或者其他致害原因直接遭受人身损害或者财产损失的受害人、依法由受害人承担扶养义务的被扶养人以及死亡受害人的近亲属。近亲属包括配偶、父母、子女、兄弟姐妹、祖父母、外祖父母、孙子女、外孙子女。

634. 什么是交通事故赔偿义务人？

答：交通事故赔偿义务人是指因自己或者他人的侵权行为以及其他致害原因依法应当承担民事责任的自然人、法人或者非法人组织。可以分为直接赔偿义务人和间接赔偿义务人。

635. 什么是交通事故的被扶养人？

答：被扶养人是指受害人依法应当承担扶养义务的未成年人或者丧失劳动能力又无其他生活来源的成年近亲属。被扶养人还有其他扶养人的，赔偿义务人只赔偿受害人依法应当负担的部分。被扶养人有数人的，年赔偿总额累计不超过上一年度城镇居民人均消费性支出额或者农村居民人均年生活消费支出额。

636. 可以进行交通事故损害赔偿调解的机构或者组织有哪些？

答：可以进行交通事故损害赔偿调解的机构或者组织包括：一是公安机关交通管理部门，经当事人共同申请，公安机关交通管理部门及其交通警察可以对交通事故损害赔偿争议进行调解。二是人民调解委员会，当事人可以就交通事故损害赔偿争议向人民调解委员会申请调解。三是人民法院，人民法院在民事赔偿诉讼中，可以对当事人的赔偿争议进行司法调解。

637. 公安机关交通管理部门进行交通事故损害赔偿调解是否可以多次调解？

答：《道路交通事故处理程序规定》对于调解的次数没有规定，本着尽可能调解矛盾、解决纠纷、便民利民的原则，在规定的调解期间内，公安机关交通管理部门根据需要可以多次组织调解，尽可能促使当事人达成赔偿协议。

638. 公安机关交通管理部门进行交通事故损害赔偿调解是否是交通事故处理的必经程序?

答：根据《道路交通安全法》规定，交通事故损害赔偿争议的解决，当事人可以选择自行协商处理、请求公安机关交通管理部门调解或者直接向人民法院提起民事诉讼；《道路交通事故处理程序规定》又增加规定，对于道路交通事故损害赔偿争议也可以申请人民调解委员会调解。公安机关交通管理部门进行交通事故损害赔偿调解不是交通事故处理的必经程序。以上四种方式，当事人本着意思自治的原则自由选择。

639. 交通事故当事人申请人民调解委员会调解是否还可以申请公安机关交通管理部门调解?

答：当事人申请人民调解委员会调解，调解未达成协议的，自人民调解委员会作出终止调解之日起 3 日内，可以书面申请公安机关交通管理部门进行调解。申请公安机关交通管理部门调解应该在规定的期限内。

640. 适用一般程序处理的交通事故当事人向公安机关交通管理部门申请调解需要哪些条件?

答：申请公安机关交通管理部门对交通事故损害赔偿进行调解，应当满足两个条件：

（1）交通事故所有当事人必须一致书面申请公安机关交通管理部门调解损害赔偿；任何一方当事人不同意进行调解或者不提出申请，公安机关交通管理部门不会受理或者主动进行损害赔偿调解。

（2）应当在收到道路交通事故认定书、道路交通事故证明或者上一级公安机关交通管理部门维持原道路交通事故认定的复核结论之日起 10 日内申请。

641. 公安机关交通管理部门进行交通事故损害赔偿调解是否需要公开进行?

答：道路交通事故损害赔偿调解应当公开进行，但当事人申请不予公开的除外。如果涉及个人隐私或者商业秘密，当事人可以申请不公开调解。

642. 当事人申请公安机关交通管理部门调解的申请期限如何计算？

答：根据《道路交通事故处理程序规定》第86条第1款的规定，当事人申请公安机关交通管理部门调解的，应当在收到道路交通事故认定书、道路交通事故证明或者上一级公安机关交通管理部门维持原道路交通事故认定的复核结论之日起10日内一致书面申请。

643. 公安机关交通管理部门交通事故调解的期限是多长时间？

答：根据《道路交通事故处理程序规定》第90条第2款的规定，公安机关交通管理部门应当自调解开始之日起10日内制作道路交通事故损害赔偿调解书或者道路交通事故损害赔偿调解终结书。

644. 公安机关交通管理部门进行道路交通事故损害赔偿调解的基本原则是什么？

答：《道路交通事故处理程序规定》第87条明确规定了应当按照合法、公正、自愿、及时的原则进行道路交通事故损害赔偿调解。

（1）合法性原则。调解程序必须依照《道路交通安全法》或其他交通安全法律、法规和与调解活动有关的法律、法规规定的程序进行。调解协议的内容不得违反国家法律法规。

（2）公正性原则。要求公安机关交通管理部门在进行调解时要依法平等对待各方当事人，法律是进行调解的唯一依据，对所有的人都必须采用同一尺度去衡量，做到不偏不倚，严格依法维护各方当事人的合法权益。

（3）自愿性原则。调解时应尊重当事人的意愿，当事人调解自愿，不得强迫当事人进行调解。调解协议自愿，当事人达成调解协议或者同意调解必须是“自愿”，公安机关交通管理部门在调解时可以进行劝解，但绝不能强迫、引诱，也不得采取暗示或施加心理压力等方法让当事人接受调解。

（4）及时性原则。调解没有次数限制，但是公安机关交通管理部门进行调解时要讲求效率，调解时限要严格按照《道路交通安全法实施条例》第94条、第95条、第96条和《道路交通事故处理程序规定》第90条的规定，及时制作道路交通事故损害赔偿调解书或者道路交通事故损害赔偿调解终结书。

645. 经过人民调解委员会调解达成的交通事故损害赔偿协议如何进行司法确认以及有何效力？

答：经过人民调解委员会调解达成的交通事故损害赔偿协议，双方当事人认为有必要的，可以自调解协议生效之日起30日内共同向人民法院申请司法确认，人民法院应当及时对调解协议进行审查，依法确认调解协议的效力。

人民法院依法确认调解协议有效，一方当事人拒绝履行或者未全部履行的，对方当事人可以向人民法院申请强制执行。

人民法院依法确认调解协议无效的，当事人可以通过人民调解方式变更原调解协议或者达成新的调解协议，也可以向人民法院提起诉讼。

646. 公安机关交通管理部门交通事故调解的参加人员主要有哪些？

答：根据《道路交通事故处理程序规定》第89条的规定，参加损害赔偿调解的人员包括：

（1）道路交通事故当事人及其代理人；

（2）道路交通事故车辆所有人或者管理人；

（3）承保机动车保险的保险公司人员；

（4）公安机关交通管理部门认为有必要参加的其他人员。

委托代理人应当出具由委托人签名或者盖章的授权委托书。授权委托书应当载明委托事项和权限。参加损害赔偿调解的人员每方不得超过3人。

647. 交通事故调解时，公安机关交通管理部门认为有必要参加的其他人员主要是指哪些人员？

答：主要是指两类人：一是监督人，在当事人允许的情况下，公安机关交通管理部门公开调解时，可以聘请专家、学者等作为监督人参加调解，对公安机关交通管理部门调解行为的公正性、合法性进行监督，提升调解的公信力。二是利益相关人，公安机关交通管理部门认为调解结果可能对其权益产生影响，而通知参加调解的人员，如驾驶人的单位负责人、机动车实际控制人等。

648. 公安机关交通管理部门受理调解申请后，应该什么时间开始进行调解？

答：根据《道路交通事故处理程序规定》第 90 条第 1 款的规定，公安机关交通管理部门受理调解申请后，应当按照下列规定日期开始调解：

（1）造成人员死亡的，从规定的办理丧葬事宜时间结束之日起；

（2）造成人员受伤的，从治疗终结之日起；

（3）因伤致残的，从定残之日起；

（4）造成财产损失的，从确定损失之日起。

公安机关交通管理部门受理调解申请时已超过前款规定的时间，调解自受理调解申请之日起开始。

649. 公安机关交通管理部门应当在何时通知当事人调解的时间、地点？

答：根据《道路交通事故处理程序规定》第 88 条第 1 款的规定，公安机关交通管理部门应当与当事人约定调解的时间、地点，并于调解时间 3 日前通知当事人。口头通知的，应当记入调解记录。

650. 调解参加人因故不能按期参加调解的，应当如何请求变更调解时间？

答：根据《道路交通事故处理程序规定》第 88 条第 2 款的规定，调解参加人因故不能按期参加调解的，应当在预定调解时间 1 日前通知承办的交通警察，请求变更调解时间。

651. 公安机关交通管理部门进行交通事故调解的基本步骤主要有哪些？

答：根据《道路交通事故处理程序规定》第 91 条的规定，交通警察调解道路交通事故损害赔偿，按照下列程序实施：

（一）告知各方当事人权利、义务；

（二）听取各方当事人的请求及理由；

（三）根据道路交通事故认定书认定的事实以及《道路交通安全法》第76条的规定，确定当事人承担的损害赔偿责任；

（四）计算损害赔偿的数额，确定各方当事人承担的比例，人身损害赔偿的标准按照《侵权责任法》《最高人民法院关于审理人身损害赔偿案件适用法律若干问题的解释》和《最高人民法院关于审理道路交通事故损害赔偿案件适用法律若干问题的解释》等有关规定执行，财产损失的修复费用、折价赔偿费用按照实际价值或者评估机构的评估结论计算；

（五）确定赔偿履行方式及期限。

652. 交通事故调解书应当载明哪些内容？

答：根据《道路交通事故处理程序规定》第93条第1款和第2款的规定，经调解达成协议的，公安机关交通管理部门应当当场制作道路交通事故损害赔偿调解书，由各方当事人签字，分别送达各方当事人。

调解书应当载明以下内容：

（一）调解依据；

（二）道路交通事故认定书认定的基本事实和损失情况；

（三）损害赔偿的项目和数额；

（四）各方的损害赔偿责任及比例；

（五）赔偿履行方式和期限；

（六）调解日期。

653. 交通事故当事人达成损害赔偿协议并履行，对交通安全违法行为是否还要给予行政处罚？

答：交通事故当事人就交通事故损害赔偿达成协议，解决了当事人民事责任争议；对于当事人在交通事故中存在的违法行为，公安机关交通管理部门应该依据《道路交通安全违法行为处理程序规定》进行处罚。

654. 公安机关交通管理部门交通事故调解达不成协议怎么办？

答：根据《道路交通事故处理程序规定》第93条第3款的规定，经调解各方当事人未达成协议的，公安机关交通管理部门应当终止调解，制作道路交通事故损害赔偿调解终结书，送达各方当事人。当事人可以依法向人民法院提起民事诉讼，或者申请人民调解委员会进行调解。

655. 交通事故损害赔偿调解协议有哪些法律效力？

答：交通事故损害赔偿调解协议不具有强制执行力；一方当事人不履行达成的调解协议的，另一方当事人可以向法院提起民事诉讼，解决损害赔偿事宜；当事人可以将交通事故损害赔偿调解协议作为证据提交给法院，法院经查证属实，可以作为裁判的依据。

656. 在调解过程中，一方当事人更换新的调解参加人，调解期限是否要重新计算？

答：调解过程中一般不允许更换调解参加人，如果一方当事人有合理的理由中途更换了调解参加人，调解期间不重新计算，仍连续计算调解时间，但是如果遇不可抗力，如洪水、飓风、地震、重大疫情等情况，使调解不能正常进行的，调解时限可以中止。

657. 公安机关交通管理部门在调解过程中，当事人就法定赔偿项目以外的项目达成协议怎么办？

答：公安机关交通管理部门在调解过程中，当事人就法定赔偿项目以外的项目达成协议的，应该尊重当事人的意思自治，只要当事人是自愿的，双方达成协议的，应当在调解书中写明。

658. 在公安机关交通管理部门调解过程中，当事人是否可以向人民法院提起民事诉讼吗？

答：在公安机关交通管理部门调解过程中，当事人可以向人民法院提起民事诉讼，也可以自行决定通过调解或者诉讼解决赔偿争议。但是当有一方当事人向人民法院提起民事诉讼，人民法院立案的，公安机关交通管理部门应当终止调解。

659. 在交通事故处理过程中，需要进行伤残评定、财产损失评估的应该如何办理？

答：因确定损害赔偿的数额，需要进行伤残评定、财产损失评估的，由各方当事人协商确定有资质的机构进行，但财产损失数额巨大涉嫌刑事犯罪的，由公安机关交通管理部门委托。

当事人委托伤残评定、财产损失评估的费用，由当事人承担。

660. 当事人申请人民调解委员会调解，未达成调解协议，自人民调解委员会作出终止调解之日起3日内，一致书面申请公安机关交通管理部门进行调解；但是已经超过了申请期限的，公安机关交通管理部门是否受理？

答：公安机关交通管理部门不予受理，但应当告知当事人向人民法院提起民事诉讼。

661. 哪些情形公安机关交通管理部门应当终止调解，并记录在案？

答：根据《道路交通事故处理程序规定》第94条的规定，有下列情形之一的，公安机关交通管理部门应当终止调解，并记录在案：

（1）调解期间有一方当事人向人民法院提起民事诉讼的；

（2）一方当事人无正当理由不参加调解的；

（3）一方当事人调解过程中退出调解的。

第三节　民事诉讼（662—674）

662. 交通事故民事诉讼由哪个法院管辖？

答：交通事故是侵权行为引起的，因此在受理交通事故案件时应当按照侵权行为确定管辖。因侵权行为提起的诉讼，由侵权行为地或者被告住所地人民法院管辖。因此交通事故提起诉讼应当按照下列原则确定管辖：

一是被告住所地人民法院管辖。被告住所地是指被告的户籍所在地，户籍所在地与经常居住地不一致的，按照经常居住地确定住所地。经常居住地是指离开住所 1 年以上并在经常居住地居住满 1 年以上，但公民住院就医的地方除外。

二是侵权行为地管辖。侵权行为地包括侵权结果发生地和侵权行为发生地，上述法院均有权受理交通事故案件。当侵权行为发生地和侵权结果发生地与原告住所地一致时，原告住所地法院也有管辖权。交通事故民事诉讼可向侵权行为地即事故发生地的法院起诉。

663. 在交通事故民事诉讼过程中，有两个以上被告人，这些被告人住所地又不一致，原告该向哪个法院提起民事诉讼？

答：根据《民事诉讼法》第 21 条规定，同一诉讼的几个被告住所地、经常居住地在两个以上人民法院辖区的，各该人民法院都有管辖权。原告可任选一被告住所地的人民法院提起诉讼。

664. 交通事故民事诉讼的时效是多少？

答：根据《民法典》第 188 条规定，向人民法院请求保护民事权利的诉讼时效期间为三年。法律另有规定的，依照其规定。

诉讼时效期间自权利人知道或者应当知道权利受到损害以及义务人之日起计算，法律另有规定的，依照其规定。但是，自权利受到损害之日起超过 20 年的，人民法院不予保护，有特殊情况的，人民法院可以根据权利人的申请决定延长。

因此，根据以上法律规定，当事人因交通事故致人身损害或者财产损失，提起民事诉讼的时效为 3 年。

665. 交通事故民事诉讼时效的起算日如何确定？

答：当事人在交通事故中可能受伤、致残等需要长期治疗，行使诉讼权利存在障碍，因此，诉讼时效的起算日应根据不同的情形来确定：

（1）对于人身损害比较明显的，若受害人所受伤害比较轻微，以受到侵害之日开始起算。

（2）若受害人所受伤害比较严重，需要住院治疗的，没有构成伤残的，以治疗终结之日开始起算；构成伤残的，以作出伤残鉴定之日开始起算。

（3）需要后续治疗的，后续治疗部分以后续治疗终结之日开始起算。

（4）对于人身损害不明显的，后经检查确诊并能证明是由侵害引起的，从伤势确诊之日起算。

666. 交通事故发生以后起诉车主还是起诉驾驶人？

答：交通事故民事诉讼中，受害人可以起诉车主，也可以起诉驾驶人，还可将车主与驾驶人一并起诉。首先，驾驶人交通肇事的，驾驶人是第一责任人，应当承担相应的侵权责任。如果驾驶人是履行职务行为，其在职务行为中造成的损失，由其供职的单位承担赔偿责任。其次，在车辆是借用的情况下，车主也可能存在过错，依法应当承担相应的责任，所以，通常情况下，受害人起诉时，可将车主一并起诉。最后，如果肇事车辆在保险公司已经投保交强险或者商业第三者险的情况下，受害人还可以将保险公司一并起诉。

667. 承保交强险的保险公司在交通事故民事诉讼中是什么诉讼地位？

答：根据《最高人民法院关于审理道路交通事故损害赔偿案件适用法律若干问题的解释》（法释〔2020〕17 号）第 22 条第 1 款规定，人民法院审理道路交通事故损害赔偿案件，应当将承保交强险的保险公司列为共同被告。但该保险公司已经在交强险责任限额范围内予以赔偿且当事人无异议的除外。

668. 商业三者险保险公司在交通事故民事诉讼中是什么诉讼地位？

答：根据《最高人民法院关于审理道路交通事故损害赔偿案件适用法律若干问题的解释》（法释〔2020〕17 号）第 22 条第 2 款规定，人民法院审理道路交通事故损害赔偿案件，当事人请求将承保商业三者险的保险公司列为共同被告的，人民法院应予准许。

669. 在交通事故民事诉讼中，赔偿权利人只起诉了部分共同侵权人，人民法院应当怎么办？

答：《最高人民法院关于审理人身损害赔偿案件适用法律若干问题的解释》第2条规定，赔偿权利人起诉部分共同侵权人的，人民法院应当追加其他共同侵权人作为共同被告。赔偿权利人在诉讼中放弃对部分共同侵权人的诉讼请求的，其他共同侵权人对被放弃诉讼请求的被告应当承担的赔偿份额不承担连带责任。责任范围难以确定的，推定各共同侵权人承担同等责任。人民法院应当将放弃诉讼请求的法律后果告知赔偿权利人，并将放弃诉讼请求的情况在法律文书中叙明。

670. 在交通事故民事诉讼中，原告应当向人民法院提交哪些材料？

答：当事人应当提交以下材料：

（1）民事起诉书。

（2）应当提供能够证明被告在何时何地实施了何种违约行为，以及这种违法行为确实给自己造成了损害结果的证据材料，如交通事故认定书、交通调解协议书或终结书等。

（3）要求赔偿医疗费的，应当提供证明伤情的医院诊断证明、病历、处方、医疗费单据等。转院治疗的，应当提供医院同意转院的证明。

（4）要求赔偿护理费、营养费的，应当提供主治医生开具的批准专人护理、需要增加营养的证明。

（5）要求赔偿误工费的，应当提供本人所在单位开具的已扣发工资和奖金的证明。

（6）要求赔偿交通费的，应当提供汽车票、火车票等交通票据。

（7）要求赔偿财产损失的，应当提供财产受到损失的证明材料，如车辆损坏的，应当提供车辆损坏后的照片、修车发票或修理厂修理估价单等。

（8）要求赔偿精神损害的，应当提供证明侵害场合、侵权手段、造成后果的证明。

671. 在交通事故民事案件中，赔偿义务人请求以定期金方式给付残疾赔偿金、辅助器具费，人民法院应当如何处理?

答：赔偿义务人请求以定期金方式给付残疾赔偿金、辅助器具费的，应当提供相应的担保。人民法院可以根据赔偿义务人的给付能力和提供担保的情况，确定以定期金方式给付相关费用。但是，一审法庭辩论终结前已经发生的费用、死亡赔偿金以及精神损害抚慰金，应当一次性给付。人民法院应当在法律文书中明确定期金的给付时间、方式以及每期给付标准。执行期间有关统计数据发生变化的，给付金额应当适时进行相应调整。定期金按照赔偿权利人的实际生存年限给付，不受有关赔偿期限的限制。

672. 当事人在诉讼中没有提出赔偿精神损害的诉讼请求，诉讼终结后能否基于同一侵权事实另行起诉请求赔偿精神损害?

答：根据《最高人民法院关于确定民事侵权精神损害赔偿责任若干问题的解释》第 6 条之规定，当事人在侵权诉讼中没有提出赔偿精神损害的诉讼请求，诉讼终结后又基于同一侵权事实另行起诉请求赔偿精神损害的，人民法院不予受理。

673. 当事人死后，哪些人可以向人民法院提起诉讼，要求赔偿精神损害抚慰金?

答：根据《最高人民法院关于确定民事侵权精神损害赔偿责任若干问题的解释》第 7 条的规定，交通事故当事人死亡的，死者的配偶、父母和子女向人民法院起诉请求赔偿精神损害的，列其配偶、父母和子女为原告；没有配偶、父母和子女的，可以由其他近亲属提起诉讼，列其他近亲属为原告。

674. 被侵权人因交通事故死亡，无近亲属或者近亲属不明，支付被侵权人医疗费、丧葬费等合理费用的单位或者个人，请求保险公司在交强险责任限额范围内予以赔偿，人民法院应当如何处理？

答：被侵权人因道路交通事故死亡，无近亲属或者近亲属不明，未经法律授权的机关或者有关组织向人民法院起诉主张死亡赔偿金的，人民法院不予受理。侵权人以已向未经法律授权的机关或者有关组织支付死亡赔偿金为由，请求保险公司在交强险责任限额范围内予以赔偿的，人民法院不予支持。被侵权人因道路交通事故死亡，无近亲属或者近亲属不明，支付被侵权人医疗费、丧葬费等合理费用的单位或者个人，请求保险公司在交强险责任限额范围内予以赔偿的，人民法院应予支持。

第八章　特殊类型交通事故处理

第一节　交通肇事逃逸查缉（675—686）

675. 发生交通事故后，肇事人员如果把伤者送到医院后逃跑的，是否认定为逃逸？

答：发生交通事故后，肇事人员把伤者送到医院后，没有留下真实姓名和联系方式，也没有及时接受公安机关调查的，属于交通肇事逃逸中潜逃藏匿的一种情形。

676. 交通肇事后，行为人因受伤在医院治疗，公安机关向其询问案情时，拒不交代肇事经过，并虚构身份信息，后逃离医院的行为，是否应当认定为"交通肇事后逃逸"？

答：交通肇事后逃逸的基本含义是指发生交通事故后，肇事者不履行保护现场、积极抢救、迅速报案等义务而逃跑的行为；只要行为人在交通肇事后为逃避法律追究而逃离的行为，都应当认定为"交通肇事后逃逸"。行为人因受伤在医院治疗，公安机关向其询问案情时，拒不交代肇事经过，并虚构身份信息，后逃离医院的行为应该认定为"交通肇事后逃逸"。

677. 交通事故现场勘查完成之后，交通肇事人员藏匿，拒不接受调查的行为是否属于交通肇事逃逸？

答：交通事故现场勘查完成之后，交通肇事人员藏匿，拒不接受调查的行为属于交通肇事逃逸中潜逃藏匿的一种情形，应该认定为交通肇事逃逸。

678. 特种车辆包括警车、消防车、救护车、工程救险车等在执行紧急任务时发生交通事故后驶离现场应如何认定？

答：特种车辆包括警车、消防车、救护车、工程救险车等，根据公安部交通管理局《关于特种车辆在执行任务中发生交通事故后驶离现场定性问题的答复》（1999年4月29日）的规定，执行任务的特种车辆在发生交通事故后，为履行法定的职责离开现场，不能认定为交通肇事逃逸。

679. 机动车驾驶人在发生交通事故后，弃车自行离开现场，第二天主动到公安机关交通管理部门接受调查的，是否认定为交通肇事逃逸？

答：机动车驾驶人在发生交通事故后，弃车自行离开现场，应认定为弃车逃逸。第二天主动到公安机关交通管理部门接受调查，属于主动投案行为。

680. 机动车发生财产损失事故后，当事人自行协商未达成协议，强行离开现场的行为如何认定？

答：机动车发生财产损失事故后，当事人自行协商未达成协议，未留下联系方式，强行离开现场的行为应认定为交通肇事逃逸。

681. 接到道路交通肇事逃逸警情，公安机关交通管理部门应迅速开展哪些工作？

答：接到道路交通肇事逃逸警情，公安机关交通管理部门应当立即启动查缉预案，布置警力堵截，并通过全国机动车缉查布控系统查缉。

682. 中国人民解放军或中国人民武装警察部队人员、车辆发生交通肇事逃逸的如何处理？

答：中国人民解放军和中国人民武装警察部队车辆涉嫌交通肇事逃逸的，公安机关交通管理部门应当通报中国人民解放军、中国人民武装警察部队有关部门。依法应当吊销、注销中国人民解放军、中国人民武装警察部队核发的机动车驾驶证以及对现役军人实施行政拘留或者追究刑事责任的，移送中国人民解放军、中国人民武装警察部队有关部门处理。

683. 公安机关交通管理部门查获交通肇事逃逸车辆或者交通肇事逃逸嫌疑人后，对发出的协查通报如何处理？

答：公安机关交通管理部门查获交通肇事逃逸车辆或者交通肇事逃逸嫌疑人后，对发出的协查通报，应当按原范围撤销，并通过全国机动车缉查布控系统撤销布控。

684. 接到协查通报的公安机关交通管理部门是否可以扣留交通肇事逃逸嫌疑人和车辆？

答：接到协查通报的公安机关交通管理部门，发现交通肇事逃逸车辆或者嫌疑车辆的，应当予以扣留，不可扣留交通肇事逃逸嫌疑人，但要依法传唤交通肇事逃逸人或者与协查通报相符的嫌疑人，并及时将有关情况通知案发地公安机关交通管理部门。案发地公安机关交通管理部门应当立即派交通警察前往办理移交。

685. 交通肇事逃逸人已准备去公安机关投案或投案过程中被公安民警抓获的，是否可以认定为自动投案？

答：有证据证明交通肇事逃逸人已准备去公安机关投案或投案过程中被公安民警抓获的，可以认定为主动投案。

686. 公安机关交通管理部门在侦办交通肇事逃逸案件期间，交通肇事逃逸案件的受害人及其家属是否可以询问案件侦办情况？

答：公安机关交通管理部门在侦办交通肇事逃逸案件期间，交通肇事逃逸案件的受害人及其家属可以向公安机关交通管理部门询问案件侦办情况，公安机关交通管理部门应当告知案件侦办情况并做好记录，依法不应当公开的内容除外。

第二节　涉外交通事故处理（687—702）

687. 如何识别外国人身份?

答：涉及外国人的交通事故，交通警察应当立即通知所属公安机关交通管理部门，请求出入境管理部门协助，核实外国人身份。

外国人的身份证明文件以其最后一次入境时所持有的有效护照为准。民警应当根据护照内容记录下外国人的国籍、护照号码、姓名、出生日期、护照有效期、签证种类及有效期等内容并予以初步甄别。

688. 接到涉外交通事故报警的，应如何进行报告?

答：接到涉外道路交通事故报警的，应在24小时内制作《涉外案（事）件情况通报表》一式四份，一份存档，一份报上一级公安机关交通管理部门，两份报同级公安机关出入境管理部门。

689. 涉及享有外交特权和豁免权人员的道路交通事故，公安机关交通管理部门在处理时应注意哪些事项?

答：享有外交特权与豁免权的人员发生道路交通事故时，交通警察认为应当给予暂扣或者吊销机动车驾驶证处罚的，可以扣留其机动车驾驶证。需要对享有外交特权与豁免权的人员进行调查的，可以约谈，谈话时仅限于与道路交通事故有关的内容。需要检验、鉴定车辆的，公安机关交通管理部门应当征得其同意，并在检验、鉴定后立即发还。

公安机关交通管理部门应当根据收集的证据，制作道路交通事故认定书送达当事人，当事人拒绝接收的，送达至其所在机构；没有所在机构或者所在机构不明确的，由当事人所属国家的驻华使领馆转交送达。

享有外交特权与豁免权的人员应当配合公安机关交通管理部门的调查和检验、鉴定。对于经核查确实享有外交特权与豁免权但不同意接受调查或者检验、鉴定的，公安机关交通管理部门应当将有关情况记录在案，损害赔偿事宜通过外交途径解决。

690. 与外国人发生交通事故后，当事人可以采取哪些措施保障自己的损害赔偿能够解决？

答：为防止外国人在发生交通事故后离境或转移财产，公安机关交通管理部门应当告知道路交通事故损害赔偿权利人向人民法院申请采取诉前保全措施，以保障其利益免受侵害。

691. 享有外交特权和豁免权的外国人发生人员事故死亡的，公安机关交通管理部门应该如何处理？

答：公安机关交通管理部门处理享有外交特权与豁免权的外国人发生人员死亡事故的，应当将其身份、证件及事故经过、损害后果等基本情况记录在案，并将有关情况迅速通报省级人民政府外事部门和该外国人所属国家的驻华使馆或者领馆。

692. 公安机关交通管理部门在处理涉外交通事故过程中使用何种语言？

答：公安机关交通管理部门在处理涉外道路交通事故过程中，使用中华人民共和国通用的语言文字。对不通晓我国语言文字的，应当为其提供翻译；当事人通晓我国语言文字而不需要他人翻译的，应当出具书面声明。

693. 为外国当事人提供翻译的相关费用由谁来承担？

答：为外国当事人提供翻译的相关费用由公安机关交通管理部门承担。经公安机关交通管理部门批准，外国人可以自行聘请翻译，翻译费由当事人承担。

694. 外国人在我国因交通事故死亡的，尸体如何处理？

答：外国人在我国因道路交通事故死亡的，尸体可以在当地火化，也可以运回其国内。办案部门应当尊重死者家属或所属国驻华使领馆的意思。如外方不愿火化，可按规定将尸体运回其所在国处理。

695. 在处置涉外交通事故现场时，应注意哪些问题？

答：在处置涉外道路交通事故现场时，应立即检查外国人的证件，以确认其身份，告知其我国法律法规规定的当事人在处理道路交通事故中的权利和义务，对享有外交特权与豁免权的外国人的车辆和财物不得翻动等。

696. 对发生交通事故，享有外交特权与豁免权的外国人的机动车驾驶证是否可以扣留？

答：享有外交特权与豁免权的外国人发生道路交通事故后，道路交通事故处理民警认为应当给予暂扣或者吊销机动车驾驶证处罚的，可以扣留其机动车驾驶证。

697. 交通事故当事人为外国人的，首次询问应当问清楚哪些情况？

答：道路交通事故当事人为外国人的，首次询问应当问清楚其姓名、出生年月日、国籍、出入境证件种类及号码、签证种类、入境时间、入境事由、现住址、身体状况等情况。

698. 对享有外交特权与豁免权的外国人的调查，应如何进行？

答：需要对享有外交特权与豁免权的外国人进行调查的，可以约谈，使用《谈话记录》记录谈话的内容。谈话时，仅限于道路交通事故有关的内容；本人不接受调查的，应记录在案。

699. 逃逸的涉外交通事故，如何处理？

答：遇到外交人员交通肇事逃逸的，办案人员可以确认驾驶人及车辆位置，通过正常途径上报外事部门，通过外交途径与使领馆取得联系，照会使领馆责成驾驶人员或者委托专人配合交通警察调查取证，履行赔偿义务。办案人员不可擅自对外交人员采取相应的措施。

700. 对涉外交通事故当事人行政处罚的，如何处理？

答：对于不享有外交特权和豁免权的外国人道路交通事故当事人，按照我国有关法律、法规和规章的规定给予行政处罚；对于享有外交特权和豁免权的外国人的道路交通事故当事人，办案的公安机关交通管理部门应当将其身份、证件及违法行为等基本情况记录在案，保存有关证据，报省级公安机关商同级人民政府外事部门处理。

701. 对涉外交通事故当事人刑事处罚的，如何办理？

答：对于不享有外交特权和豁免权的外国人道路交通事故当事人，按照我国有关法律、法规和规章的规定，给予刑事处罚；需要对享有外交特权和豁免权的外国人的道路交通事故当事人给予刑事处罚的，应当层报公安部，由公安部商请外交部通过外交途径办理。

702. 外国当事人在行政拘留期间，其所属国家驻华外交、领事官员要求探视的，如何处理？

答：外国当事人在行政拘留期间，其所属国家驻华外交、领事官员要求探视的，应予以安排。

第三节 特别重大交通事故调查处理（703—712）

703. 特别重大交通事故按照什么程序进行处理？

答：制定《道路交通事故处理程序规定》是为了规范道路交通事故处理工作规定的程序。所以，符合《道路交通安全法》规定的道路交通事故，都要依据《道路交通事故处理程序规定》进行处理。但根据《生产安全事故报告和调查处理条例》第 19 条的规定，特别重大事故由国务院或者国务院授权有关部门组织事故调查组进行调查。因此，发生特别重大道路交通事故还要按照《生产安全事故报告和调查处理条例》处理，而不能仅仅按照《道路交通事故处理程序规定》处理。

704. 接到特别重大交通事故发生警情后，安全生产监督管理部门和负有安全生产监督管理职责的有关部门逐级上报的时限有什么要求?

答：安全生产监督管理部门和负有安全生产监督管理职责的有关部门逐级上报事故情况，每级上报的时间不得超过2小时。

705. 发生特别重大事故、重大事故逐级向上级报告，报告事故应当包括哪些内容?

答：报告事故应当包括下列内容：

（1）事故发生单位概况；

（2）事故发生的时间、地点以及事故现场情况；

（3）事故的简要经过；

（4）事故已经造成或者可能造成的伤亡人数（包括下落不明的人数）和初步估计的直接经济损失；

（5）已经采取的措施；

（6）其他应当报告的情况。

706. 发生特别重大事故已经上报至国务院，7天后案件中伤者又发生死亡的，是否可以不再上报?

答：事故报告后出现新情况的，应当及时补报。自事故发生之日起30日内，事故造成的伤亡人数发生变化的，应当及时补报。道路交通事故、火灾事故自发生之日起7日内，事故造成的伤亡人数发生变化的，应当及时补报。

707. 发生特别重大事故由哪些单位成立调查组进行调查?

答：特别重大事故由国务院或者国务院授权有关部门组织事故调查组进行调查。

708. 特别重大事故调查组主要职责有哪些?

答：特别重大事故调查组履行下列职责：

（1）查明事故发生的经过、原因、人员伤亡情况及直接经济损失；

（2）认定事故的性质和事故责任；

（3）提出对事故责任者的处理建议；

（4）总结事故教训，提出防范和整改措施；

（5）提交事故调查报告。

709. 事故调查中需要进行技术鉴定的，应如何处理？

答：事故调查中需要进行技术鉴定的，事故调查组应当委托具有国家规定资质的单位进行技术鉴定。必要时，事故调查组可以直接组织专家进行技术鉴定。技术鉴定所需时间不计入事故调查期限。

710. 对特别重大交通事故的调查工作期限有什么规定？

答：事故调查组应当自事故发生之日起60日内提交事故调查报告；特殊情况下，经负责事故调查的人民政府批准，提交事故调查报告的期限可以适当延长，但延长的期限最长不超过60日。

711. 对特别重大交通事故调查工作结束的标志是什么？

答：事故调查报告报送国务院或者国务院授权的有关部门后，事故调查工作即告结束。事故调查的有关资料应当归档保存。

712. 对特别重大交通事故处理的情况，由哪些机构向社会公布？

答：事故处理的情况由负责事故调查的人民政府或者其授权的有关部门、机构向社会公布，依法应当保密的除外。

第九章 交通肇事犯罪案件办理（713—725）

713. 交通肇事犯罪案件的立案时间是公安机关交通管理部门接到报案之日，还是交通事故认定书作出之日？

答：交通肇事犯罪案件的立案是在公安机关交通管理部门受理道路交通事故案件后，经过审查认为有交通肇事犯罪事实需要追究刑事责任，且属于自己管辖的，由办案单位制作《刑事案件立案报告书》，经县级以上公安机关领导批准，予以刑事立案。因此，交通肇事犯罪立案的时间应当是案件符合立案条件之日。

714. 交通事故造成1人以上死亡或者重大财产损失，损害后果达到构成犯罪的标准，公安机关交通管理部门是否直接作为刑事案件立案侦查？

答：交通事故造成重大损失，损害后果达到交通肇事罪的犯罪标准的，公安机关交通管理部门也不能直接作为刑事案件立案侦查，因为是否构成犯罪，还需要依据当事人的交通事故责任。根据《公安机关办理行政案件程序规定》第65条的规定，对发现或者受理的案件暂时无法确定为刑事案件或者行政案件的，可以按照行政案件的程序办理。在办理过程中，认为涉嫌构成犯罪的，应当按照《公安机关办理刑事案件程序规定》办理。

因此，应当依据《道路交通事故处理程序规定》的规定，按照行政案件办理，作出交通事故认定，确定当事人的责任之后，根据《最高人民法院关于审理交通肇事刑事案件具体应用法律若干问题的解释》（法释〔2000〕33号），确定涉嫌构成交通肇事犯罪的，应该将案件转为刑事立案，按照刑事犯罪办理。

715. 对于作为行政案件处理的交通事故，在交通事故认定后转化为刑事案件立案的，前期调查的证据是否需要依据刑事程序重新调查？

答：根据2012年《刑事诉讼法》第52条第2款规定，行政机关在行政执法和查办案件过程中收集的物证、书证、视听资料、电子数据等证据材料只要行政机关依照法定的程序收集，无须公检法机关再经其他转化手续，即可在刑事诉讼中作为证据使用。《公安机关办理刑事案件程序规定》（公安部令第159号）对该款进行了细化规定，同时扩大了列举的证据种类；明确规定公安机关接受或者依法调取的行政机关在行政执法和查办案件过程中收集的物证、书证、视听资料、电子数据、鉴定意见、勘验笔录、检查笔录等证据材料，经公安机关审查符合法定要求的，可以作为证据使用。因此，交通事故处理阶段调查的证据，符合法律规定的，可以直接转化为刑事证据使用。

716. 交通事故当事人已经依据交通事故处理程序作出了行政处罚决定后，公安机关交通管理部门认定当事人涉嫌构成犯罪转为刑事案件办理，是否需要撤销原来的行政处罚决定？

答：行政案件转为刑事案件办理的，不需要撤销原来的行政处罚决定，可以根据刑事程序的结果分别处理：一是可以在刑事案件结案后，再视情况决定是否撤销原来作出的行政处罚。如经人民法院依法判决认为当事人的行为构成交通肇事罪，原行政处罚应撤销，缴纳的罚款应退还，已执行的行政拘留应折抵刑期。二是如检察院不起诉、法院免予刑事处罚或者依法裁判当事人不构成犯罪，依法应当予以行政处罚的，原行政处罚无须撤销，依法执行即可。

717. 甲地公安机关交通管理部门是否可以持传唤证将乙地的被传唤人传唤到甲地进行讯问？

答：依法不能异地传唤。根据《刑事诉讼法》规定，对于不需要逮捕、拘留的犯罪嫌疑人，可以传唤到犯罪嫌疑人所在市、县内的指定地点或者他的住处进行讯问，但是应当出示人民检察院或者公安机关的证明文件。公安机关交通管理部门在办案中需要到外地传唤犯罪嫌疑人的，办案人员应当携带办案地县级以上公安机关签发的《传唤通知书》和介绍信，由被传唤人所在地县级以上公安机关协助，在当地进行传唤，经过讯问后认为需要办理强制措施的，分别依照有关规定办理。

718. 办案人员多次持传唤证到犯罪嫌疑人的家中欲传唤犯罪嫌疑人时，犯罪嫌疑人均不在家，办案人员是否可以把传唤证交由其邻居或家属，并让其邻居或家属签收？

答：不可以交由其他人代收传唤证。

719. 交通事故发生后，一方当事人或其家属拦车挡道、扣留其他当事人的车辆或财物，公安机关交通管理部门应该如何处理？

答：根据公安部对《关于非法扣留他人车辆该如何定性处理的请示》的批复，应当根据不同情节分别处理：

一是对于正在行驶的车辆无理拦截或者强行登车实施扣押，情节轻微，尚不够刑事处罚的，按照《治安管理处罚法》第23条第1款第4项的规定予以处罚；经公安机关责令返还仍继续实施扣押的，按照《刑法》第291条破坏交通秩序罪追究刑事责任。

二是对于采取欺骗手段，乘人不备扣押他人车辆，情节轻微，尚不够刑事处罚的，按照《治安管理处罚法》第64条第1项的规定予以处罚。经公安机关责令仍拒不返还所扣车辆的，按照《刑法》第267条第1款抢夺罪追究刑事责任。

三是以暴力、胁迫方法扣押他人车辆的，按照《刑法》第150条抢劫罪追究刑事责任；非法扣押他人车辆并进行敲诈勒索的，按照《刑法》第274条敲诈勒索罪追究刑事责任。

另外，除上述处罚外，对被扣车辆造成损毁的，由非法扣留者负责赔偿。以上所列情形，经公安机关责令，能及时返还车辆赔偿损失的，可以根据情节从轻、减轻或免除处罚。

720. 当事人涉嫌构成交通肇事罪而被刑事拘留，但检察院依法不起诉或人民法院判决无罪，公安机关交通管理部门依法处以行政拘留处罚，刑事拘留的时间能否折抵行政拘留的时间？

答：根据公安部《关于刑事拘留时间可否折抵行政拘留时间问题的批复》（2004 年 3 月 4 日公复字〔2004〕1 号），如果行为人依法被刑事拘留的行为与依法被行政拘留的行为系同一行为，公安机关在依法对其裁决行政拘留时，应当将其刑事拘留的时间折抵行政拘留时间。如果行为人依法被刑事拘留的时间已超过依法被裁决的行政拘留时间的，则其行政拘留不再执行，但必须将行政拘留裁决书送达被处罚人。对没有犯罪事实或者没有事实证明有犯罪重大嫌疑的人错误刑事拘留的，应当依法给予国家赔偿。但是，如果因同一行为依法被裁决行政拘留，且刑事拘留时间已经折抵行政拘留时间的，已经折抵的刑事拘留时间不再给予国家赔偿。

721. 机动车驾驶人在发生交通事故后，立即报警并在现场等待公安机关处理的，并如实交代交通事故发生的主要事实情况的，是否可以认定为投案自首？

答：机动车驾驶人主动报警，在现场等待，并如实交代交通事故发生的主要事实，自动接受公安机关交通管理部门处理，应该认定为自首。

722. 机动车驾驶人在发生交通事故逃逸，经调查认定其有嫌疑电话通知接受调查的，当事人自动到公安机关交通管理部门接受调查并如实交代交通事故发生的主要事实的，是否可以认定为投案自首？

答：电话通知不属于强制措施，交通肇事逃逸人员经电话通知后向公安机关投案的，不能排除投案的主动性。对电话通知到案的应认定为自动投案，电话通知到案后如实供述犯罪事实的，一般可以认定为自首。

723. 依据《交通事故统计暂行规定》第8条规定，交通事故受伤人员于事故发生7天以后死亡的，不列入死亡人数统计范围；此类案件是否不认定为死亡事故?

答：交通事故受伤人员于事故发生7天以后死亡的，应根据不同的情形确定，对于经抢救无效死亡，抢救处于连续不断地进行，虽然死亡结果出现在事故发生7天以后，仍然认定为死亡事故；对于经抢救伤情稳定，由于其他意外的因素导致恶化而死亡的，不应该认定为死亡事故，而应该按照伤人事故处理。

724. 什么是交通事故中的“碰瓷”?

答：根据《最高人民法院最高人民检察院公安部关于依法办理“碰瓷”违法犯罪案件的指导意见》（公通字〔2020〕12号）的规定，所谓“碰瓷”，是指行为人通过故意制造或者编造其被害假象，采取诈骗、敲诈勒索等方式非法索取财物的行为。实践中，一些不法分子通过“设局”故意制造交通事故，利用被害人违反道路通行规定或者酒后驾驶、无证驾驶、机动车手续不全等违法违规行为，通过被害人害怕被查处的心理来实施诈骗、敲诈勒索等，有的在“碰瓷”行为被识破后，直接对被害人实施抢劫、抢夺、故意伤害等违法犯罪活动。

725. 对驾驶机动车“碰瓷”行为如何区分认定?

答：对驾驶机动车“碰瓷”行为的定性要区分情况。发生在城市主干道或高速路的驾驶机动车“碰瓷”的行为，因上述道路具有车流量大、行车速度快及行人多等特点，一旦在某路段出现突发事件，极有可能在短时间内造成重大交通事故，特别是此类行为通常采取突然变速冲撞，阻挡正在正常行驶的其他车辆的方法，很可能使被害车辆因受撞击或紧急避让而失控，酿成车毁人亡的重大后果，因此可根据具体情况，认定为以危险方法危害公共安全罪。

在行人、车辆较少的街道驾驶机动车“碰瓷”的，或者利用机动车起步停车阶段和违章行驶等，以身体假装与机动车发生碰撞而声称受伤，要求对方“赔偿”的，如行为危及不特定多数人安全的现实可能性较小，通常不宜认定为以危险方法危害公共安全犯罪，可根据行为人的主观方面，考虑以敲诈勒索罪、诈骗罪等认定。

第十章　交通事故责任强制保险与社会救助基金

第一节　交通事故强制保险（726—765）

726. 什么是机动车交通事故责任强制保险?

答：机动车交通事故责任强制保险又称交通事故第三者责任强制保险（简称交强险）是指由保险公司对被保险机动车发生道路交通事故造成本车人员、被保险人以外的受害人的人身伤亡、财产损失，在责任限额内予以赔偿的强制性责任保险。

727. 机动车交通事故责任强制保险的“强制性”体现在哪里?

答：交通事故责任强制保险（简称交强险）的强制性不仅体现在强制投保上，同时也体现在强制承保上。一方面，在境内道路上行驶的机动车的所有人或者管理人必须投保交强险，未投保交强险的机动车不得上道路行驶。另一方面，具有经营交强险资格的保险公司不能拒绝承保交强险业务，也不能随意解除交强险合同（投保人未履行如实告知义务的除外）。违反强制性规定的机动车所有人、管理人或保险公司都将受到处罚。

728. 机动车交通事故责任强制保险（简称交强险）和商业第三者责任险（简称商业三者险）有何不同?

答：（1）赔偿原则不同。交强险实行无责赔付，对机动车发生交通事故造成人身伤亡、财产损失的，由保险公司在交强险责任限额范围内予以赔偿。商业三者险实行有责赔付，保险公司是根据投保人或被保险人在交通事故中应负的责任来确定赔偿责任。

（2）保障范围不同。除了《机动车交通事故责任强制保险条例》规定的个别事项，交强险的赔偿范围几乎涵盖了所有道路交通责任风险。而商业三者险中保险公司不同程度地规定有免赔额、免赔率或责任免除事项。

（3）强制性不同。机动车的所有人或管理人都应当投保交强险，同时，保险公司不能拒绝承保、不得拖延承保和不得随意解除合同。商业三者险却不具备强制性，由机动车所有人、管理人自愿投保。

（4）费率确定方式不同。交强险实行全国统一的保险条款和基础费率，保监会按照交强险业务总体上“不盈利不亏损”的原则审批费率。而商业三者险由各保险公司自己确定费率。

（5）赔偿限额不同。交强险实行分项责任限额，商业三者险无分项责任限额规定。

729. 影响机动车保险费率浮动因素有哪些?

答：主要有两个因素：一是交通事故。根据保监发〔2007〕52 号文件关于印发《机动车交通事故责任强制保险费率浮动暂行办法》的通知精神，2007 年 7 月 1 日起，在全国范围内统一实行机动车交通事故责任强制保险费率浮动与道路交通事故相联系。二是酒后驾驶。根据公安部、中国保险监督管理委员会《关于实行酒后驾驶与机动车交强险费率联系浮动制度的通知》的要求，酒后驾驶违法行为与机动车交强险费率联系浮动，2010 年 3 月 1 日起，逐步实行酒后驾驶与机动车交强险费率联系浮动制度，浮动费率的具体标准由各省（区、市）保监局和省级公安机关在充分测算和论证的基础上，结合地方实际确定。饮酒后驾驶违法行为一次上浮的交强险费率控制在 10%至 15%之间，醉酒后驾驶违法行为一次上浮的交强险费率控制在 20%至 30%之间，累计上浮的费率不得超过 60%。

730. 机动车被盗抢期间有保险费率浮动的因素，交强险保险费率是否根据规定浮动？

答：被保险机动车经公安机关证实丢失后追回的，根据投保人提供的公安机关证明，在丢失期间发生道路交通事故的，交强险费率不向上浮动。

731. 具有多个机动车保险费率浮动因素时，应该如何计算保险浮动比率？

答：按照《机动车交通事故责任强制保险费率浮动暂行办法》的规定，同时满足多个浮动因素的，按照向上浮动或者向下浮动比率的高者计算。

732. 在交强险上一年度发生有责任交通事故后本年度还未赔付的，本期交强险费率如何计算？

答：上年度发生赔案但还未赔付的，本期交强险费率不浮动，直至赔付后的下一年度交强险费率向上浮动。

733. 交强险中所称的“危险程度增加”指的是什么？

答：交强险中所称的“危险程度增加”是指在保险合同有效期内，保险标的发生危险的可能性较保险合同订立时有所增加，如车辆被改装、自用车辆改为营运车辆、运输普通物资的车辆改为运输危险物品车辆等。

734. 参加机动车交通事故责任强制保险的车辆出险后，哪些情况下保险公司将进行提前垫付，随后向致害人追偿？

答：有下列情形之一的，保险公司在机动车交通事故责任强制保险责任限额范围内垫付抢救费用，并有权向致害人追偿：

（1）驾驶人未取得驾驶资格或者醉酒的；

（2）被保险机动车被盗抢期间肇事的；

（3）被保险人故意制造道路交通事故的。

有前款所列情形之一，发生道路交通事故的，造成受害人的财产损失，保险公司不承担赔偿责任。

735. 投保机动车交通事故责任强制保险，投保人应当向保险公司如实告知哪些重要事项？

答：投保人投保时应当如实向保险人告知的重要事项包括：机动车的种类、厂牌型号、识别代码、牌照号码、使用性质和机动车所有人或者管理人的姓名（名称）、性别、年龄、住所、身份证或者驾驶证号码（组织机构代码）、续保前该机动车发生事故的情况以及银保监会规定的其他事项。投保人未如实告知重要事项，对保险费计算有影响的，保险人按照保单年度重新核定保险费计收。

736. 投保机动车交通事故责任强制保险，投保人是否可以分期支付保险费？

答：签订交强险合同时，投保人应当一次性支付全部保险费。

737. 签订机动车交通事故责任强制保险合同时，保险公司可否提出附加其他条件的要求？

答：签订机动车交通事故责任强制保险合同时，保险公司不得强制投保人订立商业保险合同以及提出附加其他条件的要求。保险公司是不能在投保人投保机动车交通事故强制保险时，强制投保人签订其他商业保险的。而且投保人在向具备从事交强险业务资格的保险公司投保交强险时，保险公司不得拒绝或者拖延承保。

738. 签订机动车交通事故责任强制保险合同时，投保人是否可以向保险公司提出附加其他条件的要求？

答：投保人购买交强险签订交强险合同时，不得在保险条款和保险费率之外，向保险公司提出附加其他条件的要求。

739. 保险公司是否可以解除机动车交通事故责任强制保险合同?

答：保险公司不得解除交强险合同，但是，投保人对重要事项未履行如实告知义务的除外。这里的“重要事项”是指机动车的种类、厂牌型号、识别代码、牌照号码、使用性质和机动车所有人或者管理人的姓名（名称）、性别、年龄、住所、身份证或者驾驶证号码（组织机构代码）、续保前该机动车发生事故的情况以及保监会规定的其他事项。

740. 保险公司在解除机动车交通事故责任强制保险合同前，应履行哪些告知义务?

答：投保人对重要事项未履行如实告知义务，保险公司解除合同前，应当书面通知投保人，投保人应当自收到通知之日起5日内履行如实告知义务。

741. 投保人在法定期限内履行如实告知义务的，保险公司是否仍可解除合同?

答：投保人自收到保险公司通知之日起5日内履行如实告知义务的，保险公司不得解除合同。

742. 保险公司解除机动车交通事故责任强制保险合同的，应当履行哪些法定义务?

答：保险公司解除机动车交通事故责任强制保险合同的，应当收回保险单和保险标志，并书面通知机动车管理部门。

743. 投保人可以解除机动车交通事故责任强制保险合同的情形有哪些?

答：投保人不得解除交强险合同，但有下列情形之一的除外：

（1）被保险机动车被依法注销登记的。

（2）被保险机动车办理停驶的。

（3）被保险机动车经公安机关证实丢失的。

注意的是，交强险合同解除后，投保人应当及时将保险单、保险标志交还保险人；无法交回保险标志的，应当向保险人说明情况，征得保险人同意。

744. 投保人有符合解除交强险合同的情形，保险公司在机动车交通事故责任强制保险合同解除前，是否不再按照合同承担保险责任?

答：机动车交通事故责任强制保险合同解除前，保险公司应当按照合同承担保险责任。

745. 机动车交通事故责任强制保险合同解除的，保险公司应如何收取保险费?

答：发生《机动车交通事故责任强制保险条例》所列明的投保人、保险人解除交强险合同的情况时，保险人按照日费率收取自保险责任开始之日起至合同解除之日止期间的保险费。

746. 被保险机动车所有权转移的，机动车交通事故责任强制保险合同是否需要变更?

答：被保险机动车所有权转移的，应当办理机动车交通事故责任强制保险合同变更手续。

747. 所有的机动车交通事故责任强制保险的保险期间都为1年吗?

答：交强险的保险期间为1年，但有下列情形之一的，投保人可以投保短期交强险：

（1）境外机动车临时入境的。

（2）机动车临时上道路行驶的。

（3）机动车距规定的报废期限不足1年的。

（4）保监会规定的其他情形。

748. 保险公司对被保险机动车发生交通事故的理赔范围是如何规定的?

答：被保险机动车发生道路交通事故造成本车人员、被保险人以外的受害人人身伤亡、财产损失的，由保险公司依法在机动车交通事故责任强制保险责任限额范围内予以赔偿。

道路交通事故的损失是由受害人故意造成的，保险公司不予赔偿。

749. 机动车交通事故责任强制保险的责任限额有何规定？

答：交强险合同中的责任限额是指被保险机动车发生交通事故，保险人对每次保险事故所有受害人的人身伤亡和财产损失所承担的最高赔偿金额。责任限额分为死亡伤残赔偿限额、医疗费用赔偿限额、财产损失赔偿限额以及被保险人在道路交通事故中无责任的赔偿限额。其中，无责任的赔偿限额分为无责任死亡伤残赔偿限额、无责任医疗费用赔偿限额以及无责任财产损失赔偿限额。交强险合同中的责任限额为：

（1）死亡伤残赔偿限额为180000元；

（2）医疗费用赔偿限额为18000元；

（3）财产损失赔偿限额为2000元；

（4）被保险人无责任时，无责任死亡伤残赔偿限额为18000元；无责任医疗费用赔偿限额为1800元；无责任财产损失赔偿限额为100元。

750. 被保险机动车发生交通事故的，保险公司对赔偿保险金时效有什么规定？

答：保险公司应当自收到被保险人提供的证明和资料之日起5日内，对是否属于保险责任作出核定，并将结果通知被保险人；对不属于保险责任的，应当书面说明理由；对属于保险责任的，在与被保险人达成赔偿保险金的协议后10日内，赔偿保险金。

751. 被保险人与保险公司对赔偿有争议的救济途径有哪些？

答：因履行交强险合同发生争议的，由合同当事人协商解决。协商不成的，提交保险单载明的仲裁委员会仲裁。保险单未载明仲裁机构或者争议发生后未达成仲裁协议的，可以向人民法院起诉。

752. 保险公司向被保险人赔偿保险金的方法和途径有哪些？

答：保险公司可以向被保险人赔偿保险金，也可以直接向受害人赔偿保险金。但是，因抢救受伤人员需要保险公司支付或者垫付抢救费用的，保险公司在接到公安机关交通管理部门通知后，经核对应当及时向医疗机构支付或者垫付抢救费用。

753. 哪些情况下保险公司可以拒绝赔偿和垫付?

答：下列损失和费用，交强险不负责赔偿和垫付：

（1）因受害人故意造成的交通事故的损失。

（2）被保险人所有的财产及被保险机动车上的财产遭受的损失。

（3）被保险机动车发生交通事故，致使受害人停业、停驶、停电、停水、停气、停产、通信或者网络中断、数据丢失、电压变化等造成的损失以及受害人财产因市场价格变动造成的贬值、修理后因价值降低造成的损失等其他各种间接损失。

（4）因交通事故产生的仲裁或者诉讼费用以及其他相关费用。

754. 机动车在道路以外的地方通行时发生事故，造成人身伤亡、财产损失的，保险公司赔偿吗?

答：机动车在道路以外的地方通行时发生事故，造成人身伤亡、财产损失的赔偿，可以比照适用《机动车交通事故强制责任保险条例》。

755. 挂车需要投保机动车交通事故责任强制保险吗?

答：依据中国保险行业协会文件中保协发〔2013〕37 号文件精神，自 2013 年 3 月 1 日起，挂车不再投保机动车交通事故责任强制保险。

756. 挂车发生交通事故造成人身伤亡、财产损失的，由谁负责赔偿?

答：挂车不投保机动车交通事故责任强制保险。发生道路交通事故造成人身伤亡、财产损失的，由牵引车投保的保险公司在机动车交通事故责任强制保险责任限额范围内予以赔偿；不足的部分，由牵引车方和挂车方依照法律规定承担赔偿责任。

757. 经调查，投保人谎称发生了交通事故，向保险公司提出赔偿请求的，保险公司如何处理？

答：未发生保险事故，被保险人或者受益人谎称发生了保险事故，向保险人提出赔偿或者给付保险金请求的，保险人有权解除合同，并不退还保险费。投保人、被保险人或者受益人因谎报交通事故致使保险人支付保险金或者支出费用的，应当退回或者赔偿。

涉嫌构成保险诈骗犯罪的，保险人有权向公安机关举报或者控告，由公安机关立案侦查。

758. 投保人、被保险人故意制造保险事故的，保险公司如何处理？

答：投保人、被保险人故意制造保险事故的，保险人有权解除合同，不承担赔偿或者给付保险金的责任，并且不退还保险费。

759. 交通事故发生后，投保人以伪造、变造的有关证明、资料或者其他证据，编造虚假的事故原因或者夸大损失程度的，保险公司如何处理？

答：保险事故发生后，投保人、被保险人或者受益人以伪造、变造的有关证明、资料或者其他证据，编造虚假的事故原因或者夸大损失程度的，保险人对其虚报的部分不承担赔偿或者给付保险金的责任。

760. 发生交通事故，投保交强险的被保险人采取合理、必要的施救和保护措施，发生的合理费用保险公司是否承担？

答：交强险同样适用《保险法》第42条的规定，即保险事故发生时，被保险人为防止或者减少保险标的的损失所支付的必要的、合理的费用，由保险人承担；保险人所承担的数额在保险标的的损失赔偿金额以外另行计算，最高不超过保险金额的数额。

761. 发生交通事故后，被保险人与赔偿对象即“第三人”达成民事赔偿协议，保险公司是否应当按照赔偿协议在交强险责任限额内进行赔偿？

答：因保险事故造成受害人人身伤亡的，未经保险人书面同意，被保险人自行承诺或支付的赔偿金额，保险人在交强险责任限额内有权重新核定。

因保险事故损坏的受害人财产需要修理的，被保险人应当在修理前会同保险人检验，协商确定修理或者更换项目、方式和费用。否则，保险人在交强险责任限额内有权重新核定。

762. 驾驶人下车查看车辆状况时，被未熄火的车辆辗压受伤的情形是否认定为交强险中的“第三者”?

答：驾驶人下车查看车辆状况时，被未熄火的车辆碾压致死的情形下，驾驶人本人就是被保险人，且对机动车有实际的控制力，故驾驶人因自己行为造成的自身损害，对其赔偿不符合我国交强险的规定。故一般认为，在现有法律规定下，这种情况的驾驶人不属于“第三者”。

763. 车上人员下车休息时，被疏忽的驾驶人撞伤或撞死的情形是否认定为交强险中的“第三者”?

答：《机动车交通事故责任强制保险条例》制定的主要目的是保障受害人能够得到及时有效的补偿，且从对危险的控制力看，车上人员下车后与其他普通“第三者”对机动车危险的控制力并无实质差别，均处于弱势地位。因此，这种情况应尽量纳入“第三者”范围。

764. 乘客上下公交车过程中发生交通事故，乘客一只脚在公交车上，一只脚在公交车下，公交车突然关闭车门导致其倒地受伤，乘客是否属于交强险中的“第三者”?

答：乘客一只脚在公交车上一只脚在公交车下的状态不属于乘坐公交车的乘客，应该认定为车外人员，属于交强险中的“第三者”，对其所受的伤害保险公司应当按照交强险的约定予以赔偿。

765. 发生交通事故的机动车没有投保交强险时，机动车驾驶人在交通事故中无责任时，其所有人、管理人是否承担赔偿责任?

答：依据《机动车交通事故责任强制保险条例》第 2 条的规定，机动车的所有人或者管理人应当投保交强险。如果机动车没有投保交强险，则在发生事故时，其所有人和管理人应在交强险无责任限额范围内对受害人承担赔偿责任。即被保险人无责任时，其所有人和管理人赔偿限额为：无责任死亡伤残赔偿限额为18000元；无责任医疗费用赔偿限额为1800元；无责任财产损失赔偿限额为100元。

第二节　交通事故社会救助基金（766—784）

766. 什么是交通事故社会救助基金？

答：道路交通事故社会救助基金是指依法筹集用于垫付机动车道路交通事故中受害人人身伤亡的丧葬费用、部分或者全部抢救费用的社会专项基金。主要用于垫付机动车道路交通事故中受害人人身伤亡的丧葬费用、部分或者全部抢救费用。

767. 交通事故社会救助基金需要垫付的情形有哪些？

答：有下列情形之一时，救助基金垫付道路交通事故中受害人人身伤亡的丧葬费用、部分或者全部抢救费用：

（1）抢救费用超过交强险责任限额的；

（2）肇事机动车未参加交强险的；

（3）机动车肇事后逃逸的。

依法应当由救助基金垫付受害人丧葬费用、部分或者全部抢救费用的，由道路交通事故发生地的救助基金管理机构及时垫付。

768. 交通事故社会救助基金垫付抢救费用如何核算？

答：救助基金一般垫付受害人自接受抢救之时起72小时内的抢救费用，特殊情况下超过72小时的抢救费用由医疗机构书面说明理由。具体应当按照机动车道路交通事故发生地物价部门核定的收费标准核算。依情况而定，没有定额。

769. 交通事故社会救助基金的来源有哪些？

答：救助基金的来源包括：

（1）按照机动车交通事故责任强制保险的保险费的一定比例提取的资金；

（2）地方政府按照保险公司经营交强险缴纳营业税数额给予的财政补助；

（3）对未按照规定投保交强险的机动车的所有人、管理人的罚款；

（4）救助基金孳息；

（5）救助基金管理机构依法向机动车道路交通事故责任人追偿的资金；

（6）社会捐款；

（7）其他资金。

770. 申请救助基金垫付的条件有哪些？

答：道路交通事故受害人或其近亲属、医疗及殡葬机构，在抢救费用超过交强险责任限额、肇事机动车未参加交强险以及机动车肇事后逃逸三种情形下，可以向交通事故发生地的救助基金受理网点申请垫付交通事故中受害人人身伤亡的丧葬费用、部分或者全部抢救费用。

771. 机动车在道路以外发生交通事故造成人身伤亡的，能否申请救助基金垫付？

答：机动车在道路以外的地方通行发生交通事故，造成人身伤亡的，参照相关规定，对于机动车在道路以外发生交通事故造成人身伤亡的，只要符合规定的救助条件，救助基金同样予以救助。

772. 外地车辆或外地人能否在事故发生地申请救助基金垫付？

答：只要发生交通事故，不管是本地车辆或者人，还是外地车辆或人，都可以在事故发生地申请救助基金垫付，在事故发生地就地解决。

773. 车辆发生道路交通事故，因抢救受伤人员需要保险公司支付抢救费用或道路交通事故社会救助基金垫付费用的，由谁来通知保险公司或道路交通事故社会救助基金管理部门?

答：投保机动车第三者责任强制保险的机动车发生交通事故，因抢救受伤人员需要保险公司支付抢救费用的，由公安机关交通管理部门通知保险公司。

774. 医疗机构可以向救助基金管理机构提出垫付申请吗?

答：医疗机构在抢救受害人结束后，对尚未结算的抢救费用，可以向救助基金管理机构提出垫付申请，并提供有关抢救费用的证明材料。

775. 申请交通事故社会救助基金垫付抢救费用应提供哪些材料?

答：受害人或其近亲属、医疗机构申请抢救费用的，需提供以下材料：

（1）申请人身份证明；

（2）垫付申请书、公安机关交通管理部门出具的交强险垫付通知和救助基金垫付通知书；

（3）受害人的身份证明；

（4）受害人的入院证明、抢救费用发票原件（住院者为72小时内结算发票）、费用清单、诊断证明、病历资料（病历复印件、抢救记录，以上材料均需加盖医疗机构公章）、催缴单、手术记录（延期手术的还需提供延迟说明）、医嘱单（申请超120小时的需提供）、高耗材说明；

（5）超过72小时的抢救费用，医疗机构应出具书面说明，加盖公章的县级以上卫生主管部门审核意见。

申请人为医疗机构的，还应当提供单位委托证明、委托经办人身份证明，及加盖公章的单位银行账户资料。

776. 救助基金管理机构收到公安机关交通管理部门垫付通知和医疗机构垫付尚未结算抢救费用的申请及相关材料后，应该如何办理?

答：救助基金管理机构收到公安机关交通管理部门垫付通知和医疗机构垫付尚未结算抢救费用的申请及相关材料后，应当在5个工作日内，按照《道路交通事故社会救助基金管理试行办法》《道路交通事故受伤人员临床诊疗指南》和当地物价部门制定的收费标准，对下列内容进行审核，并将审核结果书面告知处理该道路交通事故的公安机关交通管理部门和医疗机构：

（1）是否属于规定的救助基金垫付情形；

（2）抢救费用是否真实、合理；

（3）救助基金管理机构认为需要审核的其他内容。

对符合垫付要求的，救助基金管理机构应当将相关费用划入医疗机构账户。对不符合垫付要求的，不予垫付，并向医疗机构说明理由。

777. 救助基金管理机构垫付丧葬费用有什么具体要求?

答：需要救助基金垫付丧葬费用的，由受害人亲属凭处理该道路交通事故的公安机关交通管理部门出具的《尸体处理通知书》和本人身份证明向救助基金管理机构提出书面垫付申请。

对无主或者无法确认身份的遗体，由公安机关交通管理部门按照有关规定处理。

778. 救助基金管理机构与医疗机构就垫付抢救费用问题存在争议怎么办?

答：救助基金管理机构与医疗机构就垫付抢救费用问题发生争议时，由救助基金主管部门会同卫生主管部门协调解决。

779. 对交通事故社会救助基金救助交通事故当事人后，救助机构需要追偿吗?

答：救助基金管理机构根据本办法垫付抢救费用和丧葬费用后，应当依法向机动车道路交通事故责任人进行追偿。

救助基金只是一种提前垫付性质的资金运行活动，它的出发点是为了及时挽救受害人的生命，是一种资金垫付，而不是资金给予。为了保障基金的正常有效的运行，基金垫付后事故责任人应当偿还。同时，基金管理人必须加大力度，并依法采取必要的措施向事故责任人追偿预先垫付的资金，以确保基金高效、平稳运行。

780. 救助基金管理机构的费用支出是否在救助基金中列支?

答：救助基金管理机构的费用支出包括人员费用、办公费用、追偿费用、委托代理费用等，应当按照有关规定，由同级财政部门在年度预算中予以安排，不得在救助基金中列支。

781. 救助基金管理机构的日常工作应接受哪些部门的监督检查?

答：地方财政部门负责对同级救助基金的筹集、使用和管理进行指导和监督。

782. 救助基金主管部门应履行哪些职责?

答：救助基金主管部门履行以下职责：

(1) 制定本地区救助基金具体管理办法；

(2) 依法确定救助基金管理机构；

(3) 依法监督检查救助基金的筹集、垫付、追偿情况，并定期予以公告；

(4) 依法委托会计师事务所对救助基金年度财务会计报告进行审计，并予以公告；

(5) 依法对救助基金管理机构及其工作人员的违法行为进行处理、处罚。

783. 救助基金管理机构向受害人垫付费用，所称的“受害人”是指哪些人?

答：所称受害人是指机动车发生道路交通事故造成除被保险机动车本

车人员、被保险人以外的受害人。

784. 救助基金管理机构向受害人垫付抢救费用，所称的“抢救费用”“丧葬费用”是哪些费用?

答：抢救费用是指机动车发生道路交通事故导致人员受伤时，医疗机构按照《道路交通事故受伤人员临床诊疗指南》的规定，对生命体征不平稳和虽然生命体征平稳但如果不采取处理措施会产生生命危险，或者导致残疾、器官功能障碍，或者导致病程明显延长的受伤人员，采取必要的处理措施所发生的医疗费用。

丧葬费用是指丧葬所必需的遗体运送、停放、冷藏、火化的服务费用。具体费用应当按照机动车道路交通事故发生地物价部门制定的收费标准确定。

第十一章　交通事故处理执法监督
（785—800）

785. 交通警察执行职务需要符合哪些要求？

答：交通警察在执行职务时，应当按照规定着装，佩带人民警察标志，持有人民警察证件，保持警容严整，举止端庄，指挥规范。

786. 当事人没有对交通事故认定申请复核，上级公安机关交通管理部门在工作中发现下级公安机关交通管理部门在交通事故处理中有错误，如何处理？

答：上级公安机关交通管理部门对下级公安机关交通管理部门处理道路交通事故工作进行监督，发现错误的，本着有错必究的原则，即使当事人没有申请复核，依据《公安机关内部执法监督工作规定》第13条规定："在执法监督过程中，发现本级或者下级公安机关已经办结的案件或者执法活动确有错误、不适当的，主管部门报经主管领导批准后，直接作出纠正的决定，或者责成有关部门或者下级公安机关在规定的时限内依法予以纠正。"如果认为原道路交通事故认定存在事实不清的，主要证据不足的，适用法律错误的，责任划分不公正的，调查及认定违反法定程序可能影响道路交通事故认定的，应当作出责令原办案单位重新调查、认定。

787. 在调查处理交通事故时，哪些人员属法定情形应该回避？

答：调查处理交通事故，参与交通事故处理的交通警察、翻译人员、鉴定人，在法定情形下，应当回避。证人、代理人不需要回避。

788. 在调查处理交通事故时，哪些法定情形下交通警察应当回避？

答：在调查处理道路交通事故时，交通警察或者公安机关检验、鉴定人员有下列情形之一的，应当回避：

（1）是本案的当事人或者是当事人的近亲属的；

（2）本人或者其近亲属与本案有利害关系的；

（3）与本案当事人有其他关系，可能影响案件公正处理的。

789. 一方当事人认为公安机关交通管理部门指派或者聘请的公安机关检验、鉴定人员与案件存在利害关系，可能影响公正处理，该怎么办？

答：当事人可申请公安机关检验、鉴定人员回避，另行指定检验、鉴定人员；公安机关检验、鉴定人员需要回避的，由本级公安机关交通管理部门负责人或者检验、鉴定人员所属的公安机关决定。

790. 一方当事人认为处理交通事故的交通警察与案件存在利害关系，可能影响公正处理，该怎么办？

答：当事人可以向公安机关交通管理部门提出回避申请，申请处理该事故的交通警察回避，要求另行指派其他交通警察处理。

交通警察需要回避的，由本级公安机关交通管理部门负责人决定。公安机关交通管理部门负责人需要回避的，由公安机关负责人或者上一级公安机关交通管理部门负责人决定。

791. 当事人提出回避申请，公安机关交通管理部门应当在多长时间内作出决定？

答：公安机关交通管理部门应当在 2 日内作出决定，并将决定通知申请人。

792. 当事人提出回避申请后，公安机关交通管理部门未作出回避决定前这一段时间内，交通警察是否应当停止工作？

答：根据《公安机关办理行政案件程序规定》第 24 条的规定要求，

在公安机关交通管理部门作出回避决定前，办案的交通警察不得停止对交通事故的调查、处理工作。

793. 被决定回避的公安机关交通管理部门负责人、处理交通事故的交通警察、鉴定人和翻译人员，在回避前所进行的与案件有关的调查处理活动是否有效?

答：根据《公安机关办理行政案件程序规定》第25条的规定，处理交通事故的人员在回避决定作出前所进行的调查处理活动是否有效，由作出回避决定的公安机关根据是否影响案件依法公正处理等情况决定。因此对于认为调查、处理工作没有影响并且严格按照程序规定进行不影响公正处理的，可以决定调查处理活动有效；否则，可以认定调查处理活动无效，应该另行指派办案人员重新进行调查、处理。

794. 在交通事故处理过程中，当事人或当事人委托的律师、死者亲属到公安机关交通管理部门要求查阅、复制案件材料，公安机关交通管理部门能否允许其查阅或复制案卷材料?

答：在公安机关交通管理部门处理交通事故阶段，当事人或当事人委托的律师、法律工作者等不能查阅、复制公安机关制作的案卷，但对于处理过程中应当提供给当事人的法律文书、鉴定材料复印件等应该送达当事人或者在验证当事人的委托书，对律师、法律工作者身份核实后，提供给律师和法律工作者。在诉讼阶段或当事人收到道路交通事故认定书后，当事人或当事人委托的律师、基层法律工作者可到公安机关交通管理部门查阅、摘抄、复制相关案卷材料。

795. 在诉讼过程中，当事人委托的律师或者法律援助律师到公安机关交通管理部门查阅、摘抄、复制案卷需要持哪些证件和文书?

答：在诉讼过程中律师须提供以下证件文书，且经交通事故档案保管部门主管领导审批同意后，方可查阅、摘抄、复制道路交通事故案卷等材料：

（1）授权委托书或者法律援助公函。

（2）律师执业证。

（3）律师事务所出具的《律师事务所函》。

（4）阅卷书面申请。

796. 当事人或当事人委托的律师、死者亲属可以查阅哪些案卷材料？

答：当事人一般可以查阅案卷中当事人的基本信息、交通事故现场图、现场照片（录像）资料、当事人笔录、证人证言、检验鉴定结论等涉及事故证据方面的材料，但是对于一些涉及国家机密、商业机密、个人隐私，或者应当事人、证人要求应当保密的内容，不可查阅。

797. 当事人或当事人委托的律师、死者亲属复制的证据材料是否必须经公安机关交通管理部门盖章认可才能成为证据？

答：当事人复制证据材料后，公安机关交通管理部门应当加盖公安机关交通管理部门事故处理专用章；根据证据规则，复制品只有能够证明与原件一致，才能作为证据使用；加盖事故处理专用章就是证明与原件无异，司法机关在案件办理中经查证属实，作为证据使用。

798. 交通事故现场勘查过程中遇到围观群众拍照、录像怎么办？

答：在不妨碍交通警察勘查现场的情况下，对围观群众拍照、摄像的行为，一般不予干涉；但是，对于涉及国家秘密、警务秘密、个人隐私、未成年人保护等不适宜拍摄的，应当告知围观群众不要拍照、摄像，必要情况下还要划定警戒区、拉设警戒带，围观人员应当服从、配合交通警察的现场管理，已经拍摄的图像、视频资料，应当主动删除、销毁或者上交公安机关，如果擅自传播造成严重后果的，将承担法律责任。

799. 人民法院、人民检察院在审理、审查道路交通事故案件时，是否有权调取事故案件调查材料？

答：人民法院、人民检察院在审理、审查道路交通事故案件时有权调取事故案件调查材料；公安机关交通管理部门应该配合。需要公安机关交通管理部门提供有关证据的，公安机关交通管理部门应当在接到调卷公函之日起 3 日内，或者按照其时限要求，将道路交通事故案件调查材料正本移送人民法院或者人民检察院。

800. 公安机关交通管理部门及交通警察接到协查通报不配合协查并造成严重后果的，应该如何处理?

答：公安机关交通管理部门及其交通警察接到协查通报不配合协查并造成严重后果的，由公安机关或者上级公安机关交通管理部门追究有关人员和单位主管领导的责任。

附录　道路交通事故处理典型案例评析

案例一：谷某交通肇事案[①]

——交通肇事相对不起诉的是否应当吊销机动车驾驶证

一、案情简介

2017年7月22日7时许，谷某驾驶冀A×××××、冀A×××××重型半挂车，沿石闫路由东向西行驶至李村村东路段，与由南向北通过的沈某驾驶的电动三轮车碰撞，造成沈某重伤，双方车辆受损，造成交通事故。事故发生后，谷某驾车驶离现场，沈某经医院医治无效于2017年10月4日死亡。2017年10月17日，A市某区公安交通警察大队作出《道路交通事故认定书》，认定谷某负此事故的全部责任；沈某无责任。

2018年8月31日，A市某区人民检察院作出《不起诉决定书》，认为谷某的行为触犯了《中华人民共和国刑法》第133条，构成交通肇事罪，但犯罪情节轻微，具有过失犯罪、初犯、民事和解等情节，不需要判处刑罚，依据《中华人民共和国刑事诉讼法》第173条第2款的规定，决定对谷某不起诉。A市某区公安交通警察大队经过审批，2018年12月13日，作出《公安交通管理行政处罚决定书》，决定对谷某吊销机动车驾驶证。

① 案例来源：河北省石家庄市中级人民法院（2020）冀01行再2号行政判决书。

二、争议焦点

对交通肇事致1人死亡，且负事故全部或主要责任的交通肇事者，检察机关认为构成交通肇事罪，但犯罪情节轻微，作出不起诉决定的是否需要按照《道路交通安全法》第101条第1款之规定吊销其机动车驾驶证？

三、案例评析

在当前宽严相济的刑事政策下，积极赔偿且得到被害人方和解的交通肇事"相对不起诉"案件越来越多，但对该类型肇事者是否应当吊销机动车驾驶证的问题，一直存在不同意见。一种意见认为，《道路交通事故处理工作规范》（公交管〔2018〕149号）第108条明确，机动车驾驶人发生道路交通事故构成犯罪，依法应当吊销机动车驾驶证的，应当查询到有罪判决信息或者收到人民法院对机动车驾驶人的有罪判决书、证明机动车驾驶人有罪的司法建议函后，才能依法吊销其驾驶证。《道路交通安全法》第101条中的"构成犯罪"意为对犯交通肇事罪的驾驶人，而根据《刑事诉讼法》相关规定，未经人民法院依法判决，对任何人都不得确定有罪，所以对人民检察院作出相对不起诉决定，未经法院判决的，不属于"构成犯罪"的情形，不宜吊销机动车驾驶证。另一种意见认为，如果不起诉、不吊销机动车驾驶证，按照当前政策，肇事者交通肇事后只要积极赔偿损失、得到被害人家属的谅解，便可获得检察机关作出的相对不起诉决定；而无赔偿能力或被害人家属不同意和解的则会被送上被告席，不仅驾驶证被吊销，而且会遭受严厉的刑罚，影响终身，严重破坏了司法公正。

对于构成犯罪，但情节轻微被检察院作出不起诉决定的可以吊销机动车驾驶证。理由如下：

第一，《中华人民共和国刑事诉讼法》（2012年）第173条第2款规定，"对于犯罪情节轻微，依照刑法规定不需要判处刑罚或者免除刑罚的，人民检察院可以作出不起诉决定"。根据上述规定，检察院作出相对不起诉决定的前提是犯罪嫌疑人行为已具备犯罪构成要件，只是犯罪情节轻微或者有其他法定情节，检察院认为无须提起公诉同样也能达到法律实施效果，而依法行使起诉裁量权作出对犯罪嫌疑人构罪而不予刑罚的一种法律评价。这与《中华人民共和国刑事诉讼法》（2012 年）第 12 条“只有人民法院才有定罪权”之规定并不相悖，是法律赋予检察院的起诉自由裁量权的特别功能的体现。相对不起诉的前提是构成犯罪，而不是认定有罪，构成犯罪是一种客观存在的事物和现象，符合刑法所规定的犯罪的构成要件即构成犯罪；确定有罪则是法院经过依法审理，对被告人的行为构成犯罪的主观上的评价。“相对不起诉”的前提是检察院认定肇事者的行为已构成交通肇事犯罪，只是因为其具有过失犯罪、初犯、民事和解等情节。因此，“相对不起诉”的交通肇事行为理应包含于《中华人民共和国道路交通安全法》第 101 条之规定中“构成犯罪”的含义，可以吊销机动车驾驶证。

第二，从文义解释看，《中华人民共和国道路交通安全法》第 101 条第 1 款规定“构成犯罪”要承担两个后果：一是刑事责任，二是行政责任（吊销机动车驾驶证），该法条使用“并”字表明二者是并列关系，即使检察院作出不起诉决定，只是免除刑罚，但并不免除行政责任。

第三，从法律效力位阶看，《中华人民共和国道路交通安全法》系全国人大常委会制定的法律，而《道路交通事故处理程序规定》系行政部门规章，当二者发生冲突时，法律的效力高于规章。据此，《中华人民共和国道路交通安全法》第 101 条中“构成犯罪”表述的是客观存在构成犯罪事实，并没有明确规定须经法院判决构成犯罪，所以理应包含检察院认定构成犯罪，依照刑法规定不需要判处刑罚或者免除刑罚的情形。

另外，在交通事故处理实践中，如检察机关作出“相对不起诉”决定，且未出具对肇事者作出吊销机动车驾驶证行政处罚的检察建议，办案机关可以依据《关于推进行政执法与刑事司法衔接工作的规定》（高检发释字〔2021〕4 号）、《人民检察院检察建议工作规定》相关规定，书面致函要求其对需予以行政处罚的不起诉案件出具相关检察意见。

案例二：张某、王某交通肇事案①

——对交通肇事共犯或者未驾车但构成交通肇事罪的是否应当吊销其机动车驾驶证

一、案情简介

2010年11月18日，张某驾驶冀F×××××号货车在京港澳高速公路发生交通事故，造成1人死亡，1人受伤，事故发生后，同车人王某指使张某驾车逃逸，后两人先后归案。2011年12月10日，A省某县人民法院作出判决：被告人王某、张某违反道路交通法律法规，造成1人死亡，1人受伤的重大交通事故，2人负该事故主要责任，且肇事后，被告人王某指使被告人张某驾车逃逸，其2人行为均构成交通肇事罪，并分别以犯交通肇事罪为由，判处以上2人有期徒刑。

二、争议焦点

对交通肇事共犯或者未驾车但构成交通肇事罪的，是否应当吊销其机动车驾驶证？

三、案例评析

对明知车辆存在严重交通违法行为，仍强迫、指使、纵容驾驶人违反规定驾车导致重大交通事故；或交通肇事后，单位主管人员、机动车辆所有人、承包人或者乘车人指使肇事人逃逸，致使被害人因得不到救助而死亡的，以上两种情形被追究交通肇事刑事责任的，是否应当按照《道路交通安全法》第101条之规定吊销其机动车驾驶证，实践中有不同意见。一

① 案例来源：河南省公安厅法制处2012年3月5日《关于对因指使交通肇事驾驶人逃逸被以交通肇事罪共犯追究刑事责任的人员是否应当吊销机动车驾驶证并终生禁驾的请示》。

种意见认为，只要是违反道路交通安全法律、法规的规定，发生重大交通事故，被判处交通肇事罪的，就应当吊销机动车驾驶证；另一种意见认为，《道路交通安全法》第 101 条第 1 款的规定只适用驾驶车辆上路行驶发生重大交通事故的驾驶人，虽被判处交通肇事罪但未驾车的不能适用该条规定吊销其机动车驾驶证。第二种意见比较符合法律规定，理由如下：

第一，从法律文义及适用的角度看。关于《道路交通安全法》第 101 条适用问题，全国人大法工委认为①：第 2 款“终生禁驾”的规定应当以第 1 款为前提，即行为人违反道交法相关法律法规，发生重大事故构成犯罪且有逃逸情形的才被“终生禁驾”，此处的“逃逸”和违反道交法相关规定的系机动车驾驶人，非交通肇事后指使其逃逸的交通肇事共犯（单位主管人员、机动车辆所有人、承包人或者乘车人）。另外，现行《道路交通事故处理程序规定》（公安部令第 146 号）以及《道路交通事故处理工作规范》（公交管〔2018〕149 号）规定②，发生道路交通事故构成犯罪依法应当吊销机动车驾驶证的仅适用于“机动车驾驶人”，并非所有构成交通肇事罪的主体。

第二，从处罚的目的看。吊销机动车驾驶证是公安交警部门对违反道路交通法律法规的机动车驾驶人实施取消或剥夺其驾驶资格的行为罚，是对交通违法行为人较为严厉的一种资格罚，主要适用于严重违反道路交通

① 全国人大法工委《关于道路交通法第九十九条、第一百零一条有关条款适用问题的意见》（法工委复字〔2005〕26 号）。

② 《道路交通事故处理程序规定》（公安部令第 146 号）第八十二条　对发生道路交通事故构成犯罪，依法应当吊销驾驶人机动车驾驶证的，应当在人民法院作出有罪判决后，由设区的市公安机关交通管理部门依法吊销机动车驾驶证。同时具有逃逸情形的，公安机关交通管理部门应当同时依法作出终生不得重新取得机动车驾驶证的决定。《道路交通事故处理工作规范》（公交管〔2018〕149 号）第一百零八条　发生道路交通事故构成犯罪，依法应当吊销机动车驾驶证的，公安机关交通管理部门应当及时通过公安交通管理综合应用平台查询人民法院的生效判决书信息，并在查询到机动车驾驶人有罪判决信息或者收到人民法院对机动车驾驶人的有罪判决书、证明机动车驾驶人有罪的司法建议函后，由设区的市公安机关交通管理部门依法吊销其驾驶证。机动车驾驶人同时具有饮酒后或者醉酒驾驶机动车、逃逸情形的，公安机关交通管理部门还应当依法作出终生不得重新取得机动车驾驶证的决定，并录入公安交通管理综合应用平台。

法律法规的情形。而指使肇事人逃逸的交通肇事共犯以及指使、强令他人违章造成重大事故的交通肇事犯，均不是违反道路交通相关法律法规造成后果的直接行为人，如指使肇事者逃逸的根本目的是为肇事者逃避刑事打击提供“思路”，该共犯并非以驾驶人身份违反道路交通相关法律法规，不属于《道路交通安全法》第101条规定应当吊销机动车驾驶证的情形。另外，若盲目对吊销机动车驾驶证情形作扩大解释，只要发生重大交通事故被依法追究刑事责任就要吊销行为人机动车驾驶证，道路交通领域深度调查中发现的拒不整改违反规定施工作业、屡次超限超载运输构成危险作业罪、重大责任事故罪的，或涉嫌生产、销售不符合国家安全技术标准的机动车构成生产、销售假冒伪劣产品罪的责任人均应当被吊销机动车驾驶证，与《道路交通安全法》的立法原意明显不符。

第三，以上理解得到省部级交管部门的佐证。浙江省公安厅交通管理局2006年对杭州市公安局交警支队《关于能否吊销未驾驶机动车但构成交通肇事罪被追究刑事责任人员机动车驾驶证的批复》（浙公交〔2006〕60号），以及公安部法制局2012年对河南省公安厅法制处《关于对交通肇事罪共犯是否吊销机动车驾驶证并终生禁驾的电话回复》中分别肯定了对非驾驶人犯交通肇事罪不吊销驾驶证的观点。

综上，《道路交通安全法》第101条中吊销机动车驾驶证以及“终生禁驾”的规定，应当是犯交通肇事罪的机动车驾驶人，不包括交通事故中其他责任主体，对指使肇事人逃逸的，可依法追究责任，但本人不具有交通肇事行为的，因其违反法律法规以及造成的潜在危害与交通肇事行为人并不相同，不宜给予“吊销机动车驾驶证”或者“终生禁驾”的处罚。

案例三：孙某交通肇事案[1]

——场（厂）内专用机动车辆在道路上行驶发生事故是否可以交通肇事罪追究肇事者刑事责任

一、案情简介

2017年7月28日23时12分许，孙某驾驶一辆无牌照的内燃平衡重式叉车沿A市某区昆阳路由南向北行驶至陪昆路路口，在南向西信号灯为红色时向西左转，与驾驶电动自行车沿昆阳路西侧由北向南正常直行的被害人陈某相撞，致陈某倒地后被叉车碾压，造成颅脑损伤合并创伤性休克，经抢救无效死亡，构成事故。A市公安局某分局交通警察支队认定被告人孙某在事故中承担全部责任。

案发后，孙某的亲属代为向被害人陈某的家属赔偿经济损失共计人民币53万元，并取得被害人家属的谅解。A市某区人民检察院指控被告人孙某犯过失致人死亡罪，向人民法院提起公诉。孙某辩护人对公诉机关指控的事实无异议，但本案应当认定为交通肇事罪。

二、争议焦点

叉车、旅游观光车等场（厂）内专用机动车辆是否属于《道路交通安全法》中的“车辆”，违规上道路行驶致人死亡的，是否属于交通事故，是否可以以交通肇事罪追究肇事者刑事责任？

三、案例评析

在交通管理实践中，叉车、旅游观光车等场（厂）是否属于《道路交通安全法》中的“车辆”，专用机动车辆违规上道路行驶现象屡见不鲜，

① 案例来源：上海市闵行区人民法院（2017）沪0112刑初1847号刑事判决书。

与车辆、行人发生碰撞导致人员死亡的事件常有。但在事故处理过程中，是否按照交通肇事罪定罪处罚，有两种不同意见。一种意见认为，叉车、旅游观光车等场（厂）内专用机动车辆属于特种设备，不属于《道路交通安全法》中的“车辆”，不属于“交通事故”，不能以交通肇事罪定罪处罚；另一种意见认为，《道路交通安全法》中的“车辆”，是指机动车和非机动车，叉车属于以动力牵引的专用机动车辆，违规上路行驶发生事故且造成的人员死亡的符合“交通事故”要件，可以以交通肇事罪定罪处罚。第二种意见比较符合法律规定，理由如下：

第一，叉车等场（厂）内专用机动车辆属于《道路交通安全法》中的“车辆”，违规上道路行驶致人伤亡或财产损失的属于交通事故。《特种设备事故报告和调查处理导则》TSG 03规定，场（厂）内专用机动车非作业转移过程中发生的交通事故不属于特种设备事故；《道路交通管理机动车类型》GA802规定，对叉车等以动力驱动的非道路车辆，上道路行驶发生道路交通事故时，符合《中华人民共和国道路交通安全法》中机动车的定义，应认定为机动车，无须确定其车辆类型。《特种设备事故报告和调查处理导则》及《道路交通管理机动车类型》的以上规定，均否定了该类型车辆上道路行驶发生的事故并非道路交通事故的观点。另外，《机动车运行安全技术条件》GB7258、《道路交通管理机动车类型》GA802等标准规定叉车等场（厂）内专用机动车辆不属于道路机动车辆，是基于其单一使用目的和封闭作业区域，为之设置了特定的技术参数及行业标准，以便在质检标准、登记管理权限等方面与其他准予在公共道路行驶的“机动车”相区别。但是，场（厂）内专用机动车辆本身的内在操控性（动力驱动、机械转向装置、刹车制动等）及外观特征（驾驶室、方向盘、车轮等）等，与广义的“机动车”并无二致，特别是将其作为交通工具违规驶入公共道路、参与到交通活动之中时，使之兼具了乘用、运送物品以及工程专项作业等道路机动车辆的功能性，所以其违法违规上路行驶行为以及由此导致的相关事故均应当被《道路交通安全法》所规制。

第二，将上路行驶的叉车等场（厂）内专用机动车辆按照“机动车”管理符合现实需要。近年来，随着我国经济的迅猛发展和生活水平的不断提高，公路网络不断完善，路况质量不断提升，叉车、场地观光游览车、农业机械等非道路移动机械以及电动滑板车、平衡车等滑行工具驶入道路，给交通安全带来风险。交通秩序管理方面，如将特种设备车辆绝对排除在道交法规制的机动车范围之外，不但会纵容其违规上路的行为，而且会加剧其对交通秩序与交通安全的损害。对此，天津、重庆、深圳等地通过立法的形式明文禁止其上路行驶，对违反规定的由交警部门扣留或罚款。事故处理方面，如将特种设备发生的事故不按交通事故处理，会导致交警部门与行业主管部门推诿扯皮，或出现监管漏洞，更不利于事故损害赔偿责任及数额确定。

第三，驾驶叉车等场（厂）内专用机动车辆上道路致人死亡行为定性。《最高人民法院关于审理交通肇事刑事案件具体应用法律若干问题的解释》第8条规定："在实行公共交通管理的范围内发生重大交通事故的，依照刑法第一百三十三条和本解释的有关规定办理。在公共交通管理的范围外，驾驶机动车辆或者使用其他交通工具致人伤亡或者致使公共财产或者他人财产遭受重大损失，构成犯罪的，分别依照刑法第一百三十四条、第一百三十五条、第二百三十三条等规定定罪处罚。"由上述司法解释可以看出，在使用交通工具过失致人损害的案件中，区分交通肇事罪与其他罪名的关键点在于肇事行为发生的时空条件和侵犯的客体，而并非取决于交通工具的性质与分类。因此，当驾驶特种设备车辆肇事行为发生于实行公共交通管理的范围内，侵犯到了交通运输秩序和安全，应依法以交通肇事罪追究刑事责任。反之，如驾驶特种设备车辆在道路上的特定作业区域内作业时发生重大事故，由于该肇事行为发生于特定作业区域内，在该特定区域内并不实行公共交通管理，因此所侵犯的客体也并非是交通运输秩序和安全，则不能以交通肇事罪予以评价。

案例四：曾某不服A市交警支队行政处罚案[①]

——对犯交通肇事罪者吊销驾驶证，是否需再履行处罚前告知和听证程序

一、简要案情

2010年11月19日凌晨1时许，曾某酒后驾车造成1人死亡、1人受伤的重大交通事故，后逃离现场。经某县交通警察大队认定，曾某承担此次事故的全部责任。

2011年4月6日，某县人民法院作出刑事判决，认定曾某犯交通肇事罪，判处有期徒刑2年6个月。2020年8月28日，A市公安局交通警察支队以曾某2010年11月19日的行为违反了《中华人民共和国道路交通安全法》第70条第1款之规定，属于构成犯罪的违法行为，遂根据该法第101条第2款的规定作出吊销曾某的机动车驾驶证且终生不得重新取得机动车驾驶证的行政处罚。

曾某不服该行政处罚决定，于2020年11月13日向一审法院提起行政诉讼，请求确认被告作出的行政处罚决定不成立；一审法院认为行政机关对犯交通肇事罪的人作出吊销驾驶证的处罚前，无须履行处罚前的告知程序，判决驳回曾某的诉讼请求；宣判后，曾某不服一审判决，以交警部门未履行处罚前告知义务程序违法为由向A市中院提起上诉。

二、争议焦点

法院对当事人犯交通肇事罪作出刑事判决生效以后，对其作出吊销驾驶证的处罚之前是否需要再履行处罚前告知和听证告知义务？

---

① 案例来源：贵州省毕节市中级人民法院第（2021）黔05行终73号行政判决书。

三、案例评析

本案例系当前事故处理实践中较为典型的情形，公安交警部门在收到法院有罪判决后，对法院已经认定的事实，是否需要履行吊销驾驶证处罚前的告知和听证告知存在争议。一种意见认为，交通肇事者相关犯罪事实已经法院判决确认，道交法明确规定这种情形处以吊销驾驶证的处罚，因此无需再对犯交通肇事罪并被追究刑事责任人作出吊销驾驶证的处罚之前再履行处罚前的告知义务，无需再举行听证；另一种意见认为，即便犯罪事实已经确认，属于法定应当吊销情形，但也应当依照《行政处罚法》《公安机关办理行政案件程序规定》等法定程序告知行政相对人的陈述申辩、听证等权利。第二种意见比较符合法律规定，理由如下：

无需告知权利义务及听证主要理由是，行政处罚中对当事人履行处罚前告知义务以及听证程序，是为了保证当事人的合法权益不受侵害，可以对行政机关拟认定的违法事实及适用法律提出陈述和申辩，而在法院对当事人犯交通肇事罪作出的刑事判决生效以后，刑事判决书确认的事实即可以作为定案依据，且道交法明确规定对犯交通肇事罪并被依法追究刑事责任人处以吊销驾驶证的处罚，因此处罚之前无需再履行处罚前的告知义务，该观点仅从事实和实体的角度作出评价，但回避了行政机关应当履行的程序。《道路交通安全法》第 101 条明确规定违反道路交通安全法律、法规的规定，发生重大交通事故构成犯罪的，除被依法追究刑事责任外，还需承担行政处罚即被吊销机动车驾驶证甚至终生禁驾，该条款明确了对同一行为需由不同法律作不同的价值评价，故两种责任评价方式都应遵守相应的程序。本案吊销机动车驾驶证属于行政处罚类型，规范行政处罚实施的基本法是《行政处罚法》，其第 4 条规定①处罚行政相对人的实体法律依据是其行为违反的行政管理秩序相关法律法规，但必须严格按程序实施。即在作出行政处罚之前，应当告知当事人拟作出行政处罚决定的事

① 《行政处罚法》（2021 年）第四条　公民、法人或者其他组织违反行政管理秩序的行为，应当给予行政处罚的，依照本法由法律、法规或者规章规定，并由行政机关依照本法规定的程序实施。

实、理由及依据，并告知当事人享有陈述和申辩等权利；对作出吊销执照行政处罚决定之前，应当告知当事人有要求举行听证的权利。

本案交警支队作出处罚前未告知当事人享有陈述、申辩等权利，也未告知听证权利，作出的处罚决定严重违反法定程序；另外，本案2011年4月6日法院已对曾某作出有罪判决，但交警部门直到2020年8月28日才作出吊销机动车驾驶证的行政处罚决定，距离刑事判决生效已近10年，在处理时限上明显违反了《道路交通安全违法行为处理程序规定》第51条“交通肇事构成犯罪的，应当在人民法院判决后及时作出处罚决定”之规定。故二审法院法院根据《行政诉讼法》相关规定，确认交警部门作出的吊销机动车驾驶证行政处罚决定违法并撤销本案行政处罚决定。

实践中，因交警部门与法院沟通机制不畅，导致交通肇事刑事判决结果未能及时被掌握，违反《道路交通安全违法行为处理程序规定》第51条“及时”吊销机动车驾驶证相关规定①，行政决定被诉至法院的事常有发生。我们认为，被判处刑罚的当事人，在掌握判决结果后应当第一时间按程序吊销其机动车驾驶证，即使严重超过期限。交通肇事犯违反交通安全法律法规发生重大事故构成犯罪的实体问题已经人民法院刑事判决予以确认，事实清楚、证据充分，如不依照《道路交通安全法》第101条规定吊销机动车驾驶证，不但会导致法律形同虚设，给公安交警带来失职追责的风险，而且会给社会交通秩序带来安全隐患，严重损害道交法法秩序及社会公共利益。例如，超期吊销驾驶证被诉诸法院的，可建议法院根据《行政诉讼法》第74条②相关规定，确认交警部门作出的吊销机动车驾驶证行政处罚决定违法但不予撤销。

---

① 《道路交通安全违法行为处理程序规定》第五十一条　对违法行为事实清楚，需要按照一般程序处以罚款的，应当自违法行为人接受处理之时起二十四小时内作出处罚决定；处以暂扣机动车驾驶证的，应当自违法行为人接受处理之日起三日内作出处罚决定；处以吊销机动车驾驶证的，应当自违法行为人接受处理或者听证程序结束之日起七日内作出处罚决定，交通肇事构成犯罪的，应当在人民法院判决后及时作出处罚决定。

② 《行政诉讼法》第七十四条　行政行为有下列情形之一的，人民法院判决确认违法，但不撤销行政行为：（一）行政行为应当依法撤销，但撤销会给国家利益、社会公共利益造成重大损害的……

案例五：陈某车辆着火案[①]

——车辆行驶过程中自燃是否属于交通事故

一、简要案情

2020年5月30日13时25分许，魏某驾驶黑CL××××号小型轿车，由东向西行驶至宁安镇福荣村西侧直线1.9公里处盘岭公路时，车辆自身起火，导致魏某死亡、车辆受损的事件。根据A市消防大队出具的《火灾事故认定书》，车辆起火部位位于轿车内部副驾驶储物格内部电器线路，起火原因为车辆内部电器线路故障引发火灾，引燃车内可燃物、蔓延成灾。A市公安局刑事技术大队出具的鉴定书，魏某是因高温作用而死亡。

二、争议焦点

车辆行驶过程中自燃是否属于交通事故？

三、案例评析

车辆行驶过程中，车辆发生自燃在交通管理中时有发生，本案是否属于道路交通事故，公安交警部门与当事人家属存在分歧。公安交警部门认为，交通事故的构成要件中必须有驾驶人的过错或者意外，本案未发现魏某有过错行为，起火属于车辆线路起火，亦非意外事件，所以本案不属于道路交通事故；当事人家属认为，车辆起火属于驾驶员不可预料、突然发生的事件，属于《道路交通安全法》“交通事故”概念中的“意外”类型，属于道路交通事故。

因此，车辆在行驶中发生燃烧事件，是否属于道路交通事故应该根据具体情况分析：

---

① 案件来源：黑龙江交通广播，2020年9月12日节目《男子驾车途中车辆起火人身亡，是否属交通事故？保险该不该理赔？》。

第一，机动车在行驶过程中发生碰撞、刮擦、碾轧、翻车、坠车或机械故障等直接导致机动车燃烧的，属于交通事故，由公安交通管理部门按照《道路交通事故处理程序规定》调查处理。《道路交通安全法》第119条第5项规定，交通事故是指车辆在道路上因过错或者意外造成的人身伤亡或者财产损失的事件。该规定对交通事故的构成要件作出明确规定，即车辆、道路、当事人主观上有过错或者发生了意外，车辆造成人身伤亡或者财产损失，过错或者意外与损害后果之间存在因果关系。机动车在行驶过程中因道路交通违法行为，使车辆碰撞、刮擦、碾轧其他车辆、行人或其他物体，或车辆发生翻坠，或车辆运行安全的机件因长期运行、缺乏保养等原因出现机械故障等直接原因导致机动车发生事故后燃烧起火的，符合道路交通事故构成要件，应当按照《道路交通事故处理程序规定》调查处理。

第二，机动车在静止状态或在行驶过程中，车辆线路、装载货物自燃导致起火；或司乘人员在车内使用明火不慎，违法携带易燃、易爆等危险品乘车，外界明火引燃车辆以及在处置交通事故现场过程中引燃车辆外泄燃油、车载物品等导致机动车燃烧的，属于火灾事故，由消防救援机构按照《火灾事故调查规定》调查处理。《道路交通安全法》对交通事故的界定与1991年国务院制定的《道路交通事故处理办法》的规定①是有所区别的。一是主体不同，《道路交通安全法》规定的交通事故，限于车辆造成的人身伤亡和财产损失的事件；而《道路交通事故处理办法》规定造成交通事故的责任主体是“车辆驾驶人员、行人、乘车人以及其他在道路上进行与交通有关活动的人员”。二是归责原则不同，《道路交通事故处理办法》中的交通事故，须以违反道路交通管理法律、法规和规章并过失造成损害为要件；而《道路交通安全法》规定的交通事故，不仅是由特定的人员违反交通管理法律法规造成的，也可以是由于不特定的非车辆方过错，或地震、台风、山洪等不可抗拒的自然灾害造成的。

---

① 《道路交通事故处理办法》第二条规定，道路交通事故是指车辆驾驶人员、行人、乘车人以及其他在道路上进行与交通有关活动的人员，因违反《中华人民共和国道路交通管理条例》和其他道路交通管理法规、规章的行为，过失造成人身伤亡或者财产损失的事故。

需要特别说明的是，道路交通事故是相对车辆方而言的事件，即过错或意外是针对车辆方而言，相对车辆的他方的主观状态和客观情况不是判定道路交通事故的构成要件；对车辆方而言，只要符合道路交通事故的构成要件即可认定之，相对车辆的受害方的主观动机仅用于判断车辆方的过错程度或事故是否为意外。换而言之，车辆一方无过错而非车辆方全部过错的情形被认定为道路交通事故与其定义并不矛盾，只是对加害的车辆方而言是意外的道路交通事故罢了，如行人闯进高速公路、行人突然穿越车道、野生动物突然穿越公路被正常行驶的汽车撞伤或其故意撞车，对车辆方来说就是因意外导致的交通事故。同理，对外来的、明显的、不可预料的、突然发生的意外事件，包括不能预见、不能避免并不能克服的不可抗拒力自然灾害，如因车辆暴晒、被雷击等导致车辆燃烧属于因意外导致的交通事故。但对于车辆线路起火、货物自燃等内部因素造成的；或司乘人员在车内使用明火不慎，违法携带易燃、易爆等危险品乘车，外界明火以及在处置交通事故现场过程中引燃车辆外泄燃油、车载物品等可预见、可避免行为导致的人身伤亡和财产损失的机动车燃烧事件，则不属于意外交通事故。

案例六：张某、汪某饲养动物损害责任纠纷案[①]

——车辆与犬只碰撞事故是否可认定动物主人责任

一、简要案情

2019年12月20日17时7分左右，汪某驾驶电动自行车沿A市鼓乡路由西向东行驶至与全椒路交叉口西侧时，遇张某饲养的宠物犬只突然由南向北从人行道进入机动车道，电动车前部与宠物犬只发生碰撞，致汪某摔倒受伤、电动自行车损坏的交通事故，经司法鉴定机构鉴定，汪某损伤程度综合评定为轻伤一级。2020年2月7日，A市公安局交通警察支队瑶海大队作出道路交通事故认定书，张某对其饲养的宠物犬只的管理不善，是造成本起事故的全部原因，汪某无造成此事故的过错行为，认定张某承担此次事故的全部责任，汪某不承担此事故责任。

二、争议焦点

车辆在行驶中撞击突然闯入车道内的犬只，是否可认定犬只主人交通事故责任？

三、案例评析

本案要解决的主要问题是对案件如何定性，是定性为机动车交通事故责任纠纷按照交通事故处理，认定犬只主人责任，还是定性为饲养动物损害责任纠纷不作交通事故处理。实践中存在两种不同意见：一种意见认为，本案应认定为道路交通事故，汪某驾驶电动自行车在道路上通行时与张某饲养的宠物犬只发生碰撞，该宠物犬只系张某所有的财产，其未按规定饲养，任由犬只在公路上独自乱窜，在管理上存在重大过失，造成汪某

① 案例来源：安徽省合肥市中级人民法院（2021）皖01民终564号民事判决书。

受伤，符合交通事故的构成要件。本案交警部门认定张某负本次交通事故全部责任合理合法。另一种意见认为，根据《道路交通安全法》第 76 条规定，交通事故的主体是机动车与机动车、非机动车、行人，动物不能成为交通事故责任主体，应认定为饲养动物损害责任纠纷，移交当地派出所处理。

此类案件既符合机动车交通事故责任纠纷的构成要件，亦符合饲养动物损害责任纠纷的构成要件。首先，根据《道路交通安全法》第 119 条第 5 项交通事故定义，“车辆在道路上因过错或者意外造成的人身伤亡或财产损失的事件”，交通事故的构成要件仅为：事故主体至少一方为车辆（机动车、非机动车）；事故产生空间是道路（公路、城市道路和虽在单位管辖范围但允许社会机动车通行的地方，包括广场、公共停车场等用于公众通行的场所）；事故产生原因是车辆方过错或意外；事故造成的后果为人身伤亡或财产损失。本案宠物犬只突然闯入机动车道造成汪某受伤，属于道路交通事故。其次，根据《民法典》第 1245 条“饲养的动物造成他人损害的，动物饲养人或者管理人应当承担侵权责任；但是，能够证明损害是因被侵权人故意或者重大过失造成的，可以不承担或者减轻责任”规定，饲养动物损害责任案件的构成要件，一是饲养的动物造成他人损害，即人工喂养和管束的动物（动物园的动物、野生动物排除在外）；二是动物加害他人，包含动物受惊吓、恐惧而诱发的动作，或动物本身无意识的动作造成的损害也应包含在内，如牛卧铁轨、宠物犬只逗留道路引发交通事故等；三是动物的饲养人或管理人是否免责事由，除受害人故意或重大过失之外，不能减轻或免除饲养人、管理人的责任；四是须有受害人受损害的事实，包括道路交通事故中的人身损害与财产损失；五是须有因果关系。本案宠物犬只突然闯入机动车道造成汪某受伤，亦属于饲养动物损害责任纠纷。

在车撞犬只交通事故中，饲养人、管理人未对犬只采取安全措施导致交通事故并造成人身伤亡或财产损失的，应承担事故责任。

2021 年 5 月 1 日，新修订《动物防疫法》正式施行，该法第 30 条规定，携带犬只出户的，应当按照规定佩戴犬牌并采取系犬绳等措施，防止犬只伤人、疫病传播。本案张某饲养的宠物犬只的动物行为导致汪某摔倒受伤，其未采取安全措施是造成损害发生的直接原因，对事故发生起决定性作用，故张某应作为事故当事人，并承担事故责任。

在具体责任划分方面，因道路交通事故与饲养动物损害案件的归责原则有所不同，《道路交通安全法》对车辆撞击犬只交通事故责任认定方面亦未作明文规定，可依据《民法典》侵权责任第1165条①及《道路交通安全法实施条例》第92条②确定的基本原则，按照当事人的行为对发生交通事故所起的作用及过错的严重程度，确定当事人的责任。犬只主人能否作为交通事故当事人并认定交通事故责任，关键在于其行为与交通事故的发生是否有必然关系，而其行为过错的严重程度则与交通事故责任大小相关。

综上，对于车辆撞击犬只交通事故责任划分应当按照过错责任原则认定各方责任：车辆正常行驶无违法过错，犬只未采取系犬绳等措施的可认定犬只主人全责；车辆驾驶人或者乘车人有违法行为或者过错的，根据车辆驾驶人、乘车人和犬只主人过错的严重程度确定各方责任；经调查无法确定犬只主人的，根据已调查实施，根据车辆驾驶人和乘车人过错的严重程度确定各方责任；被撞犬只确无主人，且车辆驾驶人和乘车人无导致交通事故的过错的，可按照意外交通事故处理。

---

① 《民法典》第一千一百六十五条　行为人因过错侵害他人民事权益造成损害的，应当承担侵权责任。依照法律规定推定行为人有过错，其不能证明自己没有过错的，应当承担侵权责任。

② 《道路交通安全法实施条例》第九十一条　公安机关交通管理部门应当根据交通事故当事人的行为对发生交通事故所起的作用以及过错的严重程度，确定当事人的责任。

参考文献

［1］徐毅刚，谭志福．道路交通事故处理新论（第二版）［M］．山东人民出版社，2004.

［2］杨润凯．道路交通事故处理程序规定释义与案卷文书制作［M］．北京：中国人民公安大学出版社群众出版社，2018.

［3］杨润凯．道路交通事故处理程序规定释义［M］．北京：中国人民公安大学出版社，2020.

［4］公安部交通管理局．道路交通事故处理程序规定释义与实务指南［M］．北京：中国人民公安大学出版社，2019.

［5］孙茂利等．公安机关办理行政案件程序规定释义与实务指南［M］．北京：中国人民公安大学出版社，2019.

［6］孙茂利等．公安机关办理刑事案件程序规定释义与实务指南［M］．北京：中国人民公安大学出版社，2020.

［7］路楠．最新道路交通事故处理实用手册——交通事故处理650问［M］．北京：中国人民公安大学出版社，2009.

［8］王兵，傅以诺．发生交通事故后怎么办［M］．北京：群众出版社，1998.

［9］李文等．交警执勤实务及常见警情处置规范［M］．北京：中国法制出版社，2019.

［10］马社强，牛学军．道路交通事故处理程序释义及法律文书制作［M］．北京：中国市场出版社，2005.